CRUELLE INCERTITUDE

JOE McGINNISS

L'affaire Von Stein

CRUELLE
INCERTITUDE

Traduit de l'américain
par A. Desfontaines

Crimes & Enquêtes

Titre original :

CRUEL DOUBT
Simon & Schuster, New York

A ma famille
Avec amour et gratitude

Introduction

Vers la mi-février 1990, je reçus un coup de téléphone d'un avocat de Raleigh, Caroline du Nord, appelé Wade Smith. Je l'avais connu en 1979, alors qu'il assurait la défense de Jeffrey MacDonald, un ancien médecin des Bérets verts accusé d'avoir tué sa femme et ses deux enfants, sur qui j'écrivais un livre intitulé *Vision fatale*. MacDonald n'avait pas apprécié le livre, mais Wade était devenu un ami.

Il était président de Tharington, Smith & Hargrove, un des plus importants cabinets juridiques du Sud. A cinquante-deux ans, Wade était devenu l'un des notables les plus respectés de son Etat. Il m'expliqua qu'une de ses clientes, qui venait de traverser une passe difficile, lui avait demandé de me contacter après avoir lu *Vision fatale*. Bien qu'ennemie de la publicité et très attachée à sa vie privée, elle pensait qu'un livre-enquête sur la douloureuse expérience qu'elle endurait depuis dix-huit mois pouvait éclaircir certains points encore obscurs de son affaire.

J'étais peu enclin à traiter d'un nouveau meurtre, mais Wade Smith est un homme très persuasif. Après une demi-heure de conversation téléphonique, j'acceptai de prendre l'avion pour Raleigh afin d'avoir un entretien informel avec cette femme, dont le nom était Bonnie Von Stein.

Je la rencontrai le mercredi 21 février. Quarante-six ans, des cheveux bruns légèrement grisonnants, une robe bleue très simple et d'épaisses lunettes. Elle semblait faible et lasse, avec un visage sans expression. Le simple fait de parler paraissait lui coûter un douloureux effort. Une atmosphère sinistre régnait dans la pièce où nous nous trouvions et je commençais déjà à regretter d'être venu. Mais, dès qu'elle prit la parole, je compris que j'étais piégé. De deux choses l'une : soit j'acceptais de l'écouter et j'étais mal embarqué, soit je me bouchais les oreilles et ça risquait d'être pire encore.

Je compris vite qu'elle n'était pas du genre à rechercher une célébrité malsaine en étalant ses malheurs en public. Au contraire, elle était d'une discrétion presque gênante. Elle n'était pas non plus intéressée par l'argent et ne m'avait pas contacté pour me « vendre » un quelconque droit de publication de son histoire. En outre, quand je lui expliquai que je n'avais pas l'habitude de soumettre mes manuscrits aux personnes concernées et que j'entendais garder toute liberté d'interprétation quant aux faits, elle ne se montra pas du tout surprise et me répondit qu'elle n'en attendait pas moins d'un écrivain sérieux.

Sans l'insistance de Wade, je ne serais jamais venu à Raleigh. Rien ne m'obligeait à m'occuper des malheurs de Bonnie Von Stein et, pour couper court à l'entretien, il me suffisait de me lever, de m'excuser poliment, d'aller rejoindre mon ami Wade pour passer une bonne soirée en sa compagnie et de regagner mes pénates le lendemain.

Mais, dès cette première entrevue, j'avais compris que Bonnie aspirait à quelque chose de plus complexe que la célébrité ou l'argent. En me livrant l'histoire de sa vie jusque dans ses moindres secrets et en incitant tous les témoins du drame, y compris les psychiatres et les avocats

8

concernés, à répondre sans réserve à toutes mes questions, elle espérait que je serais en mesure d'apporter un peu de lumière dans les ténèbres qui noircissaient ses jours.

Elle croyait, ou voulait croire, que je parviendrais à expliquer l'inexplicable, à résoudre l'insoluble. Elle voulait que je l'aide à mieux comprendre les épreuves qu'elle avait traversées et traverserait encore jusqu'à la fin de ses jours.

Ni elle ni moi, cependant, ne souhaitions nous aventurer dans des eaux trop troubles. Il y a certaines ombres qu'il vaut mieux ne pas explorer, certaines vérités qu'il vaut mieux ne pas creuser pour ne pas avoir à les nier.

En me parlant de Bonnie, Wade m'avait dit : « Tu ne risques pas de lui faire du mal. C'est une femme qui n'a plus rien à perdre. »

Pour une fois, il se trompait.

PREMIÈRE PARTIE

UN DÉCÈS DANS LA FAMILLE

JUILLET 1988-JANVIER 1989

1

Il y avait le feu dans un marécage, à quelques mètres de la route. C'était dans le comté de Pitt, en Caroline du Nord, à un kilomètre environ à l'ouest du comté de Beaufort. Il faisait encore nuit. Il était 4 h 30 du matin, le lundi 25 juillet 1988.

Noel Lee avait chargé des porcs. C'est un travail qu'on fait de préférence entre minuit et l'aube, en été, pour éviter que les porcs n'attrapent un coup de chaud avant d'arriver à l'abattoir, ce qui serait mauvais pour la viande. Le transport s'était bien passé : le camion avait atteint sa destination vers 3 h 30 et le déchargement n'avait demandé qu'une soixantaine de minutes.

Lee était sur le chemin du retour quand il aperçut des flammes. Un feu dans un marécage en pleine nuit, c'était bizarre. Il décida d'y regarder de plus près, mais sans descendre de son camion – par crainte, expliqua-t-il plus tard, de ce qui pouvait se cacher derrière le brasier.

Les flammes s'élevaient à un petit mètre de hauteur et le diamètre du foyer ne dépassait guère les cinquante centimètres. Lee eut l'impression que le feu était alimenté par un liquide inflammable.

Il n'y avait pas un chat dehors. Aucune circulation. La route d'Etat 1565, plus connue dans le pays sous le nom de

Grimesland Bridge Road, n'était jamais très encombrée, même en plein jour. A 4 h 30 du matin, en ce 25 juillet 1988, ce n'était qu'une ligne noire sillonnant la campagne. La seule lumière provenait du mystérieux brasier. Noel Lee resta quelques instants dans son camion à contempler le feu, en se demandant ce qui avait bien pu le provoquer, puis rentra tranquillement se coucher chez lui, sans se douter que son témoignage allait bouleverser plusieurs vies humaines.

A huit kilomètres de là, à Washington, Caroline du Nord, Bonnie Von Stein, quarante-quatre ans, qui gisait sur le sol de sa chambre, avait enfin réussi à joindre le standard de la police.

— C'est pour une urgence, dit-elle d'une voix faible.

— Je peux vous aider ? demanda une jeune femme à l'autre bout du fil.

— Oui, c'est urgent.

— De quoi avez-vous besoin, madame ?

La standardiste croyait que c'était encore cette vieille folle qui avait l'habitude de les déranger au milieu de la nuit.

— De la police et d'une ambulance.

— Et où dois-je les envoyer ?

— 11, Lawson Road.

— Vous pouvez m'épeler ?

— L-A-W-S-O-N.

— Je vous entends mal, pourriez-vous parler plus fort ?

— Non. L'intrus est peut-être encore dans la maison.

— Je vois. Et pourquoi voulez-vous une ambulance ?

— Mon mari est peut-être en train de mourir. Et moi aussi.

— Qu'est-ce que vous dites ?

— Nous sommes en train de mourir.

Cette fois, la standardiste était fixée. Ce n'était pas la vieille folle.

14

– Compris. Votre nom, s'il vous plaît ?

– Bonnie Von Stein, répondit-elle d'une voix à peine audible.

– Bonnie comment ?

– Von Stein.

– Bien, écoutez-moi, Bonnie. Restez en ligne, je vais vous envoyer quelqu'un. D'accord ? Ne raccrochez pas, surtout.

– Entendu.

La standardiste reprit la communication au bout d'un instant.

– Allô ? Vous êtes toujours là, Bonnie ?

– Oui.

– Bon. Il y a d'autres personnes avec vous dans la maison ?

– Je ne sais pas s'ils sont encore là.

– D'où est-ce que vous saignez ?

– De la poitrine. J'ai été frappée et poignardée.

– Et votre mari... a été poignardé, lui aussi ?

– Oui.

– Bon, une voiture est en route. Je veux que vous restiez au bout du fil, d'accord ? Ne raccrochez pas avant l'arrivée de la police.

– Je ne sais pas où est ma fille.

Elle avait une fille de dix-sept ans, Angela, et un fils de dix-neuf, Chris, alors à l'université.

La standardiste s'adressa par radio aux policiers qui se dirigeaient vers le lieu du drame :

– Elle dit que son mari et elle ont été battus et poignardés. Sa fille est en principe dans la maison, mais elle ne sait pas où.

– Quelle adresse ? demanda un agent.

– 11, Lawson. Je répète : 11, Lawson.

– Dépêchez-vous, je vous en prie, insista Bonnie Von Stein.

15

– Oui, oui, répondit la standardiste. Ils font aussi vite que possible et je reste en ligne avec vous. Tenez bon.

– J'essaierai.

La standardiste s'adressa de nouveau aux agents :

– Je ne veux prendre aucun risque. J'appelle du renfort.

– On approche, répondit un des agents. Dans une minute, on y est.

Elle contacta le service de secours.

– Capitaine Lewis, on nous a appelés pour une agression à l'arme blanche, 11, Lawson Road. Une certaine Bonnie Von... Starine. On a dépêché quatre hommes. Je ne peux pas vous en dire plus pour le moment, parce que la femme peut à peine parler.

– 11, Lawson Road ?

– C'est ça.

– O.K., on fonce.

– Merci, capitaine Lewis. (Elle se reconnecta avec Bonnie Von Stein.) C'est bon, Bonnie, les secours sont en route. Vous m'entendez toujours ?

– Oui, fit Bonnie d'une voix lointaine.

– Je ne raccroche pas tant qu'ils ne sont pas arrivés.

– Je n'entends plus mon mari respirer.

– Où est-il, Bonnie ?

– Dans le lit.

– Vous pouvez le réveiller ?

– Je n'arrive pas à l'atteindre. Je suis par terre.

– Vous pouvez l'appeler ?

– Non.

– Et vous ne savez pas s'il est arrivé quelque chose à votre fille ?

– Non.

– Il y a quelqu'un d'autre qui vit avec vous ?

– Ils ne sont pas à la maison.

Il y eut un silence.

– Bonnie ?

– Hmm...

– Vous êtes toujours là ?

– Oui.

– Tenez bon, il ne faut pas vous évanouir.

– Je fais ce que je peux.

– Bien, si vous parvenez à rester calme et lucide comme maintenant, vous pourrez beaucoup mieux nous aider. A quel endroit de la maison êtes-vous ?

– Dans la chambre à droite... à l'étage. (Elle semblait respirer avec difficulté.) Ma fille... est dans la chambre de gauche.

La standardiste renseigna les policiers :

– Elle est dans la chambre de droite, sa fille dans celle de gauche.

– Ô mon Dieu ! j'espère que c'est un mauvais rêve, dit Bonnie.

Deux voitures de police arrivaient sur les lieux.

– Vous les entendez ? demanda la standardiste.

– Je crois.

– Bien. Comment peuvent-ils entrer ?

– Je ne sais pas.

– Vous ne savez pas ?

– Non... Je ne sais pas comment... les autres sont entrés.

Voix d'un policier :

– Quelle porte était ouverte ?

– Elle dit qu'elle ne sait pas comment les agresseurs sont entrés. Restez à l'écoute, je vais essayer d'en savoir plus.

– C'est la police, dit Bonnie Von Stein. Je les entends.

– Oui, répondit la standardiste. Il y a quatre policiers.

– C'est bon, annonça l'un des agents. La porte de derrière est ouverte. Elle a été forcée, je crois.

– La porte de derrière est ouverte, elle a été forcée, dit-elle à Bonnie. Ils arrivent.

– Ô mon Dieu ! fit Bonnie. (Elle se mit à pleurer.)

– N'essayez pas de bouger. Surtout, restez calme, Bonnie, d'accord ?

17

– J'ai des chats. S'il vous plaît, je ne veux pas qu'ils fassent mal à mes chats.

– Bien sûr, Bonnie, bien sûr, mais il y a plus urgent pour le moment. Je ne raccrocherai pas tant que l'agent Sparrow ne sera pas auprès de vous. Compris ?

– Compris.

– Quand l'agent Sparrow... l'agent Sparrow est mon mari... donc, quand il sera là, dites-lui que je suis au téléphone et passez-le-moi.

– D'accord.

– Bon, est-ce que vous pouvez l'appeler ?

– La lumière est éteinte.

– Son nom est David.

Bonnie Von Stein entendit les policiers dans le couloir.

– Par ici ! Par ici ! dit-elle. (Ils ne semblaient pas l'entendre.) Par ici ! reprit-elle en élevant la voix pour la première fois. (La porte s'ouvrit.) Oui... je suis là. Allumez la lumière.

Un agent nommé Tetterton appuya sur l'interrupteur et s'écria aussitôt :

– Ô Sainte Vierge !

– Monsieur... monsieur... Sparrow, fit Bonnie.

Sparrow était là.

– Oui, madame.

– Oh, ce n'est pas un rêve.

Tetterton était en communication radio avec la standardiste :

– Les secours, vite. Appelle les secours !

– C'est fait, répondit-elle. Ils sont en route.

– Est-ce que... ma fille est dans l'autre chambre ? demanda Bonnie Von Stein. (Elle semblait de plus en plus affolée.) Je crois que je l'ai entendue parler.

– Vérifiez si la fille de la victime va bien, pour que je puisse la rassurer.

– Elle va bien, répondit l'agent Edwards au bout d'un instant.

– Parfait. Bonnie, vous m'entendez ? Votre fille va bien.

– Mon mari doit être mal en point... Ô mon Dieu !... je le vois !

– Ne regardez pas, Bonnie. Ne regardez pas.

– Il essayait de me défendre.

– Vous vous rappelez avoir vu quelqu'un ?

– Oh, il faisait noir, je ne sais plus. Il avait un gourdin ou une batte de base-ball... et un couteau. Je n'ai pas tout entendu. Désolée.

– Il va falloir faire une enquête, dit Edwards.

– Bonnie ? reprit la standardiste.

– Oui.

– Restez en ligne avec moi.

– Ne laissez pas ma fille entrer.

– O.K., dit Tetterton. (Il se tourna vers un collègue.) Qu'elle n'entre pas ici.

– Les secours arrivent, Bonnie, continua la standardiste.

– Oui.

– Bon, ne regardez pas votre mari.

Tetterton prit le téléphone des mains de Bonnie Von Stein.

– Allô ? dit-il.

– Tetterton ?

– Ouais. C'est pas joli, joli, ma grande. Vaudrait mieux que les secours arrivent vite.

– Ils sont en route.

Tetterton raccrocha.

A force d'entendre Bonnie répéter : « Comment va ma fille ? Comment va ma fille ? », l'agent Edwards était allé dans le couloir et avait ouvert la première porte au hasard. Dans le faisceau lumineux de sa puissante torche électrique, il avait aperçu une silhouette gisant sur le lit. C'était Angela. Il alluma dans la pièce. Un ventilateur fonctionnait à côté du lit.

Angela se retourna et demanda calmement :

– Qu'est-ce qu'il y a ?

Elle reconnut Edwards. Ses copains et elle l'appelaient Danny Tête-de-nœud parce qu'il avait l'habitude de les chasser du parking où ils se réunissaient le samedi soir.

– Vous n'avez rien ? fit-il.

– Non, je vais bien. Qu'est-ce qui se passe ?

Elle ne semblait pas particulièrement surprise de voir un policier dans sa chambre à 4 h 30 du matin.

– Il faut vous lever et vous habiller.

Angela, qui dormait en tee-shirt et en slip, se leva pour enfiler un jean. Elle était de taille moyenne et pesait peut-être un ou deux kilos de trop, mais elle ne manquait pas de charme avec ses cheveux auburn, son nez en trompette et ses taches de rousseur.

Edwards remarqua une tache brunâtre sur son jean.

– C'est du sang ?

– Non, c'est de l'huile de selle, expliqua-t-elle en regardant la tache. J'ai passé presque toute la journée aux écuries, hier. Mais dites-moi ce qui se passe.

Edwards ne répondit pas tout de suite. Il se demandait si le ou les agresseurs étaient encore dans la maison et pensait qu'ils avaient pu tenter de fuir par le grenier en entendant la police.

– Comment on accède au grenier ? dit-il.

Angela lui répondit qu'il fallait passer par une trappe située dans son placard. Il vérifia : le placard était bourré de vêtements qui rendaient la trappe inaccessible.

Pendant qu'il inspectait le réduit, Angela sortit dans le couloir et, intriguée par le bruit, s'aventura sur le seuil de la chambre de ses parents.

Le corps ensanglanté de son père, vêtu d'un simple caleçon, était affalé sur le lit. Elle vit tout de suite qu'il était mort. Sa mère gisait sur le sol, entourée par le personnel médical de l'équipe de secours d'urgence.

Elle l'entendit demander :

– Où est Angela ?

– Je suis ici, m'man, dit-elle. Je vais bien.

Alors quelqu'un cria :

– Eloignez-la d'ici !

L'agent Sparrow pria la jeune fille d'aller attendre en bas dans le living-room et de ne toucher à rien. Elle obéit sans discuter.

« Elle n'avait pas l'air étonnée, dira plus tard Sparrow, elle ne montrait aucune émotion. »

Tetterton vint la rejoindre au bout de quelques minutes.

– Votre mère est blessée, lui dit-il. C'est peut-être grave.

Et il ajouta que Lieth était mort. « Quand je lui ai parlé de sa mère, expliquera-t-il lors de l'enquête, elle n'a pas réagi. A l'annonce de la mort de son beau-père, j'ai vu des larmes briller dans ses yeux, mais elle n'a pas bronché. »

Il lui demanda alors si elle désirait prévenir quelqu'un, parent ou ami.

– Je peux appeler mon copain ?

– Bien sûr, allez-y.

En se rendant dans la cuisine, Tetterton remarqua les chats. Il y en avait partout. Treize chats et un coq.

A leur arrivée sur les lieux, la police et l'équipe de secours avaient constaté que le cordon téléphonique reliant le combiné à l'appareil était déconnecté. Un membre du personnel médical l'avait rebranché pour pouvoir alerter l'hôpital.

C'est de ce téléphone qu'Angela appela son ami Andrew Arnold, qui habitait à moins de trois kilomètres. Tiré d'un profond sommeil et surpris d'être réveillé par Angela avant l'aube, Arnold s'entendit dire : « Maman et Lieth ont été attaqués et poignardés. Tu peux venir ? » Il répondit qu'il arrivait tout de suite.

Elle appela aussi son frère, Chris, qui suivait les cours d'été de l'université d'Etat de Caroline du Nord, à Raleigh, à une centaine de kilomètres de là. Elle lui dit à peu près la même chose qu'à Andrew Arnold, puis retourna s'asseoir dans le living-room au milieu des chats.

Angela regarda en silence la civière qui transportait sa mère vers l'ambulance. Son apparente indifférence frappa énormément l'agent Sparrow, qui notera dans son rapport : « La jeune demoiselle ne semblait pas du tout affectée par le drame. Elle n'a manifesté ni émotion ni curiosité quant à ce qui s'était passé. »

Quand Andrew Arnold arriva, il alla directement vers elle et la prit dans ses bras. Ils étaient amis, mais n'entretenaient pas de liaison sentimentale.

Un policier la pria de les suivre au poste pour faire une déposition. Elle sortit sans même prendre la peine de se chausser et se laissa conduire au poste de police dans une voiture de patrouille, suivie par Andrew.

Son témoignage fut des plus succincts. Elle ne savait rien, dit-elle, elle avait dormi tout le temps et n'avait rien entendu. L'inspecteur la laissa repartir au bout d'une demi-heure et Andrew l'accompagna à l'hôpital où, toujours pieds nus, elle se rendit au chevet de sa mère dans la salle des urgences.

Bonnie était toujours consciente. Elle demanda à Angela de rentrer à la maison pour s'occuper des chats.

Quand le téléphone sonna, un peu avant 5 heures du matin, dans la chambre 611B de la résidence universitaire de Raleigh, il n'y eut d'abord personne pour répondre.

Chris Pritchard s'était couché tard. Il avait joué aux cartes jusqu'à 3 h 30 et bu un peu trop de bière. Le téléphone sonna donc jusqu'à ce que son compagnon de chambre, plus sobre et plus raisonnable, se décide à décrocher. A peine eut-il passé l'appareil à Chris qu'il se rendormit.

C'était Angela qui appelait. Chris écouta en silence, raccrocha et se mit à fourrager fébrilement dans la chambre en criant qu'il ne retrouvait pas les clés de sa voiture.

Il sortit en coup de vent, dévala les six étages du dortoir et courut jusqu'au téléphone de la police du campus, installé à une cinquantaine de mètres. Il parla si vite et avec un tel affolement que la standardiste parvint à peine à comprendre son nom. Il parlait d'une agression au couteau dans un endroit nommé Washington et de clés de voiture disparues.

La standardiste dépêcha une voiture de patrouille sur les lieux. Pour la police, c'était une affaire de routine. Il y avait plus de dix mille étudiants sur le campus et, avec la drogue qui y circulait, les appels hystériques au milieu de la nuit étaient monnaie courante.

Deux agents arrivèrent à la cabine téléphonique à 5 h 19. Chris Pritchard, qui attendait appuyé contre un réverbère, se mit à leur faire de grands signes en hurlant :

– J'ai perdu mes clés ! Je retrouve pas mes putains de clés de bagnole ! Ma mère et mon père se sont fait poignarder. A Washington, comté de Beaufort. Il faut que j'y aille mais je trouve plus mes clés !

Chris mesurait un mètre soixante-quinze et pesait dans les soixante-dix kilos. Il portait une casquette de base-ball, un sweat-shirt, un short, et semblait trop jeune pour être à l'université. Les agents, qui avaient une certaine expérience en la matière, pensèrent qu'il était sous l'influence de l'alcool ou de la drogue. Craignant un canular, ils l'embarquèrent directement au poste de police du campus et appelèrent Washington, Caroline du Nord, pour vérifier ses dires.

Ce n'était pas un canular. A 6 heures du matin, Chris était couché sur la banquette arrière d'une voiture de police en route pour Little Washington. Il dormit pendant tout le trajet et il fallut que les agents le réveillent en entrant dans les faubourgs de la ville pour lui demander le chemin de sa maison.

2

John Taylor était un grand brun de vingt-six ans, avec une moustache soigneusement taillée, qui passait le plus clair de son temps un cure-dents dans la bouche. Son vrai nom était Haskell Taylor Jr., mais on l'avait toujours appelé John à cause de la chanson de James Dean : *Big Bad John*.

Natif de Californie, il avait été électricien puis employé chez Texas Gulf avant de s'enrôler dans la police de Washington en 1984. Il était inspecteur depuis deux ans. Bien qu'il se vantât de connaître la ville comme sa poche et de toujours savoir qui était qui, il fut obligé de reconnaître, en photographiant le cadavre sanguinolent de Lieth Von Stein sur son lit de mort, que ce nom ne lui disait rien.

Taylor avait déjà vu des carnages, mais jamais un travail aussi « soigné » que celui-ci. Pas d'erreur, le dénommé Von Stein avait connu une fin atroce. Taylor se déplaça vers la droite, enjamba une pile de *Wall Street Journal* qui traînaient au pied d'un micro-ordinateur et prit une autre photo. Le pauvre vieux. Le type qui lui avait fait ça n'y était pas allé avec le dos de la cuiller, songea Taylor en se penchant au-dessus du matelas trempé de sang pour prendre une photo en plongée.

Von Stein... Von Stein... Non, décidément, il n'avait jamais entendu ce nom-là. Une quarantaine d'années à vue d'œil, quelques kilos superflus, le front dégarni et une petite barbe que le sang faisait paraître encore plus rousse. Quant à la femme, il ne l'avait pas vue, elle avait été transportée à l'hôpital avant son arrivée.

Il était 6 heures du matin. Le jour qui se levait promettait d'être chaud et humide, comme toujours au mois de juillet en Caroline du Nord. John Taylor, qui trouvait l'atmosphère étouffante, brancha la climatisation et s'affaira encore une vingtaine de minutes dans la chambre avant de rejoindre les autres policiers, qui avaient fini de rassembler les chats.

Treize chats sur les lieux d'un crime, il n'avait jamais vu ça. Treize chats et *un coq*. Il avait fallu trois policiers, la fille de la maison et deux de ses amis pour les réunir et les expédier chez le vétérinaire dans des sacs spéciaux. La fille expliqua que sa mère était membre de la S.P.A. locale et que le coq était un animal de compagnie.

Taylor alla inspecter une espèce de véranda, derrière la cuisine, où il photographia un havresac vert de style militaire, apparemment vide, jeté sur le sol près de la porte.

Il n'y avait pas beaucoup d'autres dégâts à signaler. Un trou dans une grande fenêtre à double vitrage, à côté de la porte de derrière, des éclats de verre sur le sol et un paravent lacéré en deux endroits. Taylor prit les clichés nécessaires.

A l'intérieur, à part le contenu d'un sac à main éparpillé sur le plan de travail de la cuisine, rien ne semblait anormal.

Pour John Taylor, ça ne ressemblait pas à un cambriolage. Il avait plutôt l'impression que l'intrus était entré avec l'intention délibérée d'assassiner Lieth Von Stein.

A l'hôpital, Bonnie dérivait à la limite du coma. Elle était aussi pâle que ses draps. Un de ses poumons avait été atteint. Elle avait la poitrine intubée et les deux bras sous perfusion. Bourrée de sédatifs, elle avait les yeux vitreux et son front portait de profondes marques de coups.

Si elle n'avait pas trouvé la force d'appeler la police, elle serait probablement morte de ses blessures. Mais, à 7 heures, le médecin qui l'examina déclara qu'elle était dans un état stable et que, bien qu'elle ne fût pas définitivement hors de danger, on pouvait néanmoins être optimiste sur sa convalescence. Peu après 9 heures, un autre médecin put même écrire qu'elle était « maîtresse de ses émotions, agréable et coopérative ».

Sa force de caractère était telle qu'on commença bientôt à jaser dans divers quartiers de Little Washington : pour une femme dont le mari venait d'être assassiné et qui avait elle-même été grièvement blessée, on la trouvait un peu trop sereine et on allait même jusqu'à se demander si elle n'avait pas joué un rôle inavouable dans le drame qui la frappait.

Chris arriva à la maison vers 8 heures. Il n'entra pas. Son visage poupin et sa carrure chétive le faisaient toujours paraître plus jeune que son âge, même lorsqu'il avait plusieurs jours de barbe.

Ce matin-là, il avait une mine de déterré. Il ne s'était pas rasé depuis trois jours, ses cheveux étaient poisseux, son haleine fétide et il portait encore le sweat-shirt dans lequel il avait dormi. Ses yeux dilatés et son air hagard laissaient penser qu'il avait récemment consommé de la drogue.

Angela était assise sur une pelouse en face de la maison. Quelques amis, avertis de la nouvelle, s'étaient rassemblés autour d'elle. Ils fumaient et bavardaient en observant les allées et venues de la police et l'arrivée des premiers cars de la télévision.

Chris échangea quelques mots avec sa sœur, qui lui expliqua que Lieth était mort et que leur mère était en réanimation.

Un policier de Washington le conduisit à l'hôpital pour

qu'il pût se rendre au chevet de sa mère. Elle était dans un état cadavérique, avec des tuyaux de perfusion un peu partout et de véritables écailles de sang coagulé sur la tête. Mais elle ouvrit les yeux à son approche et lui fit comprendre, par un petit gémissement, qu'elle le reconnaissait.

Alors, il lui prit la main et éclata en sanglots. Il resta de longues minutes ainsi, penché sur elle, pleurant toutes les larmes de son corps.

Lewis Young, un agent du S.B.I. (State Bureau of Investigation) de Caroline du Nord, arriva sur les lieux du crime à 9 heures. C'était un grand type de près d'un mètre quatre-vingt-dix, plutôt bien fait de sa personne, avec cette allure sobre qui caractérise les meilleurs flics en civil. Le S.B.I. était une version carolinienne du F.B.I., basée à Little Washington, destinée à seconder la police locale dans les enquêtes importantes. Young en faisait partie depuis quatorze ans.

Mitchell Norton, district attorney du comté de Beaufort, l'avait appelé dès qu'il avait été prévenu du meurtre, l'affaire lui semblant trop sérieuse pour être confiée à la seule police de Washington.

Young était l'un des rares agents du S.B.I. – peut-être même le seul – à se prévaloir d'un diplôme de l'université de Caroline du Nord. Toujours bien noté par ses supérieurs, c'était un homme intelligent, apprécié de ses collègues et du public.

Dès avant d'entrer dans la maison, Young comprit que l'affaire n'était pas commune. Dans la cour, des draps tachés de sang étaient suspendus autour d'un canot à moteur. Bizarre. En principe, quand un meurtre a été commis, on essaie de préserver les pièces à conviction, non de les exposer sur un bateau.

Il remarqua aussi tout de suite le paravent lacéré et la vitre brisée, à une trentaine de centimètres du bord de la porte. Le fait lui parut étrange. La porte en question était en effet une porte-fenêtre. Pour un intrus, il eût été bien plus simple d'en briser un carreau afin d'atteindre la poignée que de s'attaquer à la grande fenêtre voisine, en double vitrage Thermopane. Bref, dès le premier coup d'œil, Lewis Young, en homme d'expérience, soupçonna une mise en scène destinée à faire croire à une effraction.

Tout comme John Taylor, Young constata que le vol n'était pas le mobile de l'effraction – si effraction il y avait eu. Comme Taylor, il conclut que celui ou ceux qui étaient entrés étaient venus avec l'intention arrêtée de tuer, et non de voler.

Young pensa un instant que le ou les assassins étaient peut-être entrés tout simplement par la porte principale. Mais un rapide entretien avec les policiers présents lui apprit que celle-ci était verrouillée de l'intérieur au moment où les premiers secours étaient arrivés, ce qui laissait supposer que c'était bien la porte de derrière qui avait servi à l'intrusion et à la fuite.

En montant vers la chambre du crime, il se demanda lui aussi qui étaient ces Von Stein. Il avait dû passer des centaines de fois devant leur maison en se rendant à Smallwood par Lawson Road, mais c'était un nom qu'il n'avait jamais entendu. Et pourtant, à moins que ce meurtre ne fût un crime gratuit – ce qui semblait très improbable –, il y avait dans la région quelqu'un qui connaissait parfaitement ce nom, suffisamment en tout cas pour avoir eu envie de tuer ceux qui le portaient.

Il appela le laboratoire mobile du S.B.I., mais aucune unité n'était disponible avant plusieurs heures. C'était un contretemps fâcheux, car les policiers locaux n'étaient pas disposés à patienter : ils avaient déjà commencé à passer l'endroit au peigne fin.

Young tenta bien de les arrêter, mais il n'avait aucune autorité sur eux. En tant que représentant du S.B.I., il n'avait qu'un rôle consultatif.

Il eut cependant le temps de remarquer un détail intéressant avant que les lieux ne soient définitivement altérés : une machine à écrire enveloppée d'un cache-poussière en vinyle à côté du lit de Bonnie Von Stein. Sur cette machine à écrire se trouvaient quatre pages d'un livre de poche. La première portait des traces de sang. C'était une pièce à conviction.

Il recueillit les feuilles dans un sac en plastique et les emporta avec lui en quittant la maison.

L'autopsie révéla que Lieth Von Stein, de sexe masculin, type caucasien, quarante-deux ans, un mètre soixante-huit, quatre-vingt-dix kilos, avait été frappé à la tête à cinq reprises avec un objet contondant qui avait causé un traumatisme crânien. Il avait également reçu sept coups de couteau dans le dos et un dans la poitrine, qui avait entraîné la mort en pénétrant dans le cœur. Un poignet cassé et diverses contusions sur les avant-bras attestaient qu'il avait tenté de se défendre.

On ne décela aucune trace d'alcool dans son sang, mais l'état de son foie suggéra au médecin légiste « une consommation conséquente de boissons alcoolisées ». Dans son estomac, le médecin trouva « une quantité assez importante » de poulet et de riz non digérés.

3

Le comté de Beaufort est ce que l'on pourrait appeler un
« trou perdu » de l'Amérique profonde. La ville principale
en est Washington, rebaptisée Little Washington, « la petite
Washington », pour éviter la confusion avec la capitale des
Etats-Unis, Washington D.C. Un peu moins de dix mille habitants, un lycée, un hôpital et un journal local.

Lieth Von Stein était originaire de Winston-Salem, une
grosse ville industrielle de Caroline du Nord, et sa femme
Bonnie avait grandi dans le village de Welcome, à une
petite demi-heure de route de Winston-Salem. Ils s'étaient
établis à Little Washington en 1981 pour raisons professionnelles, lorsque Lieth avait été nommé directeur d'audit
interne d'une compagnie textile nommée National Spinning, la plus grosse entreprise de la ville. La région ne les
attirait pas particulièrement, mais c'était un emploi bien
payé et Lieth avait trois personnes à charge : Bonnie et les
deux enfants qu'elle avait eus d'un premier mariage, Chris,
douze ans, et Angela, onze.

Lieth n'avait jamais pu s'habituer à Little Washington.
La ville lui déplaisait et ils étaient trop éloignés de leur fa-
mille, de leurs amis, de leur « vraie » vie dont le centre était
Winston-Salem ou Welcome.

Lieth était un petit homme au front dégarni, avec une

barbe rousse bien taillée, un certain sens de l'humour et un tempérament vif.

Bonnie, elle, était une femme effacée et frêle, avec une voix douce et monocorde. Elle ne se maquillait jamais et faisait peu de cas de la mode.

Pour agrémenter leur séjour, qu'ils espéraient provisoire, ils s'étaient acheté un canot à moteur dont ils se servaient le week-end pour de longues promenades sur la rivière. Quand ils ne pique-niquaient pas, ils aimaient déjeuner dans les restaurants du bord de l'eau. C'était leur distraction favorite.

Ils n'avaient pas d'amis, ou presque, et, si Bonnie n'avait pas été membre de la Société protectrice des animaux, elle n'aurait probablement jamais fréquenté personne. Dans l'ensemble, ils menaient une vie si retirée que leur nom était pratiquement inconnu de la communauté le jour où le drame se produisit.

On donna à Bonnie du Darvocet pour sa blessure à la poitrine, puis du Démerol et du Phénergan après une crise de vomissements matinale.

Elle oscillait entre la veille et le sommeil. Elle avait mal à la tête et éprouvait des difficultés à respirer. Lieth était mort. « Au moins, il n'aura pas souffert, murmura-t-elle à une infirmière. Il a essayé de me sauver, vous savez. Mais les policiers disent qu'ils n'ont rien pu faire pour lui. Il était mort. »

Elle se rendormit. A son réveil, il y avait deux policiers. Ils lui apprirent qu'Angela était indemne – enfin une bonne nouvelle – et lui posèrent une foule de questions auxquelles elle n'arrivait pas à répondre, dans son état de demi-inconscience. Que s'était-il passé ? Combien étaient-ils ? Blancs ou Noirs ? Qu'avait-elle vu ? Qu'avait-elle entendu ? De quoi se souvenait-elle ?

Elle n'en avait vu qu'un, mais ils auraient pu aussi bien être dix ou quinze. Elle ne se rappelait pas. Elle n'arrivait pas à se concentrer, sa tête la faisait souffrir. Elle avait perdu quarante pour cent de son sang.

Elle essaya d'écouter ce qu'ils disaient, de faire appel à sa mémoire, de parler.

Ils étaient allés dîner dehors. A leur retour, vers 21 heures, Lieth était allé se coucher et elle avait regardé la télévision. Un feuilleton sur Ted Bundy, le tueur en série. Ironie du sort ?

Quand elle était montée, Angela était déjà au lit. La porte de sa chambre était fermée, mais Bonnie avait entendu fonctionner sa radio et son ventilateur.

Elle avait lu quelques pages, puis s'était endormie peu après minuit. C'étaient les cris de Lieth qui l'avaient réveillée. Des cris atroces. Elle ne savait pas quelle heure il pouvait être. Elle s'était mise à crier à son tour et on l'avait frappée avec un gourdin, puis poignardée. Elle était tombée à bas du lit et avait perdu connaissance.

Elle ne pouvait pas en dire plus. Elle était incapable de donner une description de l'agresseur, n'ayant rien vu d'autre, dit-elle, que « la forme sombre d'un homme ».

Chris quitta l'hôpital dans la matinée en compagnie de son vieux copain d'école Jonathan Wagoner. Il demanda à Jonathan de ne pas s'arrêter directement devant la maison. Il y avait trop de monde. Des voisins, des flics, des connaissances, des journalistes, un car vidéo. Et Angela qui rôdait toujours de l'autre côté de la rue.

En apercevant les draps tachés de sang qui pendaient au hors-bord, Chris enragea. Qui les avait étendus là ? Il voulait retrouver les coupables pour leur botter les fesses. Jonathan parvint à le calmer et le conduisit jusqu'au centre commercial, à un kilomètre de là.

Il était dans un état d'hyperexcitation, au bord de la crise de nerfs. Un autre ancien copain d'école, un nommé Steven Outlaw, le vit faire les cent pas devant la pizzeria *Frank*.

– Lieth est mort ?

– Exact.

– Comment va ta mère ?

– Pas trop bien. Elle est salement amochée. Elle a été poignardée et frappée à la tête.

– T'as une idée de qui a fait le coup ?

– Non, répondit Chris en allumant une cigarette d'une main tremblante, mais si je les retrouve, je les tue.

Finalement, Jonathan Wagoner le ramena à la maison, où la foule se pressait encore. Chris parla à un voisin qui rentrait de l'hôpital.

– Qu'est-ce qu'elle a dit ? demanda-t-il.

La question parut bizarre au voisin. « Qu'est-ce qu'elle a dit ? » au lieu de : « Comment va-t-elle ? » Et pourquoi n'était-il pas lui-même à son chevet ?

– Elle a vu qui c'était ? insista Chris.

– Non, elle a seulement dit qu'il devait être jeune. Il avait l'air fort. Très musclé.

– Jeune ? Jeune comment ?

– Calme-toi, Chris. Elle ne sait pas. Elle n'a pas bien vu.

Mais Chris était incapable de se calmer.

– Je le tuerai, répétait-il. Je le tuerai, le salaud qui a osé toucher à ma mère.

« Il ne tenait pas en place, racontera plus tard Andrew Arnold. Il disait qu'il avait fait la fête toute la nuit, qu'il s'était drogué. »

Andrew le conduisit au *Burger King* avec Angela et Donna Brady. Personne ne mangea. Ils ne commandèrent que des sodas et des cafés. Chris était de plus en plus énervé. On le vit même s'emporter contre des clients d'une table voisine, qui devisaient du crime.

Puis, il recontacta Jonathan Wagoner et lui demanda de l'emmener à Greenville, une ville universitaire située à une quarantaine de kilomètres, où Jonathan faisait ses études et avait un appartement.

Dès leur arrivée à Greenville, Chris alluma la télé, sur la

chaîne M.T.V., puis, sans un mot, s'effondra sur le divan et s'endormit. « Il est en état de choc », pensa Jonathan.

Son sommeil dura deux heures – un sommeil agité, tourmenté. A son réveil, il était en nage.

Angela semblait aussi calme que son frère était hystérique. Elle était même plus que calme : presque indifférente.

« Elle est comme sa mère, dira Donna Brady, sa meilleure amie. Pas expansive. Elle garde tout pour elle. »

Elle resta des heures à flâner avec ses amis dans un jardin du coin. Assis sur l'herbe à l'ombre des arbres, jambes croisées, ils plaisantaient, riaient, fumaient des cigarettes. Quelqu'un proposa d'aller chercher de la bière, un autre d'organiser une boum.

« On aurait dit un colloque en plein air, racontera un voisin. Aucun signe de tristesse, pas le moindre sentiment d'horreur susceptible de rappeler qu'un meurtre sordide venait d'être commis. Finalement, je suis sorti et j'ai dit : ''Angela, pourquoi n'es-tu pas à l'hôpital auprès de ta mère ?'' Et elle m'a répondu : ''Oh, elle va bien. Chris est déjà allé la voir.'' »

Entre-temps, après le départ des inspecteurs, les voisins avaient demandé au policier de garde l'autorisation de nettoyer la maison, expliquant qu'ils voulaient épargner à Bonnie la vision du sang quand elle rentrerait. Il avait accepté sans sourciller et chacun s'était mis à l'ouvrage, récurant la demeure de fond en comble et poussant le zèle jusqu'à transporter le matelas ensanglanté à la décharge publique dans une camionnette.

Dans l'après-midi, au poste de police, Lewis Young parcourut les pages de livre qu'il avait trouvées. C'étaient les quatre dernières pages d'un roman sentimental intitulé *Une rose en hiver*, de Kathleen Woodiwiss.

Young fut stupéfait. Il ignorait ce que contenaient les

cinq cent soixante pages précédentes mais, dans la cinq cent soixante et unième – la page tachée de sang qui était posée par-dessus les autres –, il était question d'un jeune héros nommé Christopher qui, brandissant une épée, défiait le « seigneur du manoir » en disant : « Voilà trop longtemps que tu déshonores ce pays et que tu échappes à ton destin... Ton heure est venue... La mort, messire... La mort ! »

Young lut ensuite diverses descriptions d'une « longue lame brunie par le sang », d'un sabre qui « lacérait, tranchait, taillait » et d'un poignard « avide de tâter la chair ».

Les pages suivantes relataient de sanglantes scènes de combat. On n'y parlait que d'épées, de sabres et de poignards. Un des personnages « leva sa canne et l'abattit sur le crâne de l'homme, qu'il fracassa ». Le méchant seigneur du manoir « n'eut pas le temps de sentir le coup fatal qui lui perça les côtes et le cœur ». A la fin, Christopher, le héros victorieux, prenait dans ses bras la belle héroïne « qui venait à lui en pleurant de soulagement ».

Les parents de Donna Brady offrirent l'hospitalité aux deux enfants de Bonnie. Angela accepta provisoirement l'invitation. Au dire du père de Donna, elle se montra d'humeur sombre et morose. D'autres, au contraire, la trouvèrent « détachée » et apparemment peu atteinte par le drame. Elle n'exprima jamais le désir d'aller voir sa mère à l'hôpital.

Dans le courant de l'après-midi, M. Brady lui apprit que la police la cherchait. Un inspecteur du S.B.I., un certain Lewis Young, avait quelques questions à lui poser.

Young commença l'interrogatoire à 16 h 40. Il fut frappé par la nonchalance d'Angela qui, tout en restant très polie, lui fit comprendre qu'elle avait autre chose à faire. En temps normal, son attitude n'aurait rien eu d'étrange : personne n'aime subir un interrogatoire, surtout à son âge. Mais nous n'étions pas en temps normal. Il y avait eu meurtre, un meurtre particulièrement sanglant qui s'était produit à peine douze heures plus tôt et à moins de vingt mètres du lit d'Angela.

Elle expliqua à Young qu'elle ne savait rien. Elle dormait pendant le drame. Elle était rentrée à la maison vers 23 heures, après avoir passé l'après-midi de dimanche à faire du cheval et terminé la soirée en compagnie de Donna Brady. Sa mère regardait la télévision en travaillant sur un motif d'affiche pour la S.P.A. Lieth était en haut. Il dormait. C'était habituel chez lui, dit-elle, il allait toujours se coucher avant sa mère.

Elle était montée dans sa chambre, avait branché son ventilateur et son magnétophone, puis avait lu quelque temps. Sa mère était venue fermer sa porte, disant que la musique était trop forte. Alors, Angela avait éteint la lumière – mais non le ventilateur – et s'était endormie. Pour le reste, elle ne s'était aperçue de rien. Elle se rappelait simplement qu'un policier l'avait réveillée en disant quelque chose comme : « Excusez-moi, mais quelqu'un vient de poignarder vos parents. » Sans doute était-ce le bruit du ventilateur qui l'avait empêchée d'entendre le meurtre. Elle était une grosse dormeuse, expliqua-t-elle.

Elle raconta tout cela sur un ton monocorde, comme si le sujet l'ennuyait, ajoutant qu'ils formaient une famille heureuse, sans problèmes, et qu'elle ne voyait pas qui pouvait vouloir du mal à son beau-père ou à sa mère, à part peut-être un collègue de travail, un employé de National Spinning que Lieth aurait licencié, par exemple. Mais sans préciser de nom. « C'est juste une supposition », dit-elle.

Le havresac ? Non, elle ne l'avait jamais vu auparavant. Il n'appartenait pas à quelqu'un de la famille. Elle ne savait pas ce qu'il faisait là.

Dans l'ensemble, elle ne parut ni abattue, ni curieuse, ni effrayée, ni même rancunière, simplement légèrement agacée par le temps que Young lui faisait perdre avec toutes ses questions.

A 21 h 30, n'ayant pu retrouver la trace de Chris Pritchard pour l'interroger, Lewis Young retourna à Lawson Road pour parler de la famille Von Stein avec quelques voisins. Il entendit une version très différente de celle d'Angela.

Les Von Stein menaient une existence très solitaire, lui dit-on. Bonnie était une femme douce et intelligente, mais très naïve, qui ne voulait voir que le bon côté des choses. Quant à Lieth, il avait une double personnalité. Un vrai « Dr Jekyll et Mr Hyde ». D'un côté, il faisait preuve d'un rigorisme tout germanique, du genre : « Quand je dis non, c'est non. » De l'autre, c'était un alcoolique invétéré, connu pour ses sautes d'humeur et ses esclandres dans les restaurants, où il n'était pas rare de le voir jeter des assiettes par terre en se plaignant du service.

– C'était un ivrogne incurable et il ne se faisait pas d'illusions là-dessus, confia l'un des voisins. Il disait souvent : « L'alcool me tuera. » Dans un coin de sa tête, il savait déjà qu'il mourrait jeune... (Une pause.) Mais pas comme ça.

Le pire, c'était son attitude envers les enfants de Bonnie. Il répétait sans cesse que c'étaient « des intrus » et qu'il attendait impatiemment le jour où « il en serait débarrassé pour toujours ».

Son hostilité et ses sarcasmes étaient surtout dirigés contre Chris. Quelques années plus tôt, Chris et un de ses copains avaient eu maille à partir avec la police. Un délit mineur. Il avait été arrêté dans la petite ville de Chocowinity pour « consommation d'alcool et jet de pétards sur la voie publique », ou quelque chose comme ça. Une broutille, mais son nom avait paru dans le journal et Lieth l'avait traité en véritable paria, comme un... un assassin. A dater de ce jour, leurs rapports s'étaient terriblement envenimés et Chris en était venu à haïr ouvertement son beau-père. Lieth avait toujours sous-estimé cette animosité, à cause de son aveuglement d'ivrogne sans doute, et Bonnie, qui était incapable de voir le mal, ne semblait se rendre compte de rien.

Les voisins conseillèrent à Young de ne jamais perdre de vue les deux enfants dans le courant de son enquête. Chris était un garçon étrange, disaient-ils. Et Angela « donnait l'impression de vivre dans un autre monde ».

– Il est impossible que cette fille n'ait pas été réveillée par le meurtre, ajouta quelqu'un.

Entre-temps, Chris Pritchard était rentré chez les Brady. Young put avoir un premier entretien avec lui à 22 h 30.

Il ne faisait pas son âge. Il portait une casquette de base-ball, un sweat-shirt qui n'avait pas dû être lavé depuis un bout de temps et un short taché et froissé. Il n'était pas rasé, avait les yeux vitreux et fumait des cigarettes à la chaîne.

« Il avait des réactions plus normales que sa sœur, dira plus tard Young. On voyait qu'il était très affecté sur le plan émotionnel. Il tremblait. Mais, tout comme sa sœur, il s'est montré très évasif dans ses réponses.

» Même sans tenir compte des dires des voisins – les voisins racontent toujours des tas de choses qui ne sont pas nécessairement vraies –, je dois avouer que ces enfants m'étonnaient. Chris était arrivé en ville à 8 heures du matin et j'avais dû attendre 22 h 30 pour pouvoir lui parler. Il devait pourtant se douter que j'avais besoin de le rencontrer d'urgence. Il y avait là quelque chose qui clochait. Ça ne me plaisait pas. »

Par ailleurs, Young ne pouvait pas effacer de son esprit le contenu des pages tachées de sang qu'il avait lues dans l'après-midi.

Chris s'excusa d'avoir été si difficile à contacter en expliquant qu'il ne pensait pas pouvoir être d'une quelconque utilité. Il avait été absent de la maison presque toute l'année, retenu par ses études, qui lui causaient quelques difficultés. C'était d'ailleurs la raison pour laquelle il s'était inscrit à la session d'été.

La dernière fois qu'il avait vu sa famille, c'était samedi

soir. Il avait exceptionnellement dîné à la maison. Il avait lui-même préparé le repas avec sa sœur. Des hamburgers au barbecue. Puis, il était rentré à l'université pour travailler à son mémoire de fin d'année.

Le dimanche, il s'était couché très tard, vers 3 h 30 du matin. Il avait joué aux cartes en buvant de la bière avec des filles et un ami. Quand Angela l'avait appelé, il était tellement épuisé qu'il lui avait fallu cinq bonnes minutes pour comprendre ce qu'elle lui disait. Puis, incapable de mettre la main sur ses clés de voiture, il s'était fait conduire à la maison par la police.

Il n'avait aucun problème familial et ne connaissait pas d'ennemi à son beau-père. Il savait que Lieth venait de faire un gros héritage et qu'il étudiait divers placements boursiers, mais il n'avait aucune idée du montant de son capital.

Young fut frappé par la fébrilité de Chris, qui n'arrêtait pas de bouger, de se tordre les mains, de remuer sur sa chaise et semblait incapable de se concentrer sur les questions.

Et ni lui ni sa sœur ne manifestèrent la moindre tristesse au sujet de la mort de leur beau-père, non plus que la moindre inquiétude quant à l'état de santé de leur mère.

A 6 h 30 le lendemain matin, Young reçut un coup de téléphone d'une femme qui se présenta comme l'épouse du frère de Bonnie Von Stein. Elle était descendue au *Holiday Inn* avec son mari et d'autres membres de la famille de Bonnie, qui étaient accourus à Little Washington dès qu'ils avaient entendu la nouvelle. Son mari et elle désiraient avoir une conversation avec Young, mais confidentiellement si possible car ils ne souhaitaient pas que Bonnie fût au courant de leur intervention.

Young lui répondit qu'il les attendait au commissariat. Ils arrivèrent quinze minutes plus tard.

Le frère de Bonnie, George, était un homme svelte d'environ un mètre quatre-vingts, avec une moustache et un bouc. Il était chimiste dans une fabrique de colorants à

High Point, non loin de Winston-Salem. Young le jugea comme un homme honnête, sans concession, prêt à écouter son devoir même si cela lui coûtait.

Sa femme, Peggy, qui était originaire de Washington D.C., avait du charme et de l'élégance. Comme son mari, elle s'exprimait avec franchise. Leur décision de venir trouver la police n'avait pas été facile à prendre, avouèrent-ils. Ils en avaient parlé toute la nuit avant de s'y résoudre.

Le problème, dirent-ils, c'était Chris Pritchard et, dans une moindre mesure, Angela. Ils avaient vu Chris la veille et son attitude les avait intrigués.

— C'est difficile à expliquer avec des mots, dit George Bates, mais je ne comprends pas sa façon de réagir. A le voir, on ne dirait vraiment pas que sa mère a été poignardée dans son lit et son beau-père assassiné.

— Je n'ai pas vu une seule larme dans ses yeux, ajouta Peggy Bates.

— Il ne semblait pas affecté. Il était aussi nerveux que d'habitude, regardant toujours à droite et à gauche, incapable de rester tranquille cinq minutes.

Young avait interprété la nervosité de Chris comme une réaction émotionnelle au drame qui venait de se produire. Mais l'oncle le détrompa :

— Il a toujours été comme ça. C'est son état normal.

En vérité, ainsi qu'ils finirent par l'avouer, George et Peggy Bates craignaient que Chris, et peut-être même Angela, ne soient impliqués dans le crime d'une manière quelconque.

— Ils n'ont pas versé une larme, reprit George. Comme si rien ne s'était passé. (Il regarda Lewis Young droit dans les yeux.) Je peux comprendre, à la rigueur, qu'on reste insensible à la mort d'un beau-père, mais leur mère est à l'hôpital ! Elle a failli être assassinée ! Il ne s'agit pas d'un simple accident de voiture, mais d'une tentative de *meurtre*. Rendez-vous compte. Et ils restent là, les bras croisés, sans s'inquiéter, alors qu'ils devraient être à son chevet. Si j'étais à leur place, je camperais à l'hôpital jour et nuit.

– Les premières personnes qui doivent retenir votre attention, affirma Peggy, ce sont Chris et Angela.

Et George Bates enchaîna :

– Je ne suis sûr de rien, je suis simplement inquiet. Croyez-moi, je ne suis pas venu vous trouver de bon cœur. Ça ne me plaît pas beaucoup de vous parler ainsi de ma propre famille, mais je le fais pour m'assurer que Bonnie est sous bonne garde. Parce que... Dieu me pardonne, si ces gosses ont quelque chose à voir dans cette histoire, ils sont encore capables de tenter quelque chose.

Depuis la veille, un policier avait été affecté à la surveillance de la chambre de Bonnie. Young appela pour s'assurer que celui-ci était toujours à son poste, puis, à 10 heures, se rendit personnellement à l'hôpital pour avoir un premier entretien avec Bonnie et se rendre compte par lui-même de l'importance de ses blessures.

Il faut dire que d'étranges rumeurs commençaient à circuler en ville. Si les Von Stein avaient été plus sociables, les mauvaises langues auraient probablement été moins promptes à se délier, mais on murmurait déjà, vingt-quatre heures à peine après la mort de Lieth, que Bonnie n'était pas l'innocente victime qu'elle prétendait être. On la voyait plutôt dans la peau d'une suspecte, notamment à cause d'un mystérieux héritage de deux millions de dollars qui faisait beaucoup jaser.

Lewis Young, bien sûr, avait eu vent de ces soupçons – colportés par des gens que les Von Stein n'avaient jamais rencontrés de leur vie – mais, lorsqu'il vit Bonnie sur son lit de douleur, il lui parut difficile d'y ajouter foi.

« Je dois dire, racontera-t-il plus tard, qu'elle était vraiment dans un triste état. Evidemment, l'argent constituait un mobile non négligeable mais, de toute ma carrière, je n'ai jamais vu un criminel s'infliger ou se faire infliger des blessures aussi atroces uniquement pour donner le change. »

Il lui demanda de lui parler du week-end. Elle lui répondit que Chris avait dîné avec eux le samedi soir. Il avait fait des hamburgers au barbecue. Le lendemain, Lieth et elle avaient fait la grasse matinée, puis s'étaient rendus à Greenville pour un petit déjeuner au *Waffle House*. Faire quarante kilomètres pour un petit déjeuner peut paraître surprenant, mais elle expliqua que c'était une de leurs distractions du week-end. (A Little Washington, le choix se limitait à *McDonald's* et *Burger King*.)

Elle avait demandé à Angela de les accompagner, mais celle-ci s'était levée de bonne heure pour aller faire du cheval au centre équestre de Five Points. Elle avait toujours adoré les chevaux. Quant à Chris, il était rentré à l'université la veille, après le barbecue, pour travailler à son mémoire.

Ils n'étaient donc que deux. Après le petit déjeuner, ils s'étaient attardés pour regarder des mobile-homes. Lieth venait de toucher un gros héritage – un million trois cent mille dollars, précisa Bonnie – et il projetait de quitter son emploi à la fin de l'année pour se consacrer à la gestion de son portefeuille boursier. Avec les deux enfants à l'université, ils seraient enfin libres de voyager.

Ils avaient passé une partie de l'après-midi à étudier des placements financiers sur l'ordinateur, puis ils s'étaient accordé quelques « moments d'intimité » dans leur chambre, ajouta-t-elle avec quelque embarras.

Ils étaient retournés à Greenville dans la soirée, pour dîner au *Sweet Carolina*. Lieth avait bu plusieurs Martini-vodka comme apéritif et une bouteille de vin pour accompagner un plat de poulet au riz sauvage. Elle-même n'en avait bu qu'un verre.

Il était allé se coucher dès leur retour. C'était son habitude. Elle avait regardé la télé jusqu'à 23 heures, puis elle était allée bavarder quelques instants avec Angela, avant de rejoindre Lieth dans la chambre.

Elle avait lu dans son lit – un roman Harlequin dont elle avait oublié le titre. Au bout d'un moment, elle était allée fermer la porte de la chambre d'Angela, dont la radio ou le magnétophone trop bruyant la gênait. Et elle s'était rapidement endormie. C'étaient les cris de Lieth qui l'avaient réveillée.

Pendant l'agression, elle avait entendu comme un souffle d'air, une sorte de « woof », suivi d'un choc sourd chaque fois que Lieth avait été frappé. Elle se rappelait que l'agresseur, en partant, avait refermé la porte « doucement », sans la claquer. Elle avait à nouveau entendu un « woof » et un « tchac » dans le couloir, ce qui lui avait fait craindre une attaque contre Angela.

Young lui demanda de décrire son agresseur avec plus de précision que la veille. Elle gardait le souvenir d'un homme costaud, avec de larges épaules qui semblaient « se fondre dans sa tête, comme s'il n'avait pas de cou ». Elle avait aussi l'impression qu'il portait des lunettes de ski.

Young lui montra une photo du havresac en toile verte découvert près de la porte de derrière. Elle ne l'avait jamais vu auparavant, il n'appartenait à personne de la famille.

Il lui parla alors de l'héritage. Elle lui dit que Chris et Angela en connaissaient l'existence mais ne devaient pas avoir une idée précise du montant car on évitait toujours de parler d'argent dans la famille. En revanche, les deux enfants savaient que, en cas de décès de Lieth et de Bonnie, l'argent, augmenté d'une prime d'assurance-vie, serait déposé à leur nom sur un compte bloqué jusqu'à ce qu'Angela, la plus jeune des deux, atteigne l'âge de trente-cinq ans.

Quand Young lui demanda si elle avait des soupçons sur l'identité de l'assassin, elle lui répondit qu'il fallait peut-être chercher du côté de la North Carolina National Bank. Lieth, insatisfait de leurs services, les avait informés de sa décision de clôturer son compte d'un million trois, et ils avaient pu organiser le meurtre pour l'empêcher de retirer ses fonds.

C'était le mobile le plus farfelu que Young eût jamais entendu. Considérant les blessures de Bonnie, il imputa la stupidité de cette idée à l'état de choc physique et moral dans lequel elle se trouvait.

Sa dernière question porta sur le livre qu'elle avait lu au lit. Elle ne se souvenait pas du titre, mais elle était certaine que ce n'était pas *Une rose en hiver*.

4

Peu après 18 heures, le mardi 26 juillet, jour de son premier entretien avec Bonnie à l'hôpital, Lewis Young fut informé par la police de Little Washington qu'un éleveur de porcs nommé Noel Lee avait aperçu un feu au bord de la route 1565, dite « Grimesland Bridge Road », à 4 h 30, le matin du meurtre.

Young ne put joindre Lee au téléphone qu'à 11 heures du soir. A 23 h 30, il était devant sa porte.

Le site du feu n'était qu'à trois cents mètres de la demeure de Noel Lee. Celui-ci désigna l'endroit avec sa torche électrique : un espace calciné de moins d'un mètre de diamètre, à la lisière d'un bois marécageux.

Young s'accroupit et, à l'aide de sa propre torche électrique, repéra des cendres. Creusant un peu, il détecta une légère odeur d'essence. Il trouva aussi des lambeaux de vêtements brûlés, une chaussure et un couteau de chasse avec une lame de quinze centimètres. Il déposa séparément chacun de ces objets dans des sacs en plastique.

Puis, un peu à l'écart, il repéra un morceau de papier roussi et froissé. Il le recueillit également dans un sac spécial.

Il faisait nuit et il était tard. Il remercia Noel Lee en lui assurant qu'il avait bien fait d'appeler la police.

Le lendemain de bonne heure, Young reçut un coup de téléphone de George Bates, dont les craintes au sujet de Chris allaient croissant. La veille, dit-il, il avait reconduit Chris dans sa résidence universitaire de Raleigh. Son camarade de chambre avait apparemment retrouvé les clés de voiture perdues sous un coussin et Chris voulait récupérer son véhicule.

Pendant tout le trajet, Chris s'était montré d'une nervosité extrême. « Il tremblait », dit George Bates. Il n'avait manifesté ni chagrin au sujet de la mort de son beau-père, ni inquiétude quant à l'état de santé de sa mère, ni la moindre curiosité en général sur ce qui s'était passé. Il n'avait parlé que de ses ennuis personnels relatifs au trafic de drogue sur le campus, dans lequel il semblait tremper, et de sa volonté de « décrocher de cette merde ».

Mais ce n'était pas là ce qui avait déterminé l'appel de George Bates. Il y avait plus étrange : après avoir récupéré ses clés dans sa chambre, Chris avait été incapable de se rappeler où était son véhicule.

Il disait l'avoir garée dans un parking à trois cents mètres du dortoir mais, quand George Bates l'avait conduit sur les lieux, il n'avait cessé de répéter qu'il n'était pas sûr de pouvoir la retrouver tout de suite.

— J'ai fait la bombe toute la nuit et j'étais complètement schlass en rentrant, avait-il expliqué.

— Mais tu n'étais pas schlass au moment où tu as garé ta voiture avant de faire la fête, avait objecté son oncle. Tu ne peux pas avoir oublié où elle est.

Il s'avéra que la Mustang blanche de Chris était la seule voiture présente sur le parking et il fut donc aisé de la repérer. Mais ce qui avait étonné Bates, c'était le fait que Chris lui eût dit d'avance qu'il ne la retrouverait sans doute pas. Cela ne signifiait peut-être rien, ajouta George Bates, mais il avait pensé qu'il valait mieux en faire part à Young.

Plus tard dans la matinée, au commissariat de Little Washington, après avoir examiné le couteau de chasse et la chaussure à demi calcinés ainsi que les lambeaux de vêtements brûlés, Young, assisté du jeune inspecteur John Taylor, ouvrit le dernier sac plastique.

Il en retira une feuille de papier roussie, qu'il déplia avec d'infinies précautions.

Il vit des lignes, des cartes et des dessins représentant des animaux à quatre pattes. Le mot LAWSON était inscrit au-dessus de la plus longue ligne.

Ces lignes semblaient figurer des rues, les carrés des maisons et les animaux ressemblaient à des chiens. Contrairement aux lignes et aux carrés, ils étaient dessinés avec application et évoquaient une illustration de conte de fées médiéval.

– C'est Smallwood ! s'exclama Young.

Bien que seul le mot LAWSON indiquât une rue spécifique, Young identifia rapidement les autres lignes comme des artères et carrefours du voisinage : Market Street Extension, Marsh Road et Northwoods.

Le cinquième carré était entouré d'un certain nombre de marques particulières, indiquant une clôture, un fossé et une petite remise. Ce cinquième carré représentait la maison dans laquelle Lieth Von Stein était été assassiné.

John Taylor photographia le plan. Young envoya le couteau de chasse au légiste qui avait pratiqué l'autopsie. Le médecin confirma ses suppositions : la lame était celle qui avait servi à tuer Lieth.

Pourquoi le plan avait-il été épargné par les flammes ? C'était là un point que ni Young ni Taylor, ni plus tard Mitchell Norton, le district attorney du comté de Beaufort, ne purent jamais expliquer. Etait-ce un pur hasard ou, comme l'affirmera Norton devant le jury, un acte de Dieu ?

Si certains faits demeuraient inexpliqués, ils ne restèrent pas sans conséquences. Il allait falloir attendre de longs mois avant que les implications de cette découverte ne se fassent jour. Mais alors, elles seraient terribles.

5

Le journal titra : « L'interrogatoire de l'épouse n'a rien donné... Elle est incapable de décrire son agresseur ». L'article citait les propos du porte-parole de la police rapportant que l'entretien avait été « infructueux » et ne leur avait « rien appris de nouveau par rapport aux indices déjà en leur possession ». L'attaque était apparemment « l'œuvre d'intrus » qui étaient entrés par effraction mais dont le mobile n'était peut-être pas le vol. « Rien ne semble avoir été dérobé », ajoutait l'article.

Bonnie confiera plus tard que ces premiers jours lui avaient laissé une impression confuse. Lieth était mort. Elle vivait. Angela n'avait pas été blessée. C'était tout ce qui comptait. Elle voulait simplement qu'on la laisse tranquille et que la police se consacre à l'arrestation du coupable au lieu de passer son temps à lui poser des questions interminables.

Elle était tourmentée par ce que lui avaient dit les enquêteurs : puisque rien n'avait été volé, il ne s'agissait vraisemblablement pas d'un cambriolage qui avait mal tourné mais bel et bien d'un meurtre prémédité. Qui avait pu vouloir tuer Lieth... ou elle ?

Certes, ils ne formaient pas un couple très sociable. Ils n'avaient pratiquement pas d'amis à Little Washington.

Mais ils n'avaient pas d'ennemis non plus, à moins que Lieth ne lui eût caché quelque obscure rivalité professionnelle – ce qu'elle n'arrivait pas à croire. Elle se ressentait encore douloureusement de ses blessures. Elle avait mal au crâne, respirait avec difficulté et le tuyau qu'on avait introduit dans sa poitrine la faisait terriblement souffrir.

Sa mère, son père, son frère, ses sœurs et leurs conjoints respectifs étaient venus à Little Washington. Bonnie craignait pour leur vie et s'inquiétait autant de leur sort que du sien et de celui de Chris et Angela. Il y avait un fou en liberté quelque part. Un fou qui, pour une raison inconnue, s'en était pris à Bonnie et à Lieth.

Un policier en uniforme restait posté devant la porte de sa chambre. Le tueur ne savait peut-être pas qu'elle était incapable de le décrire. S'il apprenait qu'elle était toujours en vie, il pouvait être tenté de la réduire au silence définitivement.

Un représentant des pompes funèbres vint la trouver. Elle lui dit d'incinérer le corps. C'était ce que Lieth aurait souhaité.

Elle reçut aussi la visite du prêtre chargé de l'office, qui voulait des renseignements sur Lieth. Comme les Von Stein n'allaient jamais à l'église, aucun ministre du culte ne les connaissait.

Puis, ce fut l'ex-présidente de la Société protectrice des animaux. Bonnie refusa d'abord de la voir. Elle ne voulait voir personne. Mais l'ex-présidente avait quelque chose à lui dire. Une de ses voisines avait aperçu Angela avec deux amies à la fête estivale annuelle. Non seulement sa présence à une fête était choquante, compte tenu des circonstances, mais encore – et c'était là surtout ce qui motivait la visite de l'ex-présidente – la fameuse voisine, « une personne tout à fait digne de foi », l'avait entendue dire à l'une de ses amies : « Lieth méritait de mourir. » Elle ne voulait pas tourmenter Bonnie davantage – Dieu sait qu'elle avait déjà assez souffert – mais il lui avait semblé que son devoir lui commandait de lui rapporter la chose.

Dans la soirée, lorsque Angela vint la voir, en compagnie de son amie Donna Brady, Bonnie lui demanda comment elle avait pu tenir de pareils propos. Donna Brady corrigea immédiatement la version de l'ex-présidente et expliqua qu'Angela avait dit en réalité : « Celui qui a fait ça à Lieth mérite de mourir. »

Bonnie se rendit compte qu'un meurtre dans une petite ville donnait toujours lieu à des rumeurs. La visite de sa collègue de la S.P.A. lui fit comprendre tout à coup que ces rumeurs pouvaient être parfois très méchantes.

Le service funèbre eut lieu le jeudi 28 juillet, trois jours après le meurtre. La grisaille et la bruine du matin se transformèrent en pluie battante l'après-midi.

Le frère de Bonnie avait apporté à celle-ci une chemise de nuit noire, une robe de chambre noire et des chaussons noirs. De tels articles n'avaient pas dû être faciles à trouver à Little Washington en plein été.

Chris, quant à lui, avait dû emprunter des habits de deuil à son camarade Jonathan Wagoner. Il aurait préféré en porter des neufs, qu'il était déjà allé choisir chez Scott, mais sa carte de crédit avait été refusée par la machine lorsqu'il était passé à la caisse.

Une voiture noire des pompes funèbres vint chercher Bonnie à la porte des urgences. Au crématorium, elle resta assise derrière un paravent, à l'écart du public et de la presse.

Malgré toutes les questions qu'il lui avait posées sur Lieth, le prêtre commit d'incroyables erreurs dans son oraison, le présentant par exemple comme un vétéran du Viêt-nam. Mais quelle importance, à présent ? Lieth n'était plus qu'un tas de cendres.

Elle retourna à l'hôpital pour quatre jours supplémentaires. Sa mère, son père, ses sœurs et son frère continuèrent leurs visites. Chris et Angela se firent beaucoup plus discrets – à tel point même que le personnel et la famille de Bonnie commencèrent à jaser.

L'apparente rapidité de sa guérison fit jaser également. Bonnie n'avait jamais été du genre à se plaindre. Elle gardait ses émotions pour elle. Pour un observateur non avisé, cette attitude pouvait être prise pour de l'indifférence et donner lieu à certaines interrogations.

Le rapport de l'hôpital pour le jour des funérailles disait : « La patiente se prépare pour assister à la cérémonie funèbre de son mari. Elle ne montre aucune émotion extérieure. » A son retour, le même rapport la décrivait comme « joyeuse, alerte, bavardant avec des visiteurs ». Ce comportement, joint aux faits que personne ne la connaissait vraiment en ville et que la mort de son mari l'avait enrichie de deux millions de dollars, donna naissance à toutes sortes de murmures derrière son dos.

Pour Bonnie, qui n'était pas consciente de ces réactions, seules trois choses semblaient compter désormais : Qui avait pu commettre un tel crime ? Pourquoi la police n'avait-elle encore procédé à aucune arrestation ? Le tueur pouvait-il revenir ?

Si les jours étaient longs, les nuits l'étaient encore plus. Même lorsqu'il y avait quelqu'un auprès d'elle, elle se sentait seule et terrifiée. Elle avait peur pour elle et pour ses enfants. Angela, malgré son calme apparent, confia à sa mère qu'elle était très inquiète. Selon elle, l'agresseur ne l'avait épargnée que parce qu'il ignorait sa présence dans la maison. Et il pouvait revenir pour la tuer, elle aussi.

Bonnie ne savait pas quoi répondre. Elle était incapable de la rassurer. Bonnie était une personne rationnelle et, en la circonstance, la raison était un maigre réconfort. Elle n'avait jamais connu la violence et, tandis que celle-ci avait fait irruption dans son univers, elle était désemparée.

« L'enquête piétine », titra le journal. Le chef de la police assurait que le meurtre Von Stein était sa « priorité numéro un » et promettait que l'affaire ne serait pas « enterrée dans un tiroir ».

Aucun mobile n'avait pu être établi et aucun vol n'avait été constaté. Les derniers interrogatoires de Mme Von Stein n'avaient rien apporté de nouveau, celle-ci demeurant incapable de décrire les agresseurs et de dire combien ils étaient. L'interrogatoire des voisins avait été également vain.

6

Le vendredi, quatre jours après le meurtre et un jour après les funérailles, Steve Pritchard, l'ex-mari de Bonnie, lui rendit visite. Il commençait à perdre ses cheveux et s'était laissé pousser la barbe. Il était toujours aussi beau parleur. Il était capable d'employer des expressions telles que « relation symbiotique » en sachant ce qu'elles signifiaient. Et ses sempiternels apitoiements sur ses difficultés financières ne l'empêchaient pas de rouler en BMW.

Pendant plusieurs années, il avait vécu dans l'Ouest – le Dakota du Sud, le Wyoming –, où il avait exercé la profession de camionneur. Depuis son retour en Caroline du Nord, il travaillait dans une autre branche des transports routiers. Elle ne savait pas laquelle exactement, cela lui était complètement indifférent.

Il était venu voir les enfants deux ou trois fois depuis qu'ils avaient emménagé à Little Washington. Angela le traitait comme un parfait étranger – ce qu'il était pour elle. Elle lui avait dit en face qu'elle ne le considérait pas comme son véritable père. C'était Lieth Von Stein, son père, affirmait-elle.

Chris était plus accueillant. Il tenait encore à son père et c'était la raison pour laquelle Bonnie avait toléré ses visites. Lieth les tolérait aussi, d'ailleurs. Il s'entendait même très bien avec Steve et il insistait toujours pour que celui-ci dorme à la maison, dans la chambre de Chris, quand il venait les voir. Bonnie, elle, aurait nettement préféré le laisser dormir dans sa voiture, mais elle était d'un naturel arrangeant.

Aujourd'hui, cependant, elle ne voulait faire aucun effort pour paraître se réjouir de la visite de son ex-mari. Dans son état, il n'y avait plus de place pour les faux-semblants.

Steve s'assit sur le bord du lit et lui dit qu'il était navré de la façon dont les choses avaient tourné. S'il ne l'avait pas quittée, ajouta-t-il, rien de tout cela ne se serait produit.

– Ne t'excuse pas, répondit Bonnie. Tu n'aurais pas pu me rendre plus grand service.

Il la regarda sans comprendre.

– Si tu ne m'avais pas abandonnée, expliqua-t-elle, je n'aurais jamais eu l'occasion de connaître et d'aimer Lieth. Je te remercie pour ce que tu as fait.

– Mouais, fit Steve Pritchard, c'est une façon de voir les choses.

Puis, elle lui demanda de se lever.

– Les visiteurs ne sont pas autorisés à s'asseoir sur les lits d'hôpital, dit-elle.

Et ainsi se termina l'entretien.

Bonnie reçut une autre visite, ce jour-là, celle de Lewis Young. Il ne lui parla ni du feu, ni du plan, ni des soupçons de son frère, ni des pages éclaboussées de sang d'*Une rose en hiver*. Il était en quête d'informations plus générales.

Les médisances qui circulaient à Little Washington le préoccupaient. Malgré la gravité des blessures de Bonnie – qu'il avait pu constater *de visu* –, neuf personnes sur dix, en ville, étaient déjà convaincues qu'elle avait organisé elle-même le meurtre de son mari et que ses enfants l'y avaient aidée.

Ce qu'on lui avait raconté sur les enfants Pritchard et le couple Von Stein ne cadrait guère avec l'image idyllique de la vie de famille que Bonnie lui avait dépeinte lors de leur première conversation.

D'après ses camarades de lycée, Chris avait toujours été « un mec bizarre », qui changeait sans arrêt de coupe de cheveux et conduisait une voiture bruyante pour se faire remarquer. En outre, il n'avait « jamais eu de bol avec les nanas ».

Angela, elle, « fricotait avec de drôles de loubards », dont certains avaient même passé quelque temps derrière les barreaux.

Quant à Bonnie, elle suscitait toujours les mêmes interrogations de la part des gens qu'il questionnait. A savoir : comment peut-on tuer un homme aussi rapidement et être incapable de tuer une femme ? Etonnement d'autant plus justifié que la femme en question s'était retrouvée, en l'espace d'une nuit, à la tête d'une fortune de deux millions de dollars qui la plaçait d'un seul coup parmi les plus riches citoyennes de Caroline du Nord.

Lewis Young, sans se départir de son tact habituel, voulait en savoir plus sur ses relations avec son mari et les relations de celui-ci avec ses enfants.

Elle affirma à nouveau que toute la famille entretenait de bons rapports et que ceux qui prétendaient le contraire les connaissaient mal.

Voyant qu'il ne ferait aucun progrès de ce côté, Young l'interrogea une fois de plus sur son agresseur. Bonnie lui répondit qu'elle avait une très mauvaise vue sans ses lunettes et qu'elle avait seulement gardé l'impression d'un homme costaud, large d'épaules, agissant « méthodiquement » plutôt que rageusement.

Elle ajouta que, si elle n'était pas tombée du lit, il l'aurait tuée aussi.

Enfin, elle déclara avoir entendu trois « v'lan », « comme des coups de bâton », après que l'agresseur eut refermé délicatement la porte de sa chambre, ce qui lui avait fait croire qu'Angela avait été tuée à son tour.

Quand il lui redemanda si elle avait une idée quelconque sur l'identité de l'assassin, elle évoqua, outre les responsables de la North Carolina National Bank, quelque employé de National Spinning. En tant qu'audit interne, Lieth pouvait avoir découvert une malversation, un vol ou un détournement de fonds. L'employé indélicat pouvait très bien avoir décidé de tuer Lieth par peur d'être dénoncé.

Young devait admettre que cette théorie se tenait, bien que l'enquête de routine effectuée chez National Spinning n'eût révélé aucun indice susceptible de l'étayer.

En fait, les seuls documents compromettants qu'il eût trouvés en examinant le contenu du bureau de Lieth étaient des lettres adressées par une jeune femme que Lieth semblait avoir rencontrée lors d'un voyage d'affaires. Ces lettres laissaient apparaître, sinon une liaison, du moins une intimité équivoque. Elles avaient été écrites un an plus tôt, au cours de l'été 1987, peu après que la femme, originaire de Caroline du Nord, eut émigré en Californie.

Dans l'une de ces lettres, elle faisait état d'une prochaine visite en Caroline du Nord et se réjouissait de revoir Lieth, au moins pour une nuit, à Wilmington, une ville côtière située à une centaine de kilomètres au sud de Little Washington. Rien ne prouvait que ce rendez-vous ait eu lieu, mais le ton des lettres suivantes et certaines allusions permettaient de le penser.

Pour Noël dernier, elle lui avait envoyé une carte à son bureau, lui demandant s'il était prêt à venir à Los Angeles. Si oui, écrivait-elle, « fais-le-moi savoir sans attendre », ajoutant : « Puisse 1988 être une année de prospérité et de voyages ! (C'est-à-dire à Los Angeles... ha ha ha !) » Elle terminait en disant qu'elle aimerait beaucoup le voir pendant les congés de fin d'année et lui communiquait les dates de ses prochaines visites familiales à Raleigh.

Rien, dans cette correspondance, n'indiquait un comportement volage de la part de Lieth, mais il en ressortait en tout cas que ce personnage bourru, taciturne et si peu charitable envers les enfants de son épouse avait réussi à séduire une jeune femme rencontrée par hasard – et c'était déjà une indication.

A quarante-deux ans, nanti d'une coquette fortune, il pouvait envisager l'avenir avec sérénité et, pourquoi pas ? songer à refaire sa vie au soleil, à Los Angeles.

Quant aux suggestions de Bonnie insinuant que la plus grosse banque de l'Etat avait pu fomenter un meurtre par peur de perdre un client, Young les trouvait toujours aussi délirantes. Il en vint même à former certains soupçons. De deux choses l'une : soit Bonnie avait complètement perdu la tête malgré les apparences, soit elle lui racontait n'importe quoi pour détourner son attention de sa famille et d'elle-même.

Le lundi 1er août, huit jours après son admission, Bonnie quitta l'hôpital. Elle s'installa au *Holiday Inn*, où ses parents étaient descendus, et dormit deux nuits auprès d'eux dans leur chambre – en demandant sans cesse à son père s'il était sûr d'avoir bien fermé la porte à clé.

Le mercredi, elle se rendit au poste de police pour faire relever ses empreintes. Elle était si faible qu'elle pouvait à peine marcher sans assistance et si perturbée sur le plan émotionnel que la moindre conversation lui demandait un énorme effort de volonté. Pourquoi voulaient-ils relever *ses* empreintes ? A quoi cela leur servirait-il ? Pourquoi n'avaient-ils pas encore mis la main sur le tueur ?

Lewis Young l'interrogea une fois encore sur le week-end du meurtre et elle lui répéta qu'il ne s'était rien produit d'extraordinaire. Un simple week-end d'été en famille. Chris avait passé le début de la soirée du samedi à « préparer des hamburgers avec sa sœur ».

Le jeudi, elle retourna au poste de police pour récupérer la clé de sa maison. Puis, accompagnée de ses parents, elle rentra au 11, Lawson Road. Elle avait besoin de vêtements.

Elle monta directement dans sa chambre, sans regarder

autour d'elle, en s'appuyant sur le bras de son père, prit les vêtements qu'elle désirait et s'en retourna à la voiture, sans autre forme de procès. Son père et sa mère chargèrent sa valise et la conduisirent à Welcome, le village de son enfance.

Le même jour, Lewis Young interrogea Chris pour la seconde fois. Le jeune Pritchard arriva dans sa Mustang blanche au pot d'échappement tonitruant. De même que sa sœur, il se comporta comme si le fait de répondre à des questions pouvant aider à retrouver l'homme qui avait assassiné son beau-père et à moitié estropié sa mère était une corvée. Lors de leur premier entretien, Young avait trouvé Chris tellement désemparé qu'il avait presque eu pitié de lui. Cette fois, le jeune homme lui déplut franchement.

Chris répéta que, à sa connaissance, Lieth n'avait ni problèmes ni ennemis. Il savait que son beau-père avait hérité de valeurs boursières, mais il en ignorait la teneur.

– De toute façon, j'y connais rien, dit-il.

Pour le reste, il s'en tint à sa précédente version : la perte de ses clés de voiture, le barbecue familial du week-end, son mémoire de fin d'année à terminer. Il n'ajouta qu'un détail : le nom du camarade chez qui il avait joué aux cartes en buvant de la bière le samedi soir. C'était un certain James Upchurch, qu'il avait rencontré par hasard dans un magasin de Raleigh.

Young ne fit mention ni du couteau, ni des habits brûlés, ni du plan qu'il avait retrouvés dans les cendres.

Il ne parla pas non plus des pages tachées de sang découvertes près du lit – ces pages dans lesquelles un jeune héros du nom de Christopher s'acharnait sur un méchant seigneur avec un couteau, un gourdin et une épée.

Et il ne lui révéla pas que son propre oncle le soupçonnait d'être impliqué dans le meurtre.

7

A moins d'être à la plage, ou dans les montagnes sur la bordure occidentale de l'Etat, le mois d'août en Caroline du Nord est infernal, particulièrement dans le plat pays étouffant du comté de Beaufort, où l'on ne peut même pas compter sur les distractions passagères qu'offrent les villes. La nuit, on n'entend que le grésillement des insectes et, le jour, le soleil est un ennemi mortel. Même les poissons en souffrent. Dans le fleuve Tar et le Pamlico, ils meurent par milliers, suffoquant dans une eau dont l'oxygène a été aspiré par le soleil carolinien.

On en vient à considérer la climatisation comme plus essentielle à la vie que le sexe, la nourriture ou le sommeil. La torpeur règne. L'urgence est une notion bannie, il n'y a rien qui ne puisse attendre une heure, un jour, un mois. Bref, ce n'est pas la meilleure période de l'année pour diligenter une enquête criminelle.

Lewis Young fit son possible, mais il se heurta bientôt à des problèmes plus graves que la météo. La fonction du S.B.I. était de porter assistance à la police locale quand celle-ci le lui demandait. Young, malgré sa ténacité, n'avait pas le pouvoir de conduire une enquête indépendante. Il ne pouvait intervenir que sur mandat et, si la police de Little

Washington ne lui demandait rien, il ne pouvait pas s'imposer.

Or, en ce mois d'août 1988, la police de Little Washington était quelque peu désorganisée. Le maire (qui allait bientôt démissionner pour des raisons inconnues) essayait d'exercer un contrôle direct sur l'enquête. Le chef de la police se préparait pour la retraite. Et l'inspecteur chargé de l'affaire Von Stein n'était pas le jeune et dynamique John Taylor, mais un fonctionnaire fatigué et distrait qui négligeait de suivre les rares pistes qui se présentaient. Il menait bien quelques interrogatoires, mais à un train de sénateur plus en accord avec la saison qu'avec la gravité du crime.

Pourtant, les rapports s'amoncelaient lentement et Lewis Young les lisait au fur et à mesure. Peu à peu, il commença à discerner une ligne directrice, mais qui ne menait ni à quelque employé indésirable de la National Spinning Company, ni à quelque sous-directeur floué de la North Carolina National Bank.

Dans les enquêtes criminelles, Young savait que les vieilles méthodes étaient encore les meilleures. Et la plus vieille de toutes préconisait de chercher les suspects en premier lieu parmi la proche famille de la victime. Cette famille-là semblait inconnue de la plupart des habitants de Little Washington, mais pas au point d'être immunisée contre les racontars. Voici ce que les lectures de Young lui apprirent :

• Un ancien collègue de bureau de Lieth confirma que celui-ci avait été très contrarié par les échecs universitaires de son beau-fils. « S'il rate son année, c'est fini pour lui, avait-il dit. Je n'ai pas l'intention de continuer à payer pour rien. » Un autre déclara que Lieth « fantasmait » souvent sur la belle vie qu'il aurait le jour où ses beaux-enfants seraient partis.

• Plusieurs camarades de chambre de Chris dirent qu'il se soûlait fréquemment au Canadian Mist, qu'il ne parlait jamais de ses parents, qu'il « claquait tout son fric » en alcool et en drogue (surtout de la marijuana, quelquefois du L.S.D.) et passait le plus clair de son temps à jouer à Donjons & Dragons avec ses copains Daniel, Neal et un grand échalas nommé Moog. Il leur arrivait de poursuivre leurs jeux dans les tunnels souterrains du campus. Leurs accessoires comprenaient des fléchettes et des couteaux. Dans l'ensemble, Chris était un garçon « arrangeant » mais très influençable, qui n'arrivait jamais à « lever une nana » et « foirait tous ses exams ».

• Steven Outlaw, le copain avec lequel Chris avait été arrêté quelques années plus tôt à Chocowinity, dit qu'ils avaient été tous deux de fervents joueurs de Donjons & Dragons dans leur adolescence, en grande partie « parce qu'il n'y a pas beaucoup de distractions pour les adolescents à Washington ». Lieth avait été « très fâché » par l'incident de Chocowinity et avait banni Outlaw de sa maison. « Lieth était vieux jeu. Il n'y avait que son opinion qui comptait. Et il était très autoritaire. Il se servait de Bonnie pour transmettre ses instructions à Chris et Angela, généralement des brimades. Bonnie essayait souvent de calmer le jeu, mais ça ne marchait pas toujours. » Puis, Outlaw raconta une dispute qui avait éclaté dans la cuisine ou la salle à manger. « Lieth avait bu. Il n'arrêtait pas de charrier Chris sur ses mauvais résultats scolaires. Ça s'est envenimé. Lieth a essayé de le frapper, mais Chris l'a repoussé et a couru s'enfermer dans les toilettes. Chris était tellement furax qu'il a fait un trou dans la porte avec son poing. »

• Donna Brady rapporta que Chris s'était fait voler son autoradio mais avait eu peur de le dire à Lieth. Quand Chris et Angela parlaient de leur beau-père, ils l'appelaient toujours « le connard ». Angela le détestait parce qu'il était très sévère avec elle, notamment sur le chapitre des amitiés masculines et des permissions de sortie. Elle ajouta que Chris était tellement passionné par l'univers de Donjons & Dragons que, même le jour des funérailles de Lieth à

Winston-Salem, il avait lu un livre pour apprendre à perfectionner son jeu. Elle se rappelait aussi que, à un certain moment, le jour du meurtre, Chris avait entraîné Angela à l'écart en lui soufflant : « J'ai quelque chose à te dire. » Donna n'avait aucune idée de ce que Chris avait pu confier à sa sœur.

• D'autres personnes interrogées laissèrent entendre que Chris n'arrivait pas à comprendre pourquoi, « puisque sa famille était maintenant si riche après avoir été si pauvre, il ne voyait pas plus souvent la couleur de l'argent de ses parents ». Elles confirmèrent également que Chris était un « mordu » du jeu Donjons & Dragons.

• Et un des meilleurs copains de lycée de Chris déclara qu'il y avait toujours eu « une terrible tension » entre Lieth et Chris. Quelques années plus tôt, Chris s'était même fait baptiser par immersion dans une rivière « rien que parce qu'il savait que ça ne plairait pas à Lieth ». Le même copain ajouta : « J'essayais de lui dire que Lieth n'était pas si méchant que ça, mais il me répondait que je ne le connaissais pas. Lieth était le genre de gars qui était toujours persuadé d'avoir raison. Il n'y avait pas moyen de discuter avec lui. Quand on le voyait, on comprenait tout de suite qu'il ne pouvait pas voir Chris en peinture. Et Chris le lui rendait bien. De même qu'Angela. Le problème, c'était que Bonnie prenait toujours le parti de son mari. Elle aurait fait n'importe quoi pour lui. Elle était toujours d'accord avec ce que Lieth disait. D'une manière générale, Chris essayait de se faire passer pour quelqu'un qu'il n'était pas. Il avait un terrible problème d'image et d'incroyables difficultés avec les filles.

Et tous ces commentaires émanaient de gens qui connaissaient personnellement la famille. Dans le reste de la ville, ce qui n'avait été, au début, qu'une simple rumeur s'était, en l'espace de quelques jours, métamorphosé en un florilège de scénarios grotesques. Dans la canicule estivale, le meurtre semblait être devenu l'unique sujet de conversation à Little Washington et les diverses théories allaient du plausible au franchement délirant.

La présence des treize chats et du coq donnèrent lieu à des histoires sordides de cuites diaboliques et de sacrifices d'animaux. Mais la théorie la plus persistante était que Bonnie avait elle-même organisé le meurtre de son mari, éventuellement avec l'aide de ses enfants. Après tout, à qui profitait le crime ?

Young n'écartait pas cette possibilité. Bonnie avait pu craindre de voir l'argent récemment acquis par son mari lui échapper. Fort de la découverte des fameuses lettres dans le bureau de Lieth, Young se dit que celui-ci avait peut-être effectivement une maîtresse cachée quelque part en ville ou ailleurs. Devenu millionnaire, il pouvait très bien avoir projeté de se débarrasser d'une épouse trop casanière et de ses deux enfants assommants pour refaire sa vie avec une autre. Et Bonnie pouvait l'avoir tué, ou fait tuer par Chris, pour l'en empêcher.

En théorie, ça se tenait. Mais il y avait les blessures de Bonnie. Elle souffrait d'un hémopneumothorax qui aurait pu lui coûter la vie si les secours n'étaient pas arrivés aussi rapidement sur les lieux. Certes, la mort de Lieth lui rapportait gros, mais de là à penser qu'elle y était pour quelque chose, il y avait un pas que Young hésitait à franchir.

Et qu'en était-il de Steve Pritchard, l'ex-mari ? Le manque d'argent, ou même une jalousie rentrée, pouvait l'avoir incité à supprimer Bonnie et son nouveau riche de mari pour permettre à ses enfants d'hériter de sa fortune et, ainsi, redevenir le petit papa chéri.

Mais il y avait un problème, là aussi : le plan. Ce plan roussi dont il ne voulait dévoiler l'existence à personne. Son grand secret. Son meilleur indice. Bonnie lui avait dit que son ex-mari était venu plusieurs fois la voir à Lawson Road. Et Steve Pritchard était un chauffeur routier. Il n'avait pas besoin d'un plan pour trouver son chemin.

Ah, ce plan ! Young aurait bien voulu en savoir davantage à son sujet. Qui l'avait dessiné ? Qui l'avait transporté ? Qui avait essayé de le brûler, et pourquoi à cet endroit particulier, sur ce bord de route isolé ?

Un autre document que Lewis Young étudia tout spécialement fut le rapport d'autopsie de Lieth, effectué par un médecin légiste de Greenville nommé Page Hudson.

Le chapitre traitant des blessures n'apprenait rien de neuf. Six coups à la tête causés par une batte de base-ball ou un objet similaire. Huit blessures de couteau, une sur le sein gauche, une sur le côté supérieur droit du dos, six à intervalles rapprochés dans le bas du dos, à gauche. Ces plaies pouvaient avoir été causées par le couteau de chasse retrouvé dans les cendres. Le coup à la poitrine avait pénétré dans le cœur et aurait pu entraîner la mort à lui seul.

Il y avait aussi diverses contusions sur les phalanges et les mains, ainsi qu'une fracture du poignet droit, que le D\u1d63 Hudson appelait des « blessures défensives » attestant que la victime s'était débattue.

Tout cela était assez ordinaire. Mais il y avait un autre aspect du rapport qui perturbait beaucoup Young, à tel point que, le vendredi 12 août, il se rendit à Greenville pour rencontrer le Dr Hudson en personne.

Page Hudson, âgé de cinquante-neuf ans, était originaire de Richmond, en Virginie. En 1968, il était devenu le premier médecin légiste-chef de l'histoire de la Caroline du Nord.

Il avait occupé cette fonction durant dix-huit ans avant d'entamer une semi-retraite en qualité de professeur de pathologie à l'université de Caroline-Est et directeur du service d'autopsie de l'hôpital de Greenville, où le corps de Lieth avait été déposé.

Hudson était un homme d'importance, tant par son physique que par sa réputation. Son mètre quatre-vingt-dix, ses épais cheveux blancs et sa voix grave et autoritaire faisaient de lui un homme respecté dans son milieu.

Il ne se gêna pas pour critiquer vertement les procédés de la police locale qui, selon lui, aurait dû faire appel immédiatement aux services spécialisés du S.B.I., au lieu de « s'entêter à vouloir tout faire elle-même pour je ne sais quelles raisons politiciennes ».

Dans cette affaire, dit le Dr Hudson, « je suis obligé de réserver mon jugement, parce qu'il ne s'agit pas d'une banale querelle domestique qui se serait terminée à coups de couteau de cuisine. C'est beaucoup plus complexe ».

Il aurait préféré que les lieux du crime soient inspectés par de véritables experts, tels que Dennis Honeycutt, « le meilleur spécialiste de Caroline du Nord ». Si Honeycutt avait été là, expliqua-t-il, les draps ensanglantés n'auraient jamais été étalés sur le bateau, les voisins n'auraient pas été autorisés à récurer la place avec leur savon noir et on n'aurait pas négligé certaines procédures essentielles.

– Idéalement, dit-il, le premier inspecteur arrivé sur les lieux aurait dû prendre la température rectale du cadavre toutes les demi-heures, afin de déterminer le rythme auquel elle baissait. De la sorte, on aurait pu savoir approximativement à quel moment elle était tombée au-dessous de trente-sept degrés et ainsi avoir une idée plus précise de l'heure de la mort.

L'heure de la mort : c'était justement ce point qui avait troublé Young. Le rapport d'autopsie indiquait en effet que, si une huitaine d'heures s'étaient écoulées entre le moment où Lieth avait achevé son dernier repas et le moment où il était mort, le poulet et le riz – surtout le riz – trouvés dans son estomac auraient dû être dans un état de digestion beaucoup plus avancé.

Young posa la question au Dr Hudson.

– En principe, répondit le légiste, le bol alimentaire aurait dû être déjà évacué dans l'intestin grêle.

La conclusion était facile à tirer : soit l'heure de la mort se situait plus tôt, soit le dernier repas de Lieth était plus tardif que ne l'avait dit Bonnie. Mais Young avait déjà vérifié ce dernier point en consultant le reçu de la carte de crédit de Lieth au restaurant, prouvant que l'heure indiquée par Bonnie était exacte.

La seule autre explication possible, au dire du médecin, était que, au moment de son repas et dans les heures qui avaient suivi, Lieth Von Stein se fût trouvé dans un état de stress intense qui eût ralenti son activité digestive.

Mais cela ne correspondait pas du tout au récit de Bonnie, qui avait décrit ce dernier repas comme chaleureux, détendu et même romantique.

Lewis Young repartit donc de Greenville, ce vendredi après-midi, avec une énigme supplémentaire à résoudre. Outre les pages éclaboussées de sang et le mystérieux plan découvert à côté des cendres, il était maintenant confronté à un estomac plein de riz non digéré.

8

Comme elle le craignait, Bonnie dut revenir à Little Washington. Les médecins voulaient faire une nouvelle radio de sa poitrine. De plus, elle avait besoin de parler à Young des progrès – ou de la stagnation – de l'enquête. Elle n'était pas satisfaite des réponses vagues qu'elle avait obtenues jusque-là par téléphone.

Bonnie savait que le voyage raviverait ses peurs. Son père et sa mère l'accompagneraient, mais leur présence ne suffisait pas à la rassurer.

Elle appela une société spécialisée et engagea des gardes du corps, chargés de l'escorter dans tous ses déplacements à Little Washington. La société réserva dans un hôtel pour elle à Greenville afin qu'elle ne soit pas obligée de passer la nuit à Washington et lui assura qu'un homme serait posté dans la chambre voisine et un autre dans le couloir devant sa porte. Mais elle n'était pas encore complètement apaisée. Même si elle avait été placée sous la protection de toutes les brigades antigangs des Etats-Unis, elle aurait été paralysée par la panique au moment de franchir la frontière du comté de Beaufort.

Elle se rendit à Greenville le dimanche 14 août et rencontra Young à 10 heures le lendemain matin. Elle lui dit qu'elle ne comprenait pas pourquoi ils n'avaient encore procédé à aucune arrestation. Elle lui demanda s'il avait suivi les pistes qu'elle lui avait indiquées – National Spinning ou la North Carolina National Bank – et renouvela ses protestations contre la police de Washington qui avait ouvert sa maison à des étrangers avec une étonnante légèreté.

Young, comme à son habitude, fut poli et compatissant. Mais il ne voulait pas la laisser diriger la conversation. Il avait des questions bien précises à lui poser, qui tournaient presque toutes autour du même thème : elle-même, ses enfants et leur cohabitation avec Lieth.

Cette insistance contraria visiblement Bonnie, qui considérait qu'elle avait déjà donné suffisamment d'informations sur ce sujet, qu'il était inutile de s'y appesantir davantage et qu'il était grand temps désormais de se consacrer à la recherche du meurtrier.

Néanmoins, Bonnie se prêta au jeu. Elle répéta que Lieth avait été le rayon de soleil de son existence, qu'il avait fait irruption dans sa vie comme un preux chevalier venu la sauver de la pauvreté et de la solitude.

Elle donna des détails sur leur vie à Little Washington, disant que celle-ci était si pleine et si riche qu'ils n'avaient même pas eu le loisir de nouer des liens d'amitié avec d'autres gens. Pendant un temps, Lieth avait donné des cours dans un collège des environs et Bonnie elle-même avait remplacé le prof de gestion (son premier métier) qui avait été victime d'un accident de la circulation.

Malgré sa timidité, elle avait continué à enseigner pendant deux ans. L'expérience avait été assez éprouvante, car elle se chargeait également des cours du soir, ce qui lui laissait très peu de temps pour la vie domestique. Mais elle s'y était consacrée sans déplaisir. A la longue, Lieth s'en était plaint, trouvant qu'elle négligeait à la fois son foyer et son époux, si bien qu'elle avait fini par démissionner au début de 1986.

Il était faux de dire que Lieth n'aimait pas ses enfants. Mais il éprouvait quelques difficultés de communication avec eux depuis qu'ils étaient adolescents. Lieth aimait le calme et leurs incessantes allées et venues dans la maison avec leurs camarades avaient tendance à l'agacer. « Ah, ces adolescents, aimait-il dire en se frottant la tête, ils vous rendent fous. »

Mais cela ne l'empêchait pas de les aimer, insista Bonnie. « Il était absolument merveilleux avec eux. Il les aimait comme s'ils avaient été ses propres enfants. »

Bien sûr, il était quelquefois en bisbille avec Chris, mais c'étaient des choses qui arrivaient dans toutes les familles, n'est-ce pas ? Bonnie assura à Young que Lieth avait beaucoup soutenu Chris lorsque celui-ci avait été arrêté. « Pour une broutille, précisa-t-elle, un simple chahut d'adolescents. » Chris avait seize ans. Il était allé voir un match de football à Chocowinity avec un camarade, un vendredi soir, et ils avaient été inculpés de toutes sortes de délits ridicules, tels que « port d'armes, attaque à main armée, introduction d'alcool dans la cour d'un collège, usage d'alcool par un mineur et détention de fusées détonantes ».

L'incident avait été exagérément grossi. La veille de l'arrestation, Chris et son copain Steven Outlaw avaient traversé Chocowinity dans sa Mustang blanche et Steven, pour s'amuser, avait pointé un pistolet à air comprimé sur un autre adolescent croisé dans la rue. Le garçon avait bêtement pris peur et avait prévenu la police. Au match de foot, le lendemain, la voiture de Chris avait été reconnue et, en fouillant le coffre, un agent avait trouvé quelques couteaux à lancer et des étoiles de jet, deux pistolets à air comprimé, un couteau de chasse dans un étui, une hachette, un nunchaku, quelques gros pétards à mèche et plusieurs bouteilles de vin.

Chris avait expliqué à Bonnie et à Lieth qu'il avait seulement transporté le vin pour rendre service à un ami et que les soi-disant « armes » n'étaient que des jouets dont ils se servaient à l'occasion pour interpréter leurs scénarios de Donjons & Dragons.

Finalement, il avait payé une petite amende et les charges avaient été retirées. L'important, dans cette histoire, c'était qu'elle avait montré à Chris que, dans les moments difficiles, Lieth serait toujours là pour l'épauler – ce que n'avait jamais fait son vrai père.

Il y avait eu cependant un « incident négatif » qu'elle tenait à mentionner pour rectifier éventuellement les versions déformées que Young pouvait avoir entendues. Cela s'était produit à table, pendant la dernière année de lycée de Chris.

Il y avait eu un « différend » entre eux. Lieth, qui avait peut-être un peu bu, s'était mis en colère subitement. Bonnie ne l'avait jamais vu si furieux. Il était devenu tout rouge, avait serré les poings et elle avait bien cru qu'il allait frapper Chris. Effrayé, celui-ci s'était enfui en courant. Et ça s'était terminé là. La tempête s'était apaisée aussi vite qu'elle s'était déclenchée.

La seule conséquence de cette algarade fut que Lieth demanda à Bonnie de servir désormais d'intermédiaire entre lui et les enfants. Quand Chris ou Angela voudraient lui dire quelque chose, ils devraient désormais s'adresser à Bonnie, qui transmettrait le message.

– Ce sont tes enfants, lui avait-il dit, c'est à toi de les discipliner.

Bonnie reconnaissait que cela avait créé une certaine tension dans la famille, mais elle s'empressa d'ajouter que cela avait commencé quelques mois seulement avant le départ de Chris pour l'université et qu'à cette époque, Lieth était particulièrement stressé.

Elle concéda que Lieth avait effectivement été très déçu par les piteux résultats universitaires de Chris mais qu'il n'avait cessé de le soutenir et de l'encourager car il avait lui-même éprouvé des difficultés, en son temps, à réussir sa première année d'études.

Puis, pour bien montrer qu'elle n'avait *rien* à cacher,

aucun secret de famille à dissimuler, Bonnie raconta à Young deux autres incidents impliquant Chris.

Pour le week-end du 4 Juillet, trois semaines avant le meurtre, Angela était allée rendre visite à Chris sur le campus. A son arrivée, elle ne l'avait pas trouvé. Sa Mustang n'était pas là et personne ne savait où il était. Elle avait dû passer la nuit dans sa voiture. Le lendemain, elle avait prévenu Bonnie et Lieth qui, après avoir passé des dizaines de coups de téléphone à tous leurs parents et amis, avaient signalé sa disparition à la police de Raleigh.

De retour au campus le samedi soir, Chris avait été contacté par un agent de la sécurité, qui lui avait dit d'appeler immédiatement ses parents. Ils étaient encore à Winston-Salem, dans la maison des Von Stein, l'œil rivé sur le téléphone, dans l'attente de nouvelles. Chris s'était excusé de leur avoir causé du souci et avait expliqué qu'il était allé voir un oncle de son ami Moog, qui vivait en montagne, dans un coin où il n'y avait pas de téléphone. Il avait bu du lait de chèvre au dîner et avait eu une terrible indigestion, qui l'avait obligé à rester là-bas un jour de plus.

Lieth s'était contenté de hocher la tête sans insister, persuadé que c'était une histoire inventée de toutes pièces. Bonnie avait eu la même impression et cela l'avait beaucoup contrariée, dit-elle, parce que c'était la première fois que son fils lui mentait.

Le second incident avait eu lieu pendant le week-end de la mort de Lieth. Chris était rentré de l'université le vendredi en fin de soirée et avait demandé à Bonnie d'acheter du steak haché et des pains ronds le lendemain parce qu'il voulait faire un barbecue. Puis, le samedi matin, il était allé voir des copains.

Quand Bonnie était rentrée de ses courses, dans l'après-midi, Lieth lui avait dit qu'il venait de recevoir un curieux coup de téléphone, d'une femme qui s'était présentée comme la mère d'un garçon de Raleigh de quinze ans.

Elle avait demandé si la personne répondant au nom de

Chris Pritchard possédait une maison à Raleigh et avait employé son fils pour des travaux de jardinage. Le garçon l'avait en effet priée d'endosser un chèque de trente-cinq dollars signé de Chris et au verso duquel se trouvait la mention : *Travaux de jardinage.*

Lieth avait répondu que Chris Pritchard, actuellement absent, ne possédait pas de maison à Raleigh mais qu'il lui parlerait du chèque dès son retour et tiendrait cette dame au courant.

Quand Lieth avait rapporté cette histoire à Bonnie, elle avait eu un « mauvais pressentiment », craignant qu'il n'y eût « une affaire de drogue là-dessous ». Mais, comme d'habitude, elle préféra accorder le bénéfice du doute à Chris qui, d'ailleurs, lui fournit une explication toute prête dès son retour : se trouvant à court de monnaie alors qu'il se rendait dans une épicerie, il avait demandé à un gamin qui traînait devant le magasin de lui donner du liquide en échange d'un chèque. C'était aussi simple que cela. Il ne savait plus pourquoi il s'était amusé à écrire *travaux de jardinage* au dos du chèque.

Jugeant son explication un peu tirée par les cheveux, Lieth et Bonnie avaient alors pris la décision de surveiller de plus près le budget de Chris et lui avaient demandé de tenir désormais un registre précis de ses dépenses. Il avait accepté sans rechigner.

Le samedi soir, en raccompagnant Chris à sa voiture, Bonnie avait remarqué un trou béant dans le tableau de bord à la place de l'autoradio. Chris avait expliqué que l'appareil lui avait été volé sur le parking du campus.

– Ne t'inquiète pas, avait-elle répondu, j'en parlerai à Lieth la semaine prochaine.

Finalement, plusieurs jours plus tard, quand Chris lui avait rendu visite à l'hôpital, il lui avait avoué en pleurant qu'il avait menti. En vérité, il avait rédigé ce chèque pour acheter quelques grammes de marijuana, mais le garçon de quinze ans ne lui avait jamais livré la marchandise. On ne peut pas marcher dans un couloir du dortoir, avait-il dit, sans tomber sur un dealer. « Absolument tout le monde » vendait de la drogue. Sauf lui.

Il avait également avoué avoir menti pour l'épisode du 4 Juillet. En fait, il était allé avec Moog à Inman, Caroline du Sud, tout près de Spartanburg, rendre visite à sa tante Ramona, la sœur de Bonnie. Cette révélation avait affecté Bonnie davantage que l'anecdote du chèque, parce que Ramona était l'une des personnes qu'elle avait appelées au moment de la pseudo-disparition de Chris.

Dès qu'elle s'était sentie suffisamment rétablie, Bonnie avait voulu en avoir le cœur net et avait interrogé Ramona. Celle-ci avait confirmé la chose en s'excusant. Elle avait menti parce que Chris, debout à côté du téléphone, l'avait suppliée de ne rien dire, ne voulant pas se voir reprocher d'être en promenade au lieu de potasser pour son mémoire.

L'entretien de Bonnie avec Young se termina en début d'après-midi. Elle était épuisée, au physique comme au moral, et frustrée par le manque de résultat des enquêteurs. Mais au moins, croyait-elle, elle avait mis un terme une fois pour toutes aux soupçons que la police semblait entretenir sur sa famille.

9

Neuf jours plus tard, au commissariat, la police de Washington interrogeait Chris. Ses questions étaient plus orientées que celles de Young précédemment.

De la drogue ? Eh bien, oui, Chris le reconnaissait. « Dans le passé », il avait pris de la drogue, y compris du L.S.D. Le chèque ? Oui, c'était pour acheter de la marijuana. Il y avait toujours de la drogue en circulation au N.C. State Campus.

Il se dépeignit lui-même comme un « pauvre type vantard et impulsif » mais ne se rappelait pas avoir dit à quiconque qu'il était riche. D'ailleurs, à sa connaissance, il ne l'était pas. Il savait bien sûr que Lieth possédait un portefeuille d'actions, mais il n'était « pas plus renseigné que ça » sur la question. Ce n'étaient pas « ses oignons », dit-il.

Il affirma qu'il n'était pas ivre quand il avait reçu l'appel d'Angela lui apprenant le meurtre et que, s'il n'avait pas utilisé le téléphone de la chambre pour appeler la police du campus, c'était pour ne pas réveiller son « cothurne », Vince Hamrick. Pourquoi avait-il garé sa voiture dans un parking éloigné au lieu de la ranger devant le dortoir ? C'était pour faire enrager les deux filles avec qui il était, Karen et Kirsten, en les obligeant à marcher.

Quand ils lui parlèrent de Donjons & Dragons, Chris parut s'animer pour la première fois, comme s'ils venaient enfin d'aborder un sujet qui l'intéressait.

Il expliqua qu'il était un fanatique des jeux de rôles depuis l'âge de onze ans. Le principe était de créer un personnage habitant un monde mythique et embarqué dans toute une série d'aventures. C'était un jeu qui exigeait de l'imagination, de la créativité et qui pouvait être vraiment passionnant quand il était pratiqué par un bon groupe. A la fac, il y jouait deux à trois fois par semaine, avec ses amis Daniel Duyk, James Upchurch, surnommé Moog, et un autre dont il ne connaissait que le prénom : Neal. Chaque séance durait plusieurs heures, mais une même partie pouvait se poursuivre pendant plusieurs semaines.

Oui, ils descendaient à l'occasion dans les tunnels souterrains, d'une part parce que c'était un endroit sûr, où on n'était pas dérangé, d'autre part parce qu'ils voulaient dresser le plan du réseau souterrain afin de l'inclure dans leurs scénarios de Donjons & Dragons.

Dans les jours qui suivirent son retour à Welcome, chez ses parents, Bonnie trouva que, loin de s'améliorer, son état empirait. Elle dormait mal la nuit et respirait difficilement le jour. Elle passa une radio, qui montra un accroissement de fluide dans ses poumons, et dut subir une nouvelle hospitalisation.

Plus tard, elle fut victime de vertiges, d'évanouissements et de catatonies semblables à des crises d'épilepsie. On lui fit passer un scanner et une I.R.M., mais on ne décela rien d'anormal.

Elle avait peu de nouvelles de Chris et d'Angela, qui semblaient vivre sur une autre planète.

Les cicatrices de son front commencèrent à la déprimer et elle décida de recourir à la chirurgie plastique. « Je ne suis pas une coquette, dira-t-elle pour se justifier, mais le visage est la première image de soi qu'on voit le matin en se levant et ce n'est jamais bon, psychologiquement, d'être confronté à ses mauvais souvenirs. »

Juste avant la rentrée d'automne, Chris et Angela débarquèrent à l'improviste à l'université de N.C. State. Quelques amis les rencontrèrent à la *Wildflour Pizza*, un des points de chute favoris de Chris. Il était déjà soûl en fin d'après-midi, racontant à qui voulait l'entendre qu'il avait un pistolet et qu'il allait retrouver l'assassin de Lieth pour lui régler son compte. Il dit aussi qu'il en avait assez d'entendre les gens insinuer qu'Angela avait trempé dans le crime. Si ces rumeurs persistaient, il allait tirer dans le tas.

Personne ne le prit au sérieux. C'était là tout le problème de Chris : personne ne le prenait jamais au sérieux.

Angela et lui passèrent la nuit sur le campus. Il y avait une fête. Chris prit de l'acide, mais la chose lui réussit mal. Ce fut un très mauvais « trip ». Il se mit à crier qu'il ne pouvait plus respirer, qu'il allait mourir. Les autres prirent peur. Il se tordait, vomissait. On parla d'appeler une ambulance.

Ce fut son copain James Upchurch, dit Moog, qui calma le jeu. Ce n'était qu'un « flip », dit-il. Il s'y connaissait. Chris allait s'en remettre. Le fait d'appeler une ambulance ne ferait que « leur attirer de sérieux ennuis à tous ».

A la longue, les vomissements de Chris s'espacèrent et il finit par s'endormir. D'après tous les témoignages, Moog s'occupa de lui comme un véritable père. Puis, quand Chris sembla rétabli, il disparut. Personne ne savait où il avait passé la nuit, car il n'habitait plus le campus. Il n'était pas inscrit à l'université cette année. Personne non plus ne se rappelait ce qu'avait fait Angela.

Au début de l'année universitaire, Chris sembla étrangement passif. Vince Hamrick, son camarade de chambre, son « cothurne » dans le jargon estudiantin, rapporta que, chaque fois qu'on interrogeait Chris sur les événements de l'été, il répondait invariablement : « Je ne veux pas parler de ça. » Si l'on insistait, il s'en allait. Il semblait dériver dans un monde intérieur, d'où les autres étaient bannis.

Angela s'inscrivit dans une école professionnelle de Greensboro, à une heure de voiture de Raleigh et une demi-heure de Winston-Salem.

A sa manière – très différente de celle de son frère –, elle paraissait également très perturbée. Comme elle le dira elle-même plus tard : « Je n'aurais jamais dû commencer une année scolaire. Pendant tout l'automne, je n'ai fait que gaspiller de l'essence et de l'argent pour essayer d'être toujours entourée d'amies. »

Elle dira aussi : « Je comprenais peu à peu que j'étais suspecte, mais je faisais comme si de rien n'était. »

Fin septembre, un psychologue universitaire appela Bonnie pour lui dire que Chris « traversait une phase critique sur le plan émotionnel » et que les services de l'université n'étaient pas en mesure de lui apporter l'aide adéquate.

D'après ce psychologue, Chris était encore tellement traumatisé par le drame qu'un congé-maladie s'imposait. Il manquait de la stabilité affective nécessaire à la poursuite de ses études. Il avait besoin de la chaleur d'un foyer familial et d'une thérapie suivie, à base d'antidépresseurs et d'anxiolytiques.

Bonnie en conclut qu'elle devait quitter Welcome et se trouver un nouveau domicile.

Elle se décida pour l'ancienne maison des parents de Lieth, à Winston-Salem. Plusieurs raisons avaient guidé son choix. D'abord, les démarches seraient simplifiées par le fait que, veuve de Lieth, elle était propriétaire des lieux ; ensuite, la maison était déjà meublée, ce qui lui épargnait les soucis d'un déménagement ; enfin, c'était une demeure discrète, avec peu d'entrées – ce qui permettait l'installation d'un système de sécurité efficace –, et située dans une rue commerçante et animée.

Ainsi donc, vers la fin du mois, Chris vint s'installer dans la petite maison anonyme et barricadée comme un bunker où sa mère s'était retranchée.

Ils gardaient les rideaux tirés et le système d'alarme branché jour et nuit. Malgré sa haine des armes à feu, la douce Bonnie acheta des pistolets pour elle et ses enfants. Elle prit l'habitude de placer un revolver chargé sous son oreiller avant de dormir et incita Chris à en faire autant.

« Je n'étais pas sûre d'avoir le courage d'appuyer sur la détente en cas de besoin, dira-t-elle plus tard, mais je pensais que Chris et Angela en seraient capables, eux, pour se défendre. L'idée d'armer mes enfants allait contre tous mes principes mais, à ce moment-là, j'étais complètement désemparée. »

Pour Bonnie, cet automne-là, le plus difficile fut de sortir après la tombée de la nuit. Vers novembre, cependant, les jours étant de plus en plus courts, elle dut s'y forcer. Elle savait que, si elle ne faisait pas cet effort, elle risquait de sombrer dans une totale réclusion.

Quand Chris était à la maison, ce n'était pas trop difficile. Mais il n'était pas souvent là. Il avait trouvé un emploi chez Triad Tires. Il travaillait dur, passait ses journées à changer des pneus, rentrait épuisé et crasseux, se douchait et repartait une heure après.

Il s'était fait des amis à Winston-Salem. L'un était Eric Caldwell, un ancien camarade d'école de Vince Hamrick à présent étudiant à Boone, en Caroline du Nord, un autre était un cousin d'Eric, un certain John Hubard, qui se destinait à la profession de policier et travaillait en attendant comme agent de sécurité dans un centre commercial.

Bonnie était ravie qu'il se soit créé de nouveaux liens aussi rapidement, mais très inquiète de voir que, loin de s'améliorer, sa dépression semblait aller de mal en pis. Elle était même si troublée qu'elle alla trouver son médecin traitant habituel pour qu'il lui recommande un psychothérapeute. Il lui donna plusieurs noms, mais les spécialistes en question avaient tous un carnet de rendez-vous très fourni et ne pouvaient recevoir Chris avant des semaines, voire des mois.

Bonnie jugea le délai trop important et décida de prendre le taureau par les cornes. Elle consulta les pages jaunes à la rubrique « psychothérapie » et composa le numéro de l'analyste le plus proche de son domicile. Il lui répondit qu'il était libre et pouvait voir son fils immédiatement.

C'est ainsi que Chris commença ce que Bonnie pensait être une cure thérapeutique. Il se vit prescrire un anxiolytique appelé Buspar, qui était plus ou moins un équivalent du Valium. Quand Bonnie rappela le cabinet quelques semaines plus tard pour obtenir des renseignements sur l'état de Chris, le médecin lui dit qu'il était en bonne voie, alors qu'elle-même n'avait remarqué aucune amélioration. Il lui expliqua que le meurtre de Lieth et le drame dans son ensemble avaient produit un traumatisme considérable sur le système nerveux déjà fragile de Chris.

10

Il était exact que la désorganisation et le manque d'initiative de la police de Little Washington avaient, comme le soupçonnait Bonnie, ralenti le cours de l'enquête.

Lewis Young avait eu de l'avancement. Bien qu'étant toujours administrativement agent résident des comtés de Beaufort et Hyde, il avait été intégré dans un service du S.B.I. chargé d'enquêter sur des affaires délicates, impliquant par exemple de hauts fonctionnaires, dans tout l'Etat.

Ses nouvelles attributions l'obligeaient à passer plus de temps à Raleigh qu'à Little Washington et le meurtre Von Stein n'accaparait plus toute son attention. En son absence, les progrès étaient lents.

Vers la fin de la saison, la rumeur accusait Bonnie et ses enfants de tous les crimes de sang commis dans le Sud depuis l'assassinat de Martin Luther King. Pourtant, deux ou trois fois par semaine, Bonnie continuait à appeler pour s'informer de l'évolution de l'enquête, demander un redoublement de zèle et l'autorisation de consulter elle-même les dossiers, pensant que peut-être certains faits pourraient lui rafraîchir la mémoire. Aux yeux de Young, ce n'était pas là le comportement d'une personne essayant d'étouffer une affaire – au contraire.

Il y avait cependant certains facteurs qu'il ne pouvait pas négliger et qui commençaient à devenir pour lui une litanie familière : l'héritage, la mise en scène de la fausse effraction, le riz dans l'estomac de Lieth, les pages éclaboussées de sang.

Personnellement, il persistait à la croire innocente, mais le doute subsistait.

En ce qui concernait les enfants, les choses étaient plus graves. Il ne s'agissait pas de simples doutes, mais de soupçons fondés.

Il semblait impossible qu'Angela n'ait pas entendu l'agression. Son ventilateur ne pouvait pas être bruyant à ce point. Elle n'était pas droguée et son lit se trouvait à moins de dix mètres de l'endroit du drame. Bonnie avait rapporté que Lieth avait poussé une série de cris violents en essayant de se défendre et, pour avoir inspecté la maison, Young savait que les cloisons étaient particulièrement fines. Même avec les portes fermées, le son portait. Le soi-disant sommeil d'Angela défiait la logique.

En outre, le policier qui était entré le premier dans sa chambre déclara qu'elle s'était dressée sur son lit dès qu'il avait ouvert la porte, laissant penser qu'elle était déjà réveillée. Mais il y avait plus étrange encore : les glaçons. Personne n'avait songé à photographier ce détail, ni même à le mentionner dans les rapports officiels, mais c'était une rumeur en ville : les premiers agents qui étaient entrés dans sa chambre avaient aperçu, dans un verre posé à côté de son lit, des glaçons non fondus. A supposer qu'elle se fût servi un verre d'eau fraîche ou de thé glacé avant de se coucher à minuit, la glace aurait dû être fondue bien avant 5 heures du matin.

Enfin, bien sûr, il y avait l'argent. Angela et Chris en connaissaient tous deux l'existence. Ils ignoraient peut-être la teneur exacte des valeurs boursières de Lieth, mais quelle importance ? Il leur suffisait de savoir que, en cas de décès de Lieth et de Bonnie, ils se retrouveraient à la tête d'une petite fortune.

Lewis Young avait déjà vu des gens se faire tuer pour moins que ça.

Ses soupçons au sujet de Chris s'appuyaient sur plusieurs points : les nombreux témoignages sur les disputes qui l'avaient opposé à Lieth, sa consommation de drogue, sa vantardise à propos de la richesse de ses parents, les craintes exprimées par George et Peggy Bates et, surtout, le plan.

Une pensée n'avait cessé de préoccuper Lewis Young : le tueur ne pouvait pas être un habitant de Washington, sinon il n'aurait pas eu besoin de plan. Mais celui qui avait dessiné ce plan connaissait parfaitement la ville, le secteur de Smallwood et la maison Von Stein.

Young avait souvent relu le dernier rapport d'interrogatoire de Chris Pritchard où il était dit que, dans leurs parties de Donjons & Dragons, ses copains et lui arpentaient les tunnels souterrains pour dresser un plan.

Il pensa qu'il était grand temps d'essayer d'en apprendre davantage sur la vie de Chris à l'université.

C'est pourquoi, en novembre, Young décida de faire un tour au N.C. State Campus pour interroger Vince Hamrick, qui avait été le compagnon de chambre de Chris à l'époque du meurtre. Le fait que cet interrogatoire n'ait pas encore eu lieu était typique de l'inertie des enquêteurs de Little Washington.

Vince Hamrick était un jeune homme bourru, aux cheveux bruns et bouclés. Young le trouva un peu apathique et évasif. Oui, dit Hamrick, Chris avait laissé tomber ses études. Non, il ne savait pas pourquoi – des problèmes psychologiques, apparemment. En effet, ils avaient beaucoup joué à Donjons & Dragons pendant l'été. Avec un certain Daniel Duyk et un nommé Moog. Il avait entendu dire que Moog avait quitté la fac, lui aussi. Et Daniel... ouais, Daniel également, après avoir rompu avec sa petite amie.

Oui, à l'occasion d'une partie, ils avaient pris des épées – vous savez, ces armes en bois qu'on utilise dans les arts martiaux japonais – et étaient descendus dans les tunnels pour incarner leurs personnages. Ils avaient peint leurs noms à la bombe.

Chris était probablement allé dans les tunnels cinq ou six fois. Vince, lui, avait arrêté de jouer quand son travail scolaire était devenu trop accaparant. Les études n'avaient jamais beaucoup préoccupé Chris. La drogue, oui ; les études, non. Chris fumait de l'herbe en quantité et avait essayé l'acide plusieurs fois. Il vivait au jour le jour. Ses échecs universitaires ne le troublaient pas le moins du monde. Il disait que son père était riche : un jour, il avait jeté un œil sur un portefeuille d'actions dont il n'était pas censé connaître l'existence et avait vu qu'il y en avait pour des millions.

En juillet, Chris avait énormément fumé. Le matin du meurtre, il était tellement « cassé » que Vince avait dû répondre au téléphone à sa place. Il avait passé l'appareil à Chris et s'était rendormi presque aussitôt. Il se rappelait vaguement que Chris lui avait parlé d'une agression contre ses parents et d'une histoire de clés de voiture, mais c'était en pleine nuit, Vince était fatigué et ne lui avait pas prêté grande attention.

Par la suite, il avait entendu parler du drame. Quand Chris était revenu à la fac, il s'était comporté de manière bizarre. Il n'avait pas voulu parler de ce qui s'était passé, se bornant à dire que son beau-père était mort et que la police ne connaissait pas l'assassin.

Après sa conversation avec Vince Hamrick, Young était convaincu que, en dépit des efforts de Bonnie pour orienter les recherches dans une autre direction, il était essentiel d'avoir l'œil sur les survivants de la famille.

Avant de passer les menottes au directeur de la North Carolina National Bank ou à quelques sous-fifres de National Spinning, il avait intérêt à se pencher sérieusement sur les cas de Bonnie, d'Angela et de Chris.

Surtout d'Angela et de Chris, pensait-il.

Entre-temps, Bonnie continuait à s'impatienter. A force de volonté, elle avait réussi à retrouver une vie à peu près normale. Elle était moins effrayée à l'idée de sortir seule après la tombée de la nuit, mais comment être complètement rassurée tant qu'elle ne connaîtrait ni l'identité ni les mobiles de son agresseur ? L'immobilisme de la police lui semblait de plus en plus insupportable.

Finalement, le 7 décembre, n'y tenant plus, elle décida de faire le voyage de Little Washington pour rencontrer personnellement Lewis Young.

Elle exigea qu'il lui rende compte en détail de tout ce que le S.B.I. et la police de Washington avaient fait et comptaient faire à l'avenir. Elle lui dit qu'elle en avait « plein le dos » des continuelles rumeurs et insinuations laissant entendre qu'elle ou ses enfants avaient pu tremper dans le crime. Il était grand temps d'y mettre un terme.

Elle fut claire et nette : elle voulait que lui et les autres enquêteurs « cessent de nous surveiller ». Elle lui fit savoir qu'elle avait l'intention d'engager des détectives privés pour retrouver l'assassin de Lieth et désirait que le dossier complet de l'enquête lui fût ouvert, ainsi qu'à ses détectives.

Bonnie commençait à se demander si le coupable n'était pas d'ores et déjà connu des services de police mais que, pour une raison ou une autre – pressions politiques, pots-de-vin, qu'en savait-elle ? –, les autorités avaient décidé d'étouffer l'affaire.

Young lui répondit qu'il comprenait son agacement et lui assurait qu'un gros travail avait été entrepris. Il ajouta qu'il serait heureux de partager avec elle toutes leurs informations mais que, pour ce faire, il fallait d'abord qu'elle et ses enfants acceptent de subir le test du détecteur de mensonges.

Il lui expliqua qu'elle avait le droit de refuser mais que, tant que ce test n'aurait pas été réalisé, ils ne pourraient pas être écartés de la liste des suspects. Il lui présenta cette requête avec tant de ménagements que Bonnie eut le sentiment qu'il s'attendait à la voir refuser. Mais elle n'avait pas du tout l'intention de refuser. Au contraire, elle s'y prêterait de bonne grâce. Si c'était là ce qu'il voulait, pourquoi ne le lui avait-il pas demandé tout de suite ?

Il lui dit que ces tests, appelés polygraphiques, s'effectuaient à Greenville. Il faudrait qu'elle fasse le voyage avec ses enfants.

Elle lui assura que la chose ne poserait aucun problème. Elle était « absolument certaine » que ses enfants accepteraient. Il suffisait de fixer une date. Ils tombèrent d'accord pour le jeudi 17 janvier 1989. Ils auraient tous deux préféré une date plus proche mais les obligations professionnelles de Chris chez Triad Tires et l'emploi du temps chargé des techniciens du S.B.I. ne le permettaient pas.

Young savait que le polygraphe n'était pas infaillible et n'avait d'ailleurs pas valeur légale en Caroline du Nord. Mais l'expérience lui avait enseigné que ce genre de test pouvait se révéler fort utile, notamment parce qu'il faisait souvent peur à ceux qui avaient quelque chose à cacher. Plus d'une fois, Young avait vu des suspects refuser de s'y soumettre, au risque de laisser planer des doutes sur leur sincérité.

Début janvier, Bonnie rencontra un avocat d'affaires à Winston-Salem. C'était une simple visite de politesse, l'homme étant un vieil ami de la famille. Tandis qu'ils parlaient de choses et d'autres, il lui demanda si l'enquête progressait. Elle répondit que non, mais ajouta qu'elle espérait voir les choses s'accélérer dès qu'elle et ses enfants auraient subi leur test polygraphique.

L'avocat ne voyait pas ce test d'un très bon œil et lui dit

de réfléchir à deux fois avant de s'y prêter. Après le départ de Bonnie, il se renseigna et apprit que le meilleur conseiller en la matière était un certain Wade Smith, un ancien législateur aujourd'hui président du cabinet Tharrington, Smith & Hargrove.

Smith mit tout de suite en garde l'homme d'affaires : personne, en aucune circonstance, même le plus innocent des enfants de chœur, ne devait consentir à un examen polygraphique pratiqué par le S.B.I. de Caroline du Nord avant d'avoir consulté au préalable un avocat d'assises expérimenté.

En d'autres termes, il lui conseillait de lui envoyer Bonnie à Raleigh.

Et c'est ainsi que, à 1 heure de l'après-midi, le 6 janvier 1989, Bonnie Von Stein se retrouva devant le portail en fer forgé qui marquait l'entrée des bureaux huppés de Tharrington, Smith & Hargrove.

En pénétrant dans le vestibule de marbre, avec fontaines et jardins intérieurs, elle fut quelque peu intimidée. L'endroit ressemblait plus à un hall de palace hawaiien qu'à un cabinet juridique.

Mais elle se sentit mieux dès qu'elle vit Wade Smith. A cinquante et un ans, avec ses cheveux frisés coupés court, son sourire spontané et chaleureux, il avait encore le port et l'aisance du joueur de football américain qu'il avait été dans sa jeunesse.

Cet homme était la générosité même. Il était capable de se lancer dans une discussion très sérieuse sur la métaphysique ou l'épistémologie et, l'instant d'après, de prendre son banjo ou sa guitare pour interpréter un air de sa composition. Bref, c'était quelqu'un avec qui on ne s'ennuyait jamais et qui avait l'art de rendre heureux les gens qui l'approchaient.

En s'asseyant dans un des confortables fauteuils de son bureau – qui était beaucoup plus simple et intime que le vestibule –, Bonnie eut l'impression qu'un fardeau venait d'être retiré des épaules.

Il vint prendre place à côté d'elle, presque en ami, et, quand il la regarda dans les yeux, Bonnie eut, pour la première fois depuis le drame, le sentiment de se trouver devant un homme qui était non seulement un professionnel expérimenté et absolument digne de confiance, mais aussi un être humain sensible.

Et voilà comment Bonnie qui, selon les termes de Wade Smith, « avait l'air d'être la personne la plus malheureuse et la plus désespérée du monde », se mit à lui raconter l'histoire de sa vie.

DEUXIÈME PARTIE

PRÉSOMPTION DE CULPABILITÉ

JANVIER-JUIN 1989

11

En écoutant le récit de Bonnie, Wade Smith pensa qu'elle faisait une suspecte idéale. Il ignorait tout des pages tachées de sang, du riz dans l'estomac et des rapports sur les disputes familiales, mais il savait que la mort de son mari lui rapportait deux millions de dollars et que, blessée ou non, elle avait survécu à l'agression. C'était suffisant pour n'importe quel enquêteur.

En règle générale, quand il était face à une personne dans la situation de Bonnie, Wade lui conseillait invariablement, sinon de refuser d'emblée le test du S.B.I., du moins d'attendre d'avoir passé un test privé avant d'accepter. Si les résultats étaient mauvais, personne n'en saurait rien : il lui suffirait de refuser le test officiel. Dans le cas contraire, elle pourrait s'y soumettre en toute confiance.

Cependant, il y avait chez Bonnie Von Stein une telle franchise, une telle ingénuité, même, que Wade oublia ses principes. L'expérience lui avait appris à reconnaître les menteurs et quelque chose lui disait que Bonnie était sincère. Elle avait d'ailleurs un tel désir de se soumettre au test qu'il ne voyait pas de raison de l'en empêcher.

Sans trop réfléchir, comme il l'avouera plus tard, il ne vit aucune objection non plus à ce qu'Angela s'y soumette également. Après tout, elle était dans la maison au moment de l'agression et il semblait évident qu'elle n'y avait pas pris part.

Dans l'esprit de Wade, toutefois, Chris appartenait à une autre catégorie. N'ayant pas été présent au moment du meurtre et ne pouvant donc être considéré comme une victime potentielle, il était forcément dans le collimateur des enquêteurs.

Or, Bonnie lui avait appris que Chris avait dû interrompre ses études à N.C. State à la suite de difficultés psychologiques et que, au dire de son psychanalyste, un test polygraphique risquait d'être néfaste pour lui, compte tenu de l'état de stress dans lequel il se trouvait actuellement. Pour Wade, le problème était lourd de conséquences : si Bonnie et Angela acceptaient de se soumettre au test et que Chris seul s'y soustrayait, il deviendrait immédiatement le suspect numéro un. Une seule solution : il fallait que Chris prenne un autre avocat.

Wade recommanda William Osteen, un ancien attorney des Etats-Unis, de cinquante-huit ans, diplômé comme lui de l'Ecole de droit U.N.C. de Chapell Hill et aussi estimé dans les cercles politiques républicains qu'il l'était, lui, dans les cercles démocrates. C'était un très bel homme aux cheveux gris, grand, à la voix autoritaire, qui aimait la compétition aussi bien dans les palais de justice que sur les courts de tennis.

Le moins qu'on puisse dire, c'est que la première rencontre entre Chris et Osteen ne fut pas idyllique. « C'était visiblement un drogué, dira Osteen. Il était veule, gâté, insolent, bravache, tout ce que je déteste. »

Mal rasé, les cheveux sales, portant un tee-shirt barré du nom d'un groupe de hard rock, Chris était arrivé en retard au rendez-vous, avec un petit air crâne et une haleine qui sentait l'alcool.

« Il ne me fallut pas longtemps pour découvrir que Chris filait un mauvais coton, avouera Osteen, et ça ne me plut pas du tout. »

Bref, le match Bill Osteen-Chris Pritchard n'était pas

placé sous le signe de l'entente cordiale. En fait, le mépris d'Osteen pour son client était tel que, si Chris ne lui avait pas été envoyé par Wade Smith, il aurait refusé de le représenter. Heureusement que leur association promettait d'être de courte durée.

Il expliqua que, à la différence de Wade, il ne faisait *aucune* exception à la règle qu'il s'était fixée de ne jamais laisser un client subir un test officiel sans avoir vu au préalable un examinateur privé.

« A dire vrai, confiera Osteen, j'étais un peu contrarié par la décision de Wade. Selon moi, Bonnie et Angela n'auraient pas dû passer ce test sans que nous nous soyons d'abord assurés de son résultat. Pour faire les choses proprement, nous aurions dû commencer par organiser un examen privé. »

Quand Osteen exprima cette opinion à Chris, celui-ci lui donna entièrement raison. Et cela semblait devoir être l'unique point d'accord entre l'avocat et son client.

Le 16 janvier, la veille de l'épreuve, Bonnie (sans Angela, qui disait avoir d'autres projets pour la journée) rencontra Wade pour qu'il la mette au courant de la procédure.

Il la prévint qu'il ne l'accompagnerait pas à Greenville, car sa présence à ses côtés risquait être mal interprétée : on pourrait croire qu'elle manquait de confiance en elle et avait besoin de l'assistance du meilleur avocat de l'Etat pour parer à ses défaillances. Mieux valait, pour le moment, que personne ne soit au courant du rôle de Wade dans cette affaire.

Les souvenirs de Bonnie concernant la journée du lendemain à Greenville furent très différents de ceux de Lewis Young. Elle affirma l'avoir averti longtemps à l'avance que seules Angela et elle seraient présentes, le psychanalyste de Chris ayant estimé que le test était contre-indiqué dans son état.

Young, au contraire, déclara que l'absence de Chris fut pour lui « une complète surprise ». Après tout, c'était uniquement à cause des horaires de travail de Chris que l'examen avait été retardé jusqu'à la mi-janvier.

D'ailleurs, pas plus tard que le 13 janvier, quelques jours auparavant, Young s'était entretenu avec Bonnie au téléphone, et à aucun moment elle ne lui avait parlé de la défection de Chris, ainsi que le confirmaient ses notes.

Dans son rapport du 17 janvier, jour de l'épreuve, il écrivit : « Christopher Pritchard s'est décommandé pour les motifs suivants : trouble émotionnel et sentiment de culpabilité lié à son absence le jour où ses parents ont été agressés. » Ce rapport, dit Young, ne faisait que transcrire les explications de Bonnie et prouvait qu'elle n'avait pas fait référence à l'avis d'un quelconque psychanalyste.

En outre, la note insérée par Bill Thompson, l'opérateur du polygraphe, dans le dossier de Chris, disait : « Test annulé le 17 janvier 1989 à 8 h 30. » Cela attestait que l'annulation était bel et bien survenue au dernier moment.

A partir de ce jour, l'attitude de Young envers Bonnie changea. Depuis longtemps déjà, il ne la considérait plus comme une suspecte et avait même commencé à la prendre en sympathie. Mais, cette fois, il estimait qu'elle n'avait pas joué franc jeu et se mit à la soupçonner de vouloir protéger son fils.

Bonnie trouva le test « dégradant ». Elle confiera plus tard : « Quand ce fut terminé, je me sentis souillée. Si j'avais su que ce serait aussi pénible, je n'aurais jamais accepté de m'y soumettre. Jamais je ne recommencerai et jamais je ne laisserai aucun membre de ma famille s'y soumettre à l'avenir. »

Pourtant, dans son cas, les résultats furent excellents. Sur les dix questions qu'on lui posa, trois seulement furent retenues dans le barème. A savoir :

- Avez-vous organisé le meurtre de Lieth Von Stein ?
- Avez-vous collaboré à son organisation ?
- Savez-vous qui l'a poignardé ?

A chaque question, elle répondit non. Selon le barème en vigueur au S.B.I. de Caroline du Nord, le score le plus élevé était + 12, et c'est celui que Bonnie obtint. « Elle s'en est tirée comme sur des roulettes, dira John Taylor. A croire qu'elle n'avait jamais menti de sa vie. »

Pour Angela, les résultats furent un peu plus équivoques. On lui demanda :

- Avez-vous aidé quelqu'un à poignarder Lieth Von Stein ?
- Etes-vous impliquée dans le meurtre ?
- Savez-vous qui a poignardé Lieth ?

Angela eut un score de + 5. Quelques semaines plus tôt, tout score entre − 6 et + 6 était considéré comme « non concluant » par le S.B.I. Mais le barème avait été révisé, de sorte que tout score supérieur à + 3 était désormais jugé passable.

Ainsi, Angela réussit son test elle aussi. Mais les enquêteurs n'oublièrent jamais la différence de score entre la mère et la fille.

Comme l'avait prévu Wade, ce fut l'absence de Chris qui produisit la plus forte impression. « A dater de ce jour, dira Lewis Young, mes soupçons se précisèrent. »

Quelques jours après le test, l'œil droit de Bonnie se mit à enfler et son nez se couvrit de cloques. On diagnostiqua un zona, une affection virale extrêmement douloureuse et handicapante causée par un stress intense. Dans le cas de Bonnie, le mal était si sérieux que, sauf pour une série de consultations chez un ophtalmologiste, elle fut incapable de sortir de chez elle pendant un mois.

12

Le 1er février, un nouveau chef de la police fut affecté à Little Washington. Il s'appelait John Crone et, avant même de prendre officiellement ses fonctions, il fut prévenu que le règlement de l'affaire Von Stein serait sa principale priorité.

Il fut franc avec le maire :

– Ecoutez, lui dit-il, je ne suis pas un détective de choc. Je n'ai jamais dirigé d'enquête criminelle.

– C'est le moment d'apprendre, chef, lui répondit le maire.

Crone avait quarante-deux ans. Il avait été, pendant huit ans, capitaine de police dans la station balnéaire d'Ocean City, Maryland – une de ces petites villes dont la population passe de cinq mille âmes en hiver à trois cent mille en juillet. Mais il trouvait sa tâche de « gardien de touristes » peu gratifiante et ses chances de promotion lui semblaient maigres.

A l'occasion d'une visite chez les parents de sa troisième femme, originaire de Caroline du Nord, il avait appris par une annonce dans le journal que la ville de Washington cherchait un chef pour sa police. Il s'y rendit, trouva la ville à sa convenance et posa sa candidature. Ses diplômes et ses états de service dans la carrière, qui lui avaient permis de gravir tous les échelons jusqu'au grade de capitaine, lui assurèrent le job.

Dès qu'il prit ses fonctions, Crone se pencha sur le dossier Von Stein. Il fut tout de suite frappé de constater que, pour une affaire d'une telle ampleur dans la communauté, le dossier était extrêmement mince. C'était à croire que personne n'y avait travaillé.

« L'enquête stagnait, dira Crone plus tard. Mettez-vous à ma place : j'arrive en ville, je ne connais personne et ils me collent un meurtre vieux de six mois en me demandant de l'élucider dans les vingt-quatre heures. »

N'ayant que six hommes à sa disposition, sa marge de manœuvre était limitée. Sa première décision fut de confier l'enquête à un nouvel inspecteur. Espérant que l'énergie de la jeunesse et un regard neuf pallieraient le manque d'expérience, il désigna John Taylor, celui-là même qui avait photographié le lieu du crime. A vingt-six ans, Taylor était un homme d'initiative, qui n'avait pas besoin d'un Lewis Young pour lui tenir la main.

Le choix s'avéra probant. Taylor était un type élancé et gracieux, qui n'avait pas l'habitude de parler sans réfléchir. Il était aimable, réservé, direct et, comme le chef Crone, il avait l'art de mettre les suspects en confiance quand il les interrogeait. Dans l'ensemble, les gens l'aimaient bien. Et, surtout, il avait oublié d'être bête.

Taylor avait un oncle qui avait dirigé la police de Little Washington dans les années 70 et il comprit tout de suite que cette enquête pouvait lui mettre le pied à l'étrier.

« Dès le début, confiera-t-il plus tard, j'ai su que ça pouvait être la chance de ma vie si je me démerdais bien. »

Le chef Crone aborda le dossier sans *a priori* :
« Donjons & Dragons fut une de mes premières lignes directrices. Tous ces gosses qui jouaient à ce jeu bizarre auquel je ne connaissais rien, ça me semblait curieux. »

Il remarqua aussi que, six mois après le crime, la liste

des suspects était encore longue. « Tout le monde était suspect, mais on n'avait rien de solide. »

Les trois seules pièces à conviction potentielles dont il disposait étaient : le couteau, qui faisait figure d'arme du crime ; le havresac vert, qu'aucun membre de la famille Von Stein ne reconnaissait, et le plan qui avait été retrouvé avec le couteau, près des cendres.

Pour Crone, les pages ensanglantées d'*Une rose en hiver*, le riz non digéré et les soupçons de l'oncle étaient des éléments intriguants mais ne constituaient pas des preuves matérielles.

A ses yeux, l'indice principal était le plan. Comme Lewis Young, il estimait que celui qui l'avait tracé devait connaître Smallwood comme sa poche, pour savoir avec précision quelles maisons du voisinage avaient des chiens et même être capable de reproduire exactement la courbe du fossé de drainage qui passait derrière chez les Von Stein.

Et, comme Young, il fut surpris que l'auteur du plan eût pris la peine de dessiner des chiens – du genre de « chien des Baskerville », dit-il – au lieu d'écrire simplement le mot chien.

Un autre élément qui attira son attention fut le mot LAWSON. Il savait qu'aucun technicien du S.B.I. ou du F.B.I. ne serait en mesure d'effectuer une analyse graphologique concluante à partir de ces quelques lettres, mais il pensait qu'il ne serait pas inutile de se procurer des échantillons d'écriture des membres de la famille et des amis.

« Mon objectif était de réduire la liste des suspects. Je voulais savoir qui avait pu tracer ce plan et qui avait pu en avoir besoin. Steve Pritchard, le père naturel, était évidemment un suspect intéressant mais, comme l'avait déjà signalé Young, il connaissait la maison et n'aurait pas eu besoin de plan. On pouvait en dire autant des proches de Bonnie et des copains de lycée des enfants. Aucun d'eux n'aurait eu besoin de plan pour trouver la maison. »

Crone tomba donc d'accord avec Young pour dire que

l'auteur du plan n'était probablement pas le même que son utilisateur.

« Nous avions l'intime conviction qu'il s'agissait d'un meurtre prémédité. Le plan avait été le grain de sable dans l'engrenage : le ou les coupables n'avaient pas prévu que nous le retrouverions. Ils n'avaient guère pris de précautions pour le brûler parce qu'ils n'imaginaient pas que quelqu'un verrait le feu. C'était notre chance : le dessinateur n'avait sans doute pas pensé non plus à maquiller ses empreintes. Le site choisi pour le feu m'intéressait également : le bord d'une petite route menant à Raleigh... Décidément, ce plan était notre meilleur indice et il était grand temps de l'exploiter. »

Le chef Crone conseilla donc fortement à John Taylor de se pencher de plus près sur Chris Pritchard et ses copains de N.C. State.

Début février, troublé par l'attitude de son nouveau client, Bill Osteen commanda un test polygraphique privé à un ancien examinateur du F.B.I. officiant à Charlotte, en qui il avait toute confiance.

Il expliqua à Chris que les résultats demeureraient confidentiels et que la police ne serait en aucun cas autorisée à les consulter. Il n'y avait aucun risque.

Toutefois, la veille de l'épreuve, Chris absorba une telle dose de Buspar, son anxiolytique, que les résultats furent incohérents. Non pas négatifs, comme Osteen le certifia à Bonnie, mais simplement dépourvus de signification et impossibles à interpréter. L'examinateur serait obligé d'attendre que Chris ne soit plus sous anxiolytique pour pouvoir recommencer le test.

Le lendemain de cet examen infructueux, Chris se rendit à l'Appalachian State University de Boone, à deux heures de route de Winston-Salem, pour voir son ami Eric Caldwell. Le soir, il rencontra une grande et belle jeune fille dont il tomba aussitôt amoureux.

Il l'appela le lendemain, le surlendemain, retourna la voir et, le jour de la Saint-Valentin, arriva les bras chargés de roses et lui offrit un collier et un bracelet d'une valeur de cinq cents dollars, acquis au prix d'un découvert supplémentaire de sa carte Visa.

Chris était ainsi en toutes choses, mais surtout avec les filles. Il n'avait aucune réserve. Il devenait envahissant, les couvrait de cadeaux et d'attentions avec une insistance qui finissait toujours par les agacer et, au bout du compte, se retrouvait invariablement seul.

Il en était de même pour tout ce qu'il faisait. Il n'aboutissait jamais à rien, ne parvenait jamais à satisfaire ses désirs.

C'était l'une des raisons pour lesquelles il s'était tellement passionné pour Donjons & Dragons. Dans ce jeu, lorsqu'un scénario est établi, le personnage que l'on crée pour soi peut acquérir toutes sortes de pouvoirs et de charmes dont on est privé dans la réalité. Au royaume des fantasmes, on peut se croire brillant, fort, sexuellement attirant, courageux et riche des heures durant.

Et, pour peu qu'on prenne les drogues appropriées pendant la partie, l'illusion est parfaite.

Peu à peu, Bonnie se rétablit. Sa lésion oculaire n'était que passagère. Elle continua la chirurgie plastique pour son front et sa poitrine. Elle prenait ses repas de midi avec une de ses sœurs et quelques anciens collègues de travail. Elle se mit à suivre des cours au Forsyth Technical Institute de Winston-Salem, fit repeindre sa maison et poser une nouvelle moquette. Elle essayait lentement de se recréer une vie normale.

Mais le système d'alarme était toujours branché, les pistolets toujours chargés et la petite lumière bleue du détecteur de mouvements luisait toute la nuit dans l'étroit couloir.

En l'absence de toute information nouvelle sur le déroulement de l'enquête, elle continuait à craindre pour sa vie et celle de ses enfants. Le ou les tueurs n'avaient pas été appréhendés. Aucun mobile pour le meurtre n'avait été établi. Tout pouvait arriver et Bonnie ne dormait souvent que d'un œil.

Dans les semaines qui suivirent son test réussi, Bonnie devint de plus en plus furieuse contre la police de Washington et le S.B.I. Il lui semblait évident que, en dépit de leurs promesses, ils persistaient à ne rien faire pour retrouver l'assassin de son mari.

Elle était aussi de plus en plus préoccupée par l'état émotionnel de Chris. Ni sa cure thérapeutique, ni ses médicaments, ni sa nouvelle petite amie d'Appalachian ne semblaient l'aider. Il broyait du noir et paraissait souffrir. Il buvait, se mettait en colère pour des riens ou s'enfermait dans sa chambre pour jouer pendant des heures sur son ordinateur et terminait la nuit avec des copains, probablement en roulant à tombeau ouvert dans sa Mustang.

Chris avait toujours eu tendance à être un fou du volant et, dans son état actuel, elle redoutait l'accident.

Chris fit un voyage éclair à Little Washington au début du mois de mars.

Il avait passé la nuit chez Eric Caldwell, comme cela lui arrivait de plus en plus souvent. Il tendait en effet à éviter autant que possible la compagnie de sa mère, ce qui ne manquait pas de surprendre ses deux amis, Eric et John Hubard, qui trouvaient Bonnie extrêmement attachante.

Peut-être était-ce à cause des incessantes récriminations de Bonnie contre les lenteurs de l'enquête. Cela semblait déprimer et énerver Chris. A moins que ce ne fût à cause de la présence oppressante du système d'alarme, qui faisait peser une menace continuelle sur les occupants de la maison : il ne fallait surtout pas se tromper de bouton en entrant dans le couloir, sous peine de voir le détecteur de mouvement déclencher simultanément un .45 Beretta et un 9 mm automatique.

Le 8 mars, Chris dit qu'il voulait montrer à Eric la ville où il avait grandi. Il fit le trajet en trois heures et demie, avec des pointes de vitesse à cent quatre-vingts kilomètres/heure, dans un état d'agitation extrême.

Ils ne restèrent qu'une heure à Washington. Chris conduisit Eric à Lawson Road et lui indiqua son ancienne maison, mais sans s'arrêter. Quand Eric voulut l'interroger sur le crime, Chris coupa court à ses questions, expliquant qu'il ne voulait pas parler de ça.

Sur le chemin du retour, ils s'arrêtèrent à N.C. State pour permettre, à Chris de retirer certains papiers dont il avait besoin pour s'inscrire à Appalachian. Il emmena Eric à la *Wildflour Pizza*, où il but sept bières en une heure et demie, en jetant continuellement des regards nerveux autour de lui, comme s'il craignait de rencontrer quelque indésirable. Puis, passablement éméché, il sauta dans sa voiture et roula à tombeau ouvert jusqu'à Winston-Salem.

Trois jours plus tard, tandis que les premières senteurs du printemps flottaient dans l'air carolinien, il se rendit à Appalachian. Eric, John Hubard et lui louèrent des chambres à l'*Econolodge Motel* de Boone. La nouvelle petite amie de Chris et deux autres filles les accompagnaient. Il y avait une piscine intérieure et la soirée s'annonçait magnifique. Mais les choses dégénérèrent rapidement. La petite amie but un peu trop et Chris encore plus. Ils eurent des mots. Elle alla s'enfermer dans la salle de bains pour pleurer, Chris fit une colère, prit sa voiture et partit.

Il réagissait toujours ainsi lorsqu'il était confronté à une situation embarrassante. Il allait se réfugier dans sa voiture et démarrait sur les chapeaux de roues sans dire à personne où il allait – et, probablement, sans le savoir lui-même – pour se calmer les nerfs. On lui avait dit cent fois qu'il finirait par se tuer un de ces soirs. Parfois, on avait l'impression que c'était ce qu'il cherchait.

Dans la deuxième semaine de mars, John Taylor compulsa la liste de tous les étudiants qui, au vu des divers rapports, avaient été en relation avec Chris Pritchard. Puis, constatant avec surprise que personne ne l'avait encore fait, il entra tous ces noms dans l'ordinateur central de la police pour voir si l'un d'eux figurait au sommier.

C'était le cas : James Upchurch avait un casier. C'était ce grand type mince, surnommé Moog, avec qui Pritchard s'était rendu en Caroline du Sud, le 4 juillet, lorsque sa mère le croyait disparu.

Tandis qu'il était encore lycéen dans le comté rural de Caswell, Upchurch avait été arrêté deux fois pour vol avec effraction.

Taylor appela le comté de Caswell. Un inspecteur lui décrivit Upchurch comme un « petit malin » issu d'une famille à problèmes, dont le père travaillait pour le service d'aide sociale de Raleigh et dont un oncle avait été condamné pour avoir cultivé de la marijuana dans sa ferme. La première effraction d'Upchurch concernait le lycée local, où il avait volé un ordinateur, la seconde un domicile privé, où il avait dérobé entre autres choses un couteau de chasse.

« Ça commence bien », se dit John Taylor. Un casier judiciaire et un oncle pourvoyeur de drogue, c'était un bon début. Upchurch avait été placé en liberté conditionnelle, mais sa contrôleuse judiciaire de Raleigh informa Taylor qu'il avait disparu depuis plusieurs semaines et que trois mandats d'arrêt avaient été lancés contre lui, pour conduite en état d'ivresse sans assurance et refus de comparaître au tribunal. La dernière fois qu'elle l'avait vu, dit-elle, il était coiffé à l'iroquoise, avec le crâne rasé sur les côtés et une crête de cheveux blond décoloré au milieu.

« Eh bien, comme ça au moins, il ne sera pas difficile à repérer s'il se pointe à Washington », songea Taylor.

Le 13 mars, Crone fixa trois priorités à Taylor :

- Obtenir un échantillon de l'écriture de Chris Pritchard.
- Retrouver James Upchurch.
- En apprendre davantage sur Donjons & Dragons.

D'après ce qu'il en avait entendu dire, le chef Crone savait que ce jeu pouvait inciter à la violence. Il ne s'agissait évidemment pas d'occultisme ou de satanisme à proprement parler, mais un étudiant normalement équilibré sur le plan psychique ne pouvait pas être à ce point obsédé par ce genre d'« aventures ».

Cela dit, sa priorité numéro 1 restait bien sûr l'échantillon d'écriture. L'administration de N.C. State disait posséder un document sur lequel Pritchard avait écrit les mots LAWSON ROAD en capitales d'imprimerie. Mais ils n'accepteraient de le remettre à la police que sur présentation d'un mandat.

Le 14 mars, Mitchell Norton, district attorney du comté de Beaufort, signa le mandat.

Le 16, John Taylor fit son premier voyage à Raleigh.

Il remit son mandat au représentant officiel de l'administration et reçut en échange une petite carte blanche sur laquelle Chris Pritchard avait écrit le mot LAWSON lorsqu'il avait postulé pour une chambre en résidence universitaire.

Le jeune inspecteur fut tenté de rentrer immédiatement à Little Washington pour comparer l'écriture avec celle du plan.

Mais il avait d'autres choses à faire avant de repartir. Il interrogea Karen Barbour et Kirsten Hewitt, les deux filles chez qui Chris avait joué aux cartes la nuit du meurtre. Elles confirmèrent la version de Chris, mais en ajoutant certains détails qui intriguèrent Taylor. Elles dirent que Chris et ses amis – dont James Upchurch, alias Moog – ne vivaient que pour la drogue et Donjons & Dragons. Moog était appelé le Maître du Donjon. C'était lui qui dressait le scénario – les autres suivaient ses directives – et déterminait l'issue des combats.

Kirsten déclara qu'elle se souvenait très bien de la présence de Chris dans sa chambre la nuit où Lieth avait été tué, parce qu'elle n'avait cessé de lui demander de s'en aller. Presque toutes les demi-heures, elle les avait suppliés, lui et son copain Daniel Duyk, « de bien vouloir aller jouer ailleurs parce qu'elle était vraiment fatiguée ». Chris, qui était d'habitude très conciliant, avait refusé catégoriquement en expliquant que sa partie de cartes n'était pas terminée.

Finalement, il lui avait demandé l'heure. Elle avait répondu « 3 h 30 » et il était parti aussitôt. C'était bizarre, commenta-t-elle. On avait l'impression qu'il attendait cette heure précise pour s'en aller.

Taylor arriva à Little Washington à 17 heures. Il alla directement trouver le chef de la police et posa la carte de résidence sur son bureau, à côté d'une photo du plan. On compara :

LAWSON LAWSON

Ni John Taylor ni John Crone n'étaient des experts en graphologie. Mais, en l'occurrence, c'était inutile.

Les graphies se ressemblaient comme deux gouttes d'eau.

13

Après avoir vu les deux mots côte à côte, Lewis Young décida qu'il était temps de faire interroger Bonnie et ses enfants par des enquêteurs plus agressifs du S.B.I.

Il l'appela le 21 mars pour lui annoncer que John Crone pensait avoir découvert une piste. Il lui expliqua qu'il ne pouvait pas lui en dire plus pour le moment, mais que deux nouveaux inspecteurs du S.B.I. viendraient la voir le lendemain. Ils s'appelaient respectivement Newell et Sturgell et appartenaient à une unité spécialisée dans les affaires importantes. L'un d'eux était grand et mince, l'autre plus trapu. Le grand était surnommé Thin Man et le petit gros Pillsbury Doughboy.

Ils désiraient parler également à ses enfants, précisa Young. Ils commenceraient par elle, à 14 heures, puis interrogeraient Angela vers 16 heures et Chris dès qu'il aurait fini son travail chez Triad Tires, vers 20 heures si possible.

Bonnie trouva le changement de bon augure. Pour elle, c'était la promesse d'idées nouvelles, de nouveaux points de vue. Elle se disait que l'enquête allait peut-être enfin progresser et elle ne songea pas un instant à prévenir Wade Smith ou Bill Osteen.

En l'absence d'avocats, Newel et Sturgell seraient libres de fixer eux-mêmes les règles du jeu. Et, comme Bonnie allait pouvoir en juger, les règles qu'ils choisirent s'apparentaient plus au judo qu'au badminton de plage.

Elle les rencontra au commissariat de Winston-Salem. Ils la cuisinèrent pendant deux heures. Au début, ça ne se passa pas trop mal. Ils lui posèrent les mêmes vieilles questions pour la énième fois et elle leur fit les mêmes vieilles réponses.

Mais le climat ne tarda pas à changer. Leur ton devint plus direct, accusateur. Ils la harcelèrent, comme s'ils essayaient de lui extorquer des aveux, comme si elle n'avait pas été définitivement blanchie par le polygraphe. Huit mois s'étaient écoulés depuis la mort de Lieth et ils la traitaient encore comme une suspecte.

L'un d'eux – Thin Man ou Doughboy, elle ne savait plus lequel – posa devant elle des photos en noir et blanc et lui demanda si elle les reconnaissait. C'étaient des photos des fameuses quatre pages d'*Une rose en hiver*. Elle répondit qu'elle se souvenait vaguement de ce livre, dont l'auteur était l'un de ses préférés. Elle l'avait lu deux ans plus tôt et l'avait trouvé plus tard dans la chambre d'Angela. Alors, elle avait eu envie de le relire et l'avait placé sur une table de machine à écrire à côté de son lit.

Mais le livre n'avait pas été retrouvé sur cette table, lui dirent-ils. Il était par terre et ces quatre pages manquaient. Seules ces pages avaient été retrouvées sur la table, tachées de sang.

– Et alors ? demanda Bonnie.

Et alors ils considéraient ces pages comme des pièces à conviction « significatives ». Ils lui firent lire le texte.

Si personne n'avait lu et arraché ces pages – décrivant un meurtre à coups de poignard – juste avant l'agression contre Lieth, pourquoi étaient-elles tachées de sang ?

Bonnie répondit calmement qu'elle ne savait pas. Elle n'avait pas lu ce livre ce soir-là. Si cela avait été le cas, elle l'aurait rangé avec les autres au pied de son lit et non sur la table. Elle ignorait pourquoi ces pages avaient été arrachées et, d'ailleurs, rien ne prouvait qu'elles l'eussent été. Après tout, ce n'était qu'un livre de poche. Il était mal relié et avait probablement été manipulé par des dizaines de mains, car ses sœurs et elle avaient l'habitude de se prêter leurs bouquins. Les pages pouvaient fort bien s'être détachées toutes seules et, puisque le livre était placé sur le protège-machine en vinyle, il avait pu tomber pendant la lutte, ce qui expliquait les taches de sang.

Mais Doughboy et Thin Man ne désarmaient pas. D'une part, dirent-ils, ces pages laissaient supposer que, juste avant la mort de son mari, elle avait lu une histoire dans laquelle un jeune homme nommé Christopher jouait du couteau ; et, d'autre part, on savait que, le soir même, elle avait regardé un feuilleton télévisé sur un tueur en série.

Ils remirent les photos dans une enveloppe en répétant que ces pages avaient été arrachées et qu'elles étaient tachées de sang. Bonnie ne broncha pas. Ils finirent par la libérer en disant qu'ils désiraient maintenant interroger sa fille.

En vérité, ni Sturgell ni Newell ne considéraient Bonnie comme suspecte. L'emplacement et le contenu de ces pages pouvaient être une simple coïncidence. Et, même si elles avaient été placées là à dessein, pour obéir à quelque rituel bizarroïde, il était improbable que Bonnie fût au courant.

De même que le plan partiellement brûlé découvert à la lisière des cendres, les quatre pages pouvaient avoir une signification mystique. Mais, pour l'instant, Newell et Sturgell préféraient ne pas s'aventurer dans ces hypothèses échevelées.

Leur tactique avait été très simple. Tout en présumant l'innocence de Bonnie, ils nourrissaient de sérieux doutes au sujet de son fils, à l'instar de Taylor, Crone et Lewis Young. Croyant que Bonnie concevait les mêmes soupçons qu'eux et cherchait à protéger Chris – en l'empêchant de subir le test polygraphique, par exemple –, ils s'étaient dit que, s'ils l'asticotaient un peu, elle finirait par craquer. C'était mal la connaître.

Au sortir du commissariat, Bonnie se précipita sur un téléphone et appela Wade Smith. Elle était dans une colère noire. Au début, elle avait pensé que les enquêteurs étaient simplement des incapables. Maintenant, elle voyait plus clair dans leur jeu. Elle avait craint le pire, et le pire était arrivé.

– J'ai l'impression qu'ils veulent me coller le meurtre sur le dos, dit-elle à Wade.

Il lui garantit que, au vu de son test polygraphique, elle n'avait rien à craindre de ce côté-là. Comme d'habitude, il lui conseilla la patience et la prudence. Il était sûr que l'interrogatoire avait dû être très éprouvant pour elle, il comprenait son agacement, mais c'était fini maintenant. Elle avait répondu à leurs questions. Désormais, elle n'avait plus qu'à attendre la suite des opérations.

Elle protesta qu'elle en avait assez d'attendre. Elle avait décidé de passer aux actes. Elle pria Wade de se mettre en quête du meilleur détective privé du pays et de l'engager pour élucider cette affaire. Peu importait le prix. L'argent que Lieth lui avait légué ne pouvait pas être mieux employé qu'à la recherche de son assassin. C'était la moindre des choses.

Si la police était incapable de faire son travail, eh bien ! Bonnie Lou Bates de Welcome, Caroline du Nord, s'en chargerait à sa place.

L'interrogatoire d'Angela ne dura qu'une demi-heure. Après coup, elle raconta à Bonnie qu'ils lui avaient posé les questions habituelles et qu'elle leur avait fourni les réponses habituelles, à savoir : qu'elle dormait pendant l'agression, qu'elle ne savait rien et que, d'après elle, le coupable devait être cherché parmi les employés de National Spinning.

Ils lui avaient aussi montré les photos et elle leur avait dit qu'elle ignorait pourquoi ces pages étaient tachées de sang et pourquoi elles avaient été arrachées, ajoutant qu'elle ne se souvenait même pas de ce livre.

L'interrogatoire de Chris, en revanche, fut plus long.

Newell et Sturgell commencèrent de la façon habituelle, en demandant à Chris de leur raconter en détail son emploi du temps, le week-end du meurtre.

Il était rentré à la maison le vendredi soir, dit-il, mais ne savait plus s'il avait passé la soirée devant la télévision ou avec des amis. Le samedi soir, après avoir préparé le dîner, il était reparti pour la fac vers 19 heures ou 20 heures, au volant de sa Mustang.

Le dimanche, il avait bu de la bière et mangé une pizza à la *Wildflour Pizza*, ainsi qu'il le faisait souvent. Vers 22 h 30, il était allé dans la chambre de Karen et Kirsten, où il avait joué aux cartes et bu encore de la bière. Il y était resté jusqu'à 3 h 30, puis il était rentré se coucher.

On lui demanda alors des précisions sur le coup de téléphone d'Angela. Ne pouvant trouver ses clés dans son pantalon, il était allé voir s'il ne les avait pas laissées dans sa voiture. Comme elles n'y étaient pas, il était revenu dans sa chambre pour recommencer à les chercher. Ne les trouvant toujours pas, il était allé lancer un appel par le téléphone de sécurité du campus, expliquant qu'il devait se rendre d'urgence à Little Washington car son père avait été assassiné et sa mère poignardée.

Newell et Sturgell décidèrent de le titiller un peu au sujet de la voiture.

« A quelle heure l'avait-il conduite pour la dernière fois cette nuit-là ? » Pas plus tard que 23 heures, répondit-il.

« Pourquoi l'avait-il garée si loin de la résidence ? » Parce que ce parking était mieux éclairé et attirait moins les voleurs. Il expliqua que sa voiture avait déjà été « visitée » lorsqu'il était allé voir sa tante en Caroline du Sud et qu'on lui avait volé son autoradio et ses cassettes.

« Où avait-il finalement retrouvé ses clés ? » Vince les

avait dénichées sous un coussin quelque temps après son départ.

« Revenons à ce dimanche. Dis-nous encore avec qui tu étais. » Dans la journée, dit-il, avec Hamrick, Upchurch, Karen, Kirsten et Daniel Duyk.

« Où sont-ils maintenant ? Où est Upchurch ? Où est Duyk ? » Chris dit qu'ils avaient tous les deux quitté la fac. Duyk travaillait comme barman. Quant à Upchurch, il ne l'avait pas vu depuis des mois. Sa mère habitait Virginia Beach, en Virginie. Elle était divorcée.

« O.K. ! parlons de la drogue. » Chris reconnut qu'il prenait de la marijuana, de la cocaïne, du L.S.D. et de l'ecstasy. C'était son premier camarade de chambre, le prédécesseur de Vince, qui l'avait initié.

« Où trouvais-tu l'argent pour acheter ces drogues ? » Il avait un petit boulot dans un magasin de vêtements pour hommes, dans une galerie marchande proche du campus.

« Combien ça paie ? » Quatre dollars de l'heure.

« Qu'est-ce qu'on peut acheter comme drogue avec quatre dollars de l'heure, surtout quand on bosse à mi-temps ? » Il dit qu'il recevait aussi cinquante dollars d'argent de poche par semaine et qu'il avait tendance à tirer sur sa carte de crédit. Quand il était au rouge, sa mère remboursait.

Ils revinrent sur la nuit du dimanche. « Raconte-nous encore. Lentement. Qui était où, quand et avec qui ? Qui a fait quoi, à quel moment ? » Seuls Daniel Duyk et lui étaient allés dans la chambre de Karen et Kirsten après avoir bu des pots à la *Wildflour Pizza*. Moog et Vince étaient rentrés pour réviser.

« Comment on peut réviser après avoir picolé pendant des heures ? » C'étaient surtout Daniel et lui qui avaient bu. Moog et Vince avaient été plus raisonnables.

« Ça arrive souvent ? Vous êtes cinq ou six à descendre des bières et brusquement il y en a deux qui s'éclipsent pour aller bûcher ? Un dimanche soir ? » Non, Chris reconnaissait que ce n'était pas habituel. En fait, c'était même la première fois qu'il avait entendu Moog dire qu'il avait du travail. Aucun d'eux n'avait été particulièrement studieux, cet été.

« Mais, pourtant, tu t'étais dépêché de rentrer samedi soir pour terminer un devoir de fin d'année ? » Oui, en effet, ce devoir était très important et, comme il avait eu de mauvaises notes tout au long de l'année, il voulait le finir dans les délais.

« Quel était le sujet ? « Le sujet ? » Ouais, le sujet. Il parlait de quoi, ton devoir ? » Oh, c'était une dissertation d'anglais. Il ne savait plus très bien. Avec tout ce qui s'était passé depuis, il avait oublié le sujet exact.

« Tu ne l'as jamais terminé, hein ? » Non, avoua-t-il. Après le coup de fil d'Angela, il n'avait plus la tête aux études.

« Mais il y avait toute la journée de dimanche. Au lieu de travailler, tu as bu de la bière. Et le soir aussi. Tu as joué aux cartes jusqu'à 3 heures du matin. Alors, s'il n'y avait pas eu de meurtre, quand est-ce que tu l'aurais faite, cette dissert ? »

Chris expliqua que c'était justement son problème : il était toujours plein de bonnes intentions, mais, quand il s'agissait de les mettre en pratique, il calait.

Ils l'interrogèrent sur Donjons & Dragons. Il répondit qu'il y avait joué avec Daniel, Vince et Moog. C'était un jeu de rôles dont l'action se situait au Moyen Age. Un jour, ils s'étaient défoncés et ils étaient allés jouer dans les tunnels. Il avait emporté une épée en bois pour incarner son personnage et les autres avaient des espèces de bâtons en rotin, comme dans les arts martiaux japonais. Il ne savait pas à qui ils appartenaient.

« Alors, quelle est ton opinion ? Qui a tué ton beau-père ? » Chris avait une réponse toute prête. D'après lui, c'était un responsable de la North Carolina National Bank.

Ils avaient fait le coup pour empêcher Lieth de retirer ses fonds.

« Tu t'imagines qu'une banque comme ça, qui brasse des milliards, engagerait un tueur à gages pour préserver un compte d'un petit million de dollars ? Tu le crois vraiment ? »

Chris se contenta de hausser les épaules.

« Eh, rends-moi un service, tu veux ? » dit l'un d'eux. Chris acquiesça, désireux de se faire bien voir. « Voilà un papier et un stylo. Dessine-moi un plan. Pas une œuvre d'art, juste un petit plan de ton quartier. Pour qu'on puisse s'orienter. »

Chris obtempéra de bon gré et traça une rapide ébauche, sans réfléchir.

Newell et Sturgell observèrent le plan.

« Encore un détail. Ta rue. Lawson. Ecris le nom dessus pour qu'on soit sûrs de ne pas se tromper. » Bien sûr, pas de problème. Et Chris écrivit le mot LAWSON en capitales d'imprimerie sur le plan. Il l'écrivit même deux fois.

Comme sur la carte de résident de N.C. State, l'écriture était tout à fait semblable à celle du plan original.

Au dire de Bonnie, Chris ne parut pas « perturbé » le moins du monde après l'interrogatoire. Elle lui demanda quelles questions ils lui avaient posées et il répondit : « Les conneries habituelles. »

14

Deux jours plus tard, le vendredi 24 mars, John Crone se rendit avec sa femme à Mooresville, près de Charlotte, pour passer le week-end avec sa belle-famille. Il ne fut pas de très bonne compagnie. Il était préoccupé, perdu dans ses pensées. Chris Pritchard le hantait.

En rentrant à Washington le dimanche après-midi, il quitta soudainement la grand-route pour aller se garer dans un vaste centre appelé North Hills Mall.

Là, il se rendit dans la première librairie venue et demanda au vendeur s'il avait quelque chose sur un jeu intitulé Donjons & Dragons. L'homme lui désigna un rayon du magasin entièrement consacré à ce type de parutions. Il y avait tout un assortiment de livres, de manuels et d'accessoires divers : *Le Manuel du joueur*, *Les Règles de l'expert*, *Les Règles du compagnon*, *Les Règles du Maître*, *Le Livre des lois du maître du donjon*, *Les Géomorphes du donjon*, etc., ainsi qu'une infinité de scénarios avec des noms tels que « A la recherche de l'inconnu », « La Garde des frontières », « Le Palais de la princesse d'argent », « La Cité perdue », « Horreur sur la colline », avec des couvertures représentant des guerriers armés d'épées et de couteaux, aux prises avec de terrifiants dragons et autres monstres inquiétants.

Le chef de la police acheta un manuel d'initiation, retourna dans sa voiture et reprit la direction de Little Washington. En route, il demanda à sa femme de lire le livre à haute voix.

– « Nous sommes en un autre lieu, en un autre temps, commença-t-elle. Le monde ressemble à celui qui fut le nôtre il y a bien longtemps, avec des chevaliers et des châteaux. Il n'y a ni science ni technologie... Imaginez : les dragons sont réels. Les loups-garous sont réels. Des monstres de toute espèce vivent dans des grottes et des ruines. Et la magie fonctionne réellement !... Vous êtes un héros puissant, un guerrier fameux mais pauvre... Vous explorez l'inconnu, à la recherche de monstres et de trésors. Plus vous en trouvez, plus vous devenez puissant et célèbre...

» Un donjon, continua-t-elle, est un ensemble de salles et de couloirs dans lesquels on peut trouver des monstres et des trésors. Et *vous* les trouverez, en incarnant un personnage dans ce monde fantastique...

» Vous portez un sac... vous possédez une magnifique épée et vous cachez un poignard dans une de vos bottes, en cas de besoin... Vous dresserez le plan du donjon afin de ne pas vous perdre.

Elle expliqua qu'il y avait diverses catégories de personnages : les « voleurs », les « guerriers », les « magiciens » et que, chaque fois qu'un personnage ou un groupe de personnages parvenaient à dresser le plan d'un « donjon » ou d'une grotte obscure et à tuer le monstre qui tentait de les empêcher de s'emparer du trésor, ils gagnaient un surcroît de pouvoir mesuré en « points d'expérience ».

John Crone roulait de plus en plus vite. Il avait du mal à se concentrer sur la route. Et, quand sa femme commença à lui décrire en détail la première aventure, il sentit ses paumes devenir glissantes de transpiration.

« Les joueurs devaient entrer dans un château et tuer le seigneur dans son sommeil. Les seules armes autorisées étaient des couteaux et des gourdins, qu'ils devaient porter dans un havresac. Une princesse nommée Aleena dormait dans le château, près de son père, le méchant seigneur. Ne sachant pas si elle était amie ou ennemie, les joueurs la laissaient dormir. S'ils réussissaient à tuer le seigneur et à s'échapper du château sans être repérés, ils hériteraient de sa fortune et recevraient de nouveaux pouvoirs qu'ils pourraient utiliser ensuite dans d'autres aventures. Le nombre de « points d'expérience » qu'ils gagneraient serait proportionnel au nombre de coups de poignard donnés... »

– Nom de Dieu ! dit John Crone. Nom de Dieu de nom de Dieu de nom de Dieu...

Le lundi matin, Crone faisait les cent pas dans son bureau en buvant du café, en gesticulant et en lisant à haute voix des passages de Donjons & Dragons. « Ecoute-moi ça », disait-il à John Taylor. « Et ça !... Et ça ! »

On voyait clairement ce qui avait dû se passer. Ces gosses étaient tellement absorbés par le monde fantastique de Donjons & Dragons qu'ils avaient décidé de transposer une aventure dans la réalité.

– Ecoute, dit Crone, nous savons que c'est Pritchard qui a dessiné le plan. La question est de savoir qui il a utilisé pour accomplir le meurtre. La réponse est forcément l'un des types avec qui il jouait à ces âneries. Lequel ? Je crois que ce n'est pas difficile à deviner.

– Upchurch, fit Taylor.

James Upchurch. Moog. Le seul qui eût un casier judiciaire. Celui avec qui Chris s'était éclipsé le 4 juillet et qui, comme par hasard, avait disparu de la circulation.

– J'en reviens pas, reprit Crone. Voilà huit mois que ces gosses se baladent sur ce campus sans que personne se soit penché sur leur cas.

– Je vais y mettre bon ordre immédiatement, dit Taylor.

Crone approuva.

– Fonce à Raleigh. Assaisonne-moi ces petits jeunes. Essaie de récolter un maximum de renseignements sur Upchurch et retrouve-moi ce salopard.

– Ça devrait pas être trop dur. Aux dernières nouvelles, il se serait fait teindre les cheveux en rose.

A partir de la dernière semaine de mars, John Taylor se mit à « brûler de la gomme », pour reprendre ses propres termes, sur la route de Little Washington à Raleigh. Il passa tellement de temps sur le campus qu'il aurait mérité un titre de docteur *honoris causa*. Il rencontra de nombreux amis ou partenaires de Pritchard ou Upchurch, et plus il les voyait, moins il les aimait.

Daniel Duyk, par exemple. C'était l'un des joueurs de Donjons & Dragons. Celui avec qui Pritchard avait veillé jusqu'à trois heures du matin, la nuit du meurtre.

Taylor frappa à sa porte à midi et Duyk lui ouvrit en sous-vêtements. Pourquoi ces types n'étaient-ils jamais en cours ? Qu'est-ce qu'ils faisaient en sous-vêtements à midi ? Taylor se demandait même si c'étaient des sous-vêtements *propres*.

Duyk dit qu'il ne connaissait pas bien Pritchard. « C'était pas vraiment un pote à moi. » Moog non plus, d'ailleurs. Il avait simplement vu un message affiché sur un tableau de petites annonces dans le hall de la résidence, demandant un partenaire pour une partie de Donjons & Dragons. Rendez-vous à telle heure, dans telle chambre. Comme Daniel jouait à D & D depuis ses premières années de collège, il avait pensé que ça pourrait être sympa.

Une demi-douzaine de gars s'étaient présentés. Pritchard, Moog, deux Noirs, un nommé Vince, un certain Neal et deux autres encore. C'était Moog, croyait-il, qui avait rédigé l'annonce.

Duyk expliqua, avec une certaine nervosité, comment se déroulaient les parties. Ils étaient tous d'un haut niveau, dit-il, et leurs « campagnes » duraient cinquante ou soixante heures, divisées en séances de quatre à cinq heures cha-

117

cune. Ils jouaient presque tous les jours. Ils étaient descendus dans les tunnels pour « bomber des graffs » mais ces tunnels, qu'il appelait les « tunnels de l'enfer », ne faisaient pas vraiment partie du jeu. Un jour, ils s'étaient munis de torches et, d'autres fois, ils avaient apporté de fausses épées de samouraï appartenant à Moog. Alors, sous l'effet de l'alcool ou de la drogue, ils faisaient semblant de se battre en duel.

Chris Pritchard, ajouta-t-il, s'était un jour vanté d'avoir trouvé chez ses parents un porte-documents confidentiel révélant qu'ils étaient millionnaires. Cela avait beaucoup intrigué Duyk parce que Chris était toujours fauché. C'était « un amour... un mec vraiment chouette », bien que « peut-être trop influençable », dit-il, mais il dépensait des fortunes en dope. Upchurch et lui étaient « très branchés sur l'acide ».

Taylor l'interrogea sur le week-end du meurtre. Duyk répondit qu'il avait rencontré Chris, Vince Hamrick, Karen et Kirsten vers 21 heures, dimanche, et qu'ils étaient allés jouer aux cartes dans la chambre des filles. Vince était avec eux, mais il n'avait pas joué, il essayait de réviser. A un moment donné, quelque chose l'avait énervé et il était parti. Vince avait toujours été colérique. Upchurch ? Non, il n'avait pas vu Upchurch ce soir-là.

A sept ou huit heures, le lendemain matin, Vince l'avait appelé pour lui dire que les parents de Chris avaient été agressés, peut-être tués, et que Chris avait dû se faire conduire chez lui par la police du campus parce qu'il ne retrouvait pas ses clés de voiture.

Là, Duyk regarda Taylor dans les yeux.

– Plutôt suspect, non ? dit-il.

Il ajouta qu'il avait revu Chris plusieurs fois depuis, mais que celui-ci n'avait jamais voulu lui parler de ce qui s'était passé.

– Fais travailler tes méninges, Daniel, conseilla Taylor à la fin de l'entretien. Essaie de te souvenir. Ce n'est pas la dernière fois que tu me vois. Je dois m'en aller, maintenant, mais je reviendrai.

La promesse ne sembla pas réjouir Duyk.

Ensuite, Taylor rendit visite à un ami commun de Pritchard et d'Upchurch : Matt Schwetz. Un nom qu'il avait vu plusieurs fois dans les rapports de Young.

Il pleuvait, mais Schwetz ne permit pas à Taylor d'entrer dans son appartement. Il resta sur le pas de la porte de sa cuisine, en laissant l'inspecteur sous la pluie.

– Ecoute, dit Taylor, je ne suis pas là pour tes histoires de drogue. Je veux seulement te poser quelques questions. Mais j'aimerais autant éviter de me mouiller dehors.

Schwetz secoua la tête.

– Juste un mètre, insista Taylor. Laisse-moi au moins m'abriter sous ta porte pour bavarder au sec cinq minutes.

Mais Schwetz campa sur ses positions. « On lui avait déjà fait le coup » et il ne serait pas dupe. Il était prêt à laisser Taylor s'avancer juste assez pour protéger son calepin des gouttes, mais ne céderait pas davantage de terrain.

Pritchard ? Ouais, il connaissait Pritchard. Un vrai connard. Ils avaient l'habitude de boire des pots ensemble, mais il ne l'avait pas revu depuis le début de l'automne. Il avait entendu dire qu'il avait quitté la fac pour raisons psychologiques. Ça ne l'étonnait pas. Ce mec était vraiment frappadingue. Il racontait toutes sortes de bobards sur le meurtre. Un jour, il disait que son père avait surpris un voleur, qui l'avait tué ; le lendemain, il disait que l'assassin avait d'abord violé sa mère.

Mais Schwetz lui-même ne semblait pas avoir les idées bien en place. « Il lui manque une case », songea Taylor. Il radotait : le voilà maintenant en train de vanter les mérites de Pritchard. Un type super, qui pensait toujours aux copains. Il achetait toujours la meilleure bière, jamais de la bibine. Il avait vraiment une attitude positive, vous voyez ? Il aimait beaucoup ses parents. Une fois, il avait dit que sa famille possédait trente-cinq pour cent de R.J.R.-Nabisco. Mais sa sœur, qui était à côté de lui, avait démenti : seulement trente-deux pour cent, avait-elle rectifié.

Donjons & Dragons ? Non, pas Schwetz. Les tunnels ? Non, il n'avait aucune information là-dessus. Ouais, il connaissait Vince, il connaissait Daniel, il connaissait Moog. Il avait même vu Moog récemment, mais juste en passant, il ne savait plus où. On rencontre tellement de gens, vous savez, on fait plus attention.

– Ecoute, fit Taylor, je me suis laissé dire que tu approvisionnais Upchurch et Pritchard en acide.

Non, non, non, jamais de la vie. De l'acide ? N'était-ce pas ainsi qu'on appelait le L.S.D. ? Non, non, pas lui, pas Schwetz. Et il était sûr que Chris n'avait jamais pris de L.S.D. Ou d'acide, comme vous dites. Jamais.

– Ne t'éloigne pas de la ville, dit Taylor. Je reviendrai. Et la prochaine fois, j'apporterai un parapluie.

Taylor retourna à Raleigh le 29 mars pour interroger à nouveau Vince Hamrick. « Il m'adressa un regard du genre ''foutez-moi la paix, vous tous'', racontera Taylor, un de ces regards qui me donnent toujours envie d'insister. »

La nuit du meurtre, expliqua Vince, il avait potassé pour un examen de physique. Il pensait que Chris était rentré vers minuit. Il ne se rappelait pas avoir vu Daniel Duyk ou James Upchurch ce dimanche soir. Les cartes ? Non, il ne se souvenait pas d'avoir joué aux cartes. Non, ce n'était pas lui qui avait répondu au téléphone quand Angela avait appelé. Il ne s'était réveillé que lorsque Chris avait fait sa valise pour rentrer chez lui. Les clés de voiture ? Non, il ne savait pas que Chris les avait perdues. Tout ce qu'il savait, c'était que Chris était vraiment amoureux de sa voiture et qu'il ne l'aurait jamais prêtée à qui ce que fût.

Ils avaient l'habitude de jouer à D & D, mais leurs séances s'étaient interrompues après le meurtre. Il n'avait plus fait une seule partie avec Moog ou Daniel Duyk depuis le drame. Sur ce point, il était formel.

– Bonne chance pour ton examen, fit Taylor. Mais ne te presse pas pour décrocher ton diplôme. J'aurai encore à te parler.

Taylor alla trouver Karen Barbour et Kirsten Hewitt. Oui, elles se souvenaient de ce dimanche soir. Elles étaient allées à la *Wildflour Pizza* avec Chris, Moog, Daniel et Vince. En rentrant à la résidence, ils avaient acheté de la bière. En fait, c'était Karen qui l'avait achetée, parce qu'elle était la seule à avoir l'âge légal. Oui, elles avaient trouvé bizarre que Chris gare sa voiture si loin de la résidence.

Les garçons s'étaient éclipsés quelque temps, probablement pour jouer à Donjons & Dragons. La partie de cartes n'avait commencé que plus tard, vers 20 heures. Daniel s'était énervé parce que Vince donnait des conseils à Kirsten sur la manière de jouer. Alors, Vince s'était mis en rogne et il était sorti en claquant la porte, vers 23 heures. Mais elles avaient continué à le voir parce qu'il était le seul à avoir un réfrigérateur et que la bière était entreposée dans sa chambre. Chaque fois qu'elles allaient se servir, elles voyaient Vince en train d'étudier. Elles n'avaient pas vu Upchurch de la soirée.

Elles se rappelaient fort bien que, à partir de 1 heure du matin, elles n'avaient cessé de demander aux garçons de s'en aller. Finalement, devant leur insistance, Chris avait demandé l'heure. On lui avait répondu 3 h 30 et il était parti tout de suite. Cela leur avait semblé étrange.

Comme John Taylor avait vingt-six ans, qu'il était beau gosse et à l'aise dans son blue-jean, il était parvenu à établir de bons rapports avec les deux filles. Elles n'étaient pas intimidées. Ce n'était pas le genre de flic dont on se méfie et elles acceptèrent de parler avec franchise.

Kirsten raconta que Chris lui avait un jour confié qu'il

avait « entré » dans une disquette informatique un « programme pour rafler un gros paquet de fric ». Il n'avait pas voulu en dire plus, expliquant que c'était un secret. Elle ajouta qu'il semblait très rancunier envers Lieth à cause de l'usage que celui-ci faisait de son argent. Il gardait tout pour Bonnie, disait-il, et ne leur donnait rien. Puisque ses parents étaient si riches, pourquoi Angela et lui ne pouvaient-ils pas avoir de plus beaux vêtements et de plus belles voitures ? protestait-il.

Karen affirma avoir vu Chris vendre de la marijuana et prendre de l'acide. Mais elles précisèrent toutes deux qu'elles l'aimaient bien et que c'était un bon copain, même s'il était un peu trop obsédé par Donjons & Dragons.

En quittant le campus, Taylor s'arrêta au poste de sécurité pour montrer aux agents une photo de James Upchurch, qu'il avait obtenue de sa contrôleuse judiciaire. Il leur expliqua que la police de Washington et le S.B.I. désiraient ardemment parler à ce jeune homme et leur demanda de les aider.

– Entre nous, dit-il, un type avec des cheveux roses, ça ne doit pas être trop difficile à repérer.

Le 30 mars, un expert du F.B.I. appela Taylor pour lui dire que, au vu des échantillons proposés, ils estimaient « probable » que le mot LAWSON sur le plan trouvé près des cendres soit de la main de Chris Pritchard.

15

Le lendemain, Bonnie arriva à Little Washington pour le dîner annuel de la S.P.A., la seule mondanité susceptible de la faire revenir dans la ville qu'elle avait appris à craindre et à haïr.

Dans l'après-midi, elle se rendit au commissariat pour poser à nouveau l'unique question qui comptât désormais dans sa vie : y avait-il du nouveau dans l'enquête ?

Elle espérait voir John Taylor, la seule personne dans cette affaire qui lui semblât faire preuve d'un minimum de courtoisie.

Taylor était là, mais Lewis Young également, qui la salua fraîchement. Elle se plaignit de la rudesse avec laquelle Newell et Sturgell l'avaient interrogée, puis déclara son intention d'engager un détective privé en priant les deux hommes de bien vouloir collaborer avec lui.

Young lui répondit sans ambages que le S.B.I. n'avait pas pour politique de coopérer avec des enquêteurs privés.

Bonnie rétorqua qu'elle se fichait éperdument de la politique du S B.I. qui, en huit mois, n'avait abouti à aucun résultat. Elle en avait « marre » de la politique du S.B.I., « marre » de l'incompétence de la police de Washington. Elle avait décidé de prendre les choses en main, et, s'ils ne voulaient pas collaborer de plein gré, elle aurait recours à toutes les mesures légales envisageables pour les y forcer.

Lewis Young lui expliqua qu'elle ne semblait pas comprendre la situation. L'enquête continuait et progressait. Mais peut-être que ces progrès allaient dans une direction qui ne lui plaisait pas et que c'était là la véritable cause de son indignation.

Young en avait vu d'autres, il avait roulé sa bosse, il avait essuyé des coups de feu, il était « fils de flic et flic dans l'âme », selon ses propres termes, et ce n'était pas une petite dame d'un mètre soixante et cinquante-cinq kilos, si furieuse fût-elle, qui allait l'impressionner.

Il lui assura qu'ils avaient déjà « les éléments d'une inculpation » et « suffisamment de présomptions pour traîner quelqu'un devant le tribunal ». Non, dit-il, il ne lui révélerait pas l'identité du suspect. Mais il lui rappela incidemment que Chris n'avait toujours pas accepté de se soumettre au test polygraphique. Il voulait que ce soit chose faite avant deux semaines. Au besoin, il s'arrangerait pour que l'épreuve se déroule à Winston-Salem, de sorte que Chris ne pourrait pas prétexter le voyage à Greenville pour se décommander. Et que Bonnie ne vienne pas lui parler d'un soi-disant psychothérapeute anonyme prétendant que le test risquait de stresser le pauvre garçon, parce qu'il n'était pas dupe.

Le changement de ton de Lewis Young contraria et effraya à la fois Bonnie. Elle avait l'impression que, pour accélérer l'enquête et se débarrasser de l'affaire, il était prêt à ficeler un chef d'inculpation fantaisiste sur la base de présomptions sans fondement à l'encontre de quelqu'un qui, de toute évidence, était d'abord une victime, à savoir son propre fils.

Au sortir du commissariat, elle se rendit directement dans sa chambre du *Holiday Inn* pour téléphoner à Wade Smith. Celui-ci n'étant pas disponible dans l'immédiat, elle se mit à rédiger un brouillon de ce qu'elle allait lui dire. Voici ce qu'elle écrivit :

« Principal problème pour le moment : LEWIS YOUNG. Ne

semble pas du tout s'intéresser à la recherche du coupable. Il croit qu'un procès peut aboutir... que de nombreuses affaires ont été élucidées sur la base de présomptions. DES CLOUS!!! Je n'accepterai RIEN D'AUTRE qu'une inculpation sur la base de faits bruts. Les faits parlent, pas les présomptions. »

Mais lorsqu'elle rencontra effectivement Wade, en rentrant à Winston-Salem, il lui conseilla à nouveau la patience. Pour ne pas la contrarier davantage, estimant qu'elle avait déjà un assez lourd fardeau sur les épaules, il ne voulut pas lui faire part de ses craintes quant aux développements ultérieurs de l'enquête.

Ses récentes conversations avec Bill Osteen lui avaient causé de sérieuses inquiétudes sur le cas de Chris, qu'il n'avait jamais rencontré personnellement. En termes voilés, Osteen lui avait fait comprendre que le fils de sa cliente Bonnie Von Stein était un petit crétin insolent et hypocrite.

Ce portrait contrastait tellement avec celui que Bonnie lui avait dressé de Chris que Wade commençait à avoir des doutes : s'il y avait une telle disparité entre le garçon décrit par Bonnie et le garçon décrit par Osteen, peut-être qu'on finirait par découvrir la même inadéquation entre la vérité que Bonnie croyait détenir et celle que l'enquête révélerait.

Début avril, la recherche de Moog s'intensifia. « Un drôle de loulou, dira Taylor. Il s'était volatilisé. »

Ils parlèrent à son père, qui travaillait au bureau des affaires sociales de Raleigh. Non, il n'avait pas eu de nouvelles de James depuis un bout de temps. Ils parlèrent à sa mère, qui habitait Virginia Beach. Non, elle n'avait pas de nouvelles de son fils, elle non plus.

Taylor faisait presque quotidiennement la navette avec Raleigh. En compagnie de la contrôleuse judiciaire d'Upchurch, Christy Newsome qui, divine surprise, était non seulement compétente mais fort jolie, il ratissa pratiquement tous les bars susceptibles d'avoir reçu un jour ou l'autre la visite d'un étudiant de N.C. State : le *Sadlack's*, le *Watering Hole*, le *Brewery*, le *Fallout Shelter*, le *Bourbon Street*, le *I Play Games*...

« Le *Watering Hole* était le pire endroit que j'aie jamais vu, confiera-t-il. Je ne voulais même pas y mettre les pieds. Rien que des blacks et des motards. Mais Christy avait du cran. Elle est entrée sans sourciller et s'est mise à montrer la photo d'Upchurch à la ronde sans même vérifier si j'étais derrière. »

Taylor pensait que, en 1989, vingt ans après Woodstock, un type aux cheveux roses qui se baladait toujours avec un grand sac – car Upchurch portait un havresac partout où il allait – serait relativement facile à repérer dans une ville moyenne de Caroline du Nord. Et cependant, malgré l'aide de la police de Raleigh et des agents de sécurité de N.C. State, Moog restait introuvable.

De retour à Washington, le 21 avril, Taylor appela Bonnie Von Stein. Depuis le début, il l'avait traitée avec tact et respect. Et ce n'était pas une façade : il l'aimait bien. Il avait aussi pitié d'elle, car il se doutait que l'avenir lui réservait des épreuves encore pires que celles qu'elle traversait déjà.

Il lui assura que, en ce qui le concernait, il ne la soupçonnait ni d'avoir trempé dans le meurtre ni de chercher à couvrir ses enfants. Il ajouta qu'il avait besoin de son aide et désirait lui poser deux questions. Elle accepta.

Il lui demanda d'abord si elle savait où l'on pouvait trouver un certain James Upchurch, un ami de Chris connu sous le sobriquet de Moog. C'était le garçon avec qui son fils avait disparu au début du mois de juillet, précisa-t-il. Elle lui répondit qu'elle interrogerait Chris à ce sujet dès qu'elle le verrait.

Taylor lui expliqua que sa seconde question portait sur un plan. Les enquêteurs, lui dit-il, avaient des raisons de penser que Chris avait dessiné un plan du quartier de Smallwood quelque temps avant le meurtre, indiquant la localisation précise de leur maison.

– Eh bien, si c'est le cas, fit-elle d'une voix très calme, ça n'a rien d'étonnant. Il peut très bien l'avoir fait pour aider un ami venu d'ailleurs ou un cousin à trouver son chemin.

Toutefois, lorsqu'elle posa plus tard la question à Chris, celui-ci lui affirma que jamais de sa vie, parole d'homme, il n'avait dessiné de plan du quartier. Il fut également formel en ce qui concernait Upchurch : il n'avait aucune idée de l'endroit où il pouvait se trouver et n'avait plus entendu parler de lui depuis des mois.

Angela, en revanche, reconnut avoir rencontré Upchurch lorsqu'elle était allée rendre visite à Chris à N.C. State. Bonnie lui demanda quel genre de garçon c'était et Angela le décrivit comme « un type sympa et tranquille, qui pouvait sembler bizarre à première vue ».

Si la candide Bonnie avait trouvé les questions de Taylor simplement curieuses, un « vieux de la vieille » comme Bill Osteen, qui n'était pas ancien procureur pour rien, les jugea franchement inquiétantes.

Osteen était déjà passablement contrarié, pour ne pas dire plus, que Chris ait répondu aux questions du S.B.I. sans le prévenir. S'il avait été présent, il n'aurait jamais laissé Chris dessiner ce plan pour les deux inspecteurs, surtout avec le nom de sa rue écrit de sa main.

Ce genre d'étourderies attiraient souvent une foule d'ennuis inutiles à ses clients trop négligents. A quoi bon engager un avocat, dit-il à Chris, si c'est pour bavarder en cachette avec des enquêteurs décidés à vous mettre un meurtre sur le dos ?

Osteen ne savait pas du tout pourquoi le S.B.I. avait voulu ce plan, avec cet échantillon d'écriture, et Chris – « le genre de type à qui on ne ferait pas confiance même si, le 25 décembre, il vous disait que c'est Noël » – était incapable de l'éclairer, se contentant de dire qu'il n'avait pas pensé un instant que ce plan pût avoir un rapport quelconque avec l'affaire.

Une chose était sûre : si un inspecteur de Little Washington se donnait la peine de téléphoner uniquement pour obtenir des précisions sur un certain plan dessiné à la main, cela signifiait que Chris était devenu une cible, pour ne pas dire *la* cible des enquêteurs. Un nouvel essai de test polygraphique s'imposait.

Osteen fixa la date au 25 avril. Chris devrait cesser de prendre son Buspar d'ici là. Bonnie le conduisit à Charlotte. Le test ne comprenait que deux questions jugées « probantes » par l'examinateur :

Premièrement : « Avez-vous organisé le meurtre de votre beau-père ? »

Deuxièmement : « Connaissez-vous le nom de la personne qui a poignardé Lieth ? »

A chacune, Chris répondit : « Non. »

Le rapport de l'examinateur concluait : « Au vu de mon analyse sur la nature et le degré des trois tracés polygraphiques, je n'observe aucun signe indicateur de tromperie dans les réactions psychophysiologiques de M. Pritchard liées aux questions énoncées ci-dessus. »

En clair, il avait réussi. L'opérateur communiqua immédiatement la bonne nouvelle à Chris et à Bonnie. Ni l'un ni l'autre ne manifestèrent d'émotion particulière. Pour Bonnie, ce n'était pas une surprise : elle n'avait jamais eu le moindre doute. Pour Bill Osteen, en revanche, ce fut un immense soulagement.

Pour la première fois depuis sa sortie de l'hôpital, Bonnie se dit que la situation était suffisamment éclaircie pour qu'elle pût s'offrir enfin quelques jours de vacances. C'est ainsi que, le 26 avril à 4 h 30 du matin, elle prit le car à Winston-Salem pour un voyage de quatre jours à Disney World.

16

Le lundi 1er mai, la décision fut prise de confronter Chris et sa mère aux pièces à conviction qu'avaient déjà réunies le S.B.I. et la police de Washington.

Young appela Bonnie pour lui annoncer qu'il viendrait à Winston-Salem le lendemain et apporterait avec lui tous les indices qu'elle souhaitait voir depuis le début du mois d'août. Il ajouta qu'il serait désireux de parler également à Chris et à Angela. Rendez-vous fut pris pour le lendemain au bureau du shérif du comté de Forsyth, à Winston-Salem. Ils allaient jouer cartes sur table.

Sans hésitation, Bonnie lui répondit :

– Nous y serons.

A 10 h 45 le lendemain matin, Lewis Young sortit du quartier général du S.B.I. à Greenville pour gagner sa voiture, où l'attendait un jeune district attorney adjoint du nom de Keith Mason. Le D.A. en titre avait souhaité envoyer un délégué à l'entretien, pour le cas où Chris, devant les charges pesant contre lui, désirerait faire une déposition.

Young n'était qu'à quelques pas de sa voiture lorsque son beeper sonna. Le message disait qu'un attorney de Greensboro, un certain William Osteen, avait essayé de le joindre à son bureau de Little Washington.

– J'arrive tout de suite, dit Young à Keith Mason.

Sachant qu'il serait presque toute la journée sur la route, il décida de répondre à l'appel avant de partir. Ayant accompli la plus grande partie de sa carrière dans l'est de la Caroline du Nord, Young ne connaissait pas le nom de William Osteen. Il composa le numéro de Greensboro.

L'heure de l'appel téléphonique était une pure coïncidence. Bill Osteen ne se doutait absolument pas que, au moment où il essayait de joindre Young, celui-ci se préparait à partir pour Winston-Salem dans l'espoir d'arracher des aveux à son client.

Osteen – qui n'était pas au courant des expertises graphologiques – avait simplement pensé que, puisque le test polygraphique privé avait été couronné de succès, Chris n'avait plus aucune raison de refuser le test du S.B.I. Au contraire, il considérait qu'un bon résultat devant témoins serait une victoire pour son client.

Il se présenta donc à Young comme l'avocat « chargé de représenter Chris lors du test du polygraphe ».

– D'après ce que j'ai compris, dit Young, Chris refuse le test du S.B.I.

– Pas forcément, corrigea Osteen.

– Bon, eh bien, je lui en toucherai un mot quand je le verrai ce soir.

Il y eut un bref silence.

– Ce soir ? s'étonna Osteen.

– Oui, reprit Young en craignant déjà d'en avoir peut-être trop dit. Je pars à l'instant pour Winston-Salem. Je dois interroger Chris, sa mère et sa sœur ce soir.

– Désolé, fit Osteen, mais je ne pourrai pas être là.

Sur la route de Winston-Salem, Young fulminait. « Tu ne pouvais pas la boucler, imbécile », se répétait-il.

– J'ai tout foutu en l'air, dit-il à Keith Mason. Je suis prêt à parier qu'Osteen est déjà en train d'appeler Chris pour lui dire d'annuler le rendez-vous.

Keith Mason ne pouvait que lui donner raison. Contrairement à Lewis Young, il connaissait très bien le nom de Bill Osteen. Il avait même été en fac de droit avec son fils. Il expliqua à Young que c'était un ancien attorney des Etats-Unis et l'un des juristes les plus réputés de Caroline du Nord.

A 17 h 10, à peine arrivé à son motel, Lewis Young appela Bonnie.

Elle donna aussitôt la réponse qu'il redoutait.

– Je suis désolée, mais Chris ne sera pas là ce soir. Son avocat, M. Osteen, ne veut pas qu'il soit interrogé en son absence.

– Et depuis quand ce M. Osteen s'occupe-t-il de cette affaire ?

– Je l'ai engagé pour représenter Chris en janvier, répondit Bonnie. Il m'a été recommandé par mon propre avocat, M. Wade Smith.

Wade Smith ! Young était abasourdi. Si le nom de Bill Osteen ne lui était pas familier, celui de Wade Smith n'était ignoré par aucun officier de police judiciaire de l'Etat. C'était tout simplement le nom le plus célèbre de Caroline du Nord en matière criminelle.

« Mais qu'est-ce que ces soi-disant victimes font avec des avocats tels qu'Osteen et Wade Smith, bon Dieu ? » se demanda-t-il.

– Dois-je comprendre, reprit-il avec mauvaise humeur, que Wade Smith et l'ami Osteen vous représentent, vous et votre famille, depuis janvier ?

– Exactement, dit-elle. Un avocat pour Angela et moi, qui étions présentes dans la maison au moment des faits, et un pour Chris, qui ne l'était pas.

– Vous ne m'aviez jamais dit qu'il y avait des avocats dans cette histoire !

– Ça ne vous regardait pas, répondit-elle avec ingénuité, ajoutant qu'elle avait depuis longtemps perdu toute confiance en la compétence du S.B.I. et de la police de

Washington et qu'elle en était même venue à se demander s'ils ne cherchaient pas à accuser un innocent pour masquer leurs échecs.

Cette fois, Lewis Young était vraiment furieux. Il se sentait berné. Bonnie l'avait mené en bateau depuis le début : pendant qu'elle jouait les naïves et les effarouchées, elle consultait derrière son dos deux des plus fameux juristes de l'Etat.

Depuis janvier Osteen lui mettait des bâtons dans les roues. Depuis que Chris avait refusé le polygraphe. Nom de Dieu ! Elle lui avait promis que son fils accepterait le test et, à la dernière minute, elle avait changé d'avis.

Le même scénario se répétait à présent : elle lui avait promis que Chris se présenterait à l'interrogatoire et, au jour dit, un avocat qu'elle avait engagé dès janvier entrait en scène pour l'empêcher de parler.

— Je vois que les liens du sang sont décidément les plus forts, commenta-t-il.

— Qu'est-ce que vous voulez dire ?

— Je veux dire que vous saviez depuis le début que Chris était impliqué et que vous avez fait l'impossible pour le couvrir.

— Je vous assure que rien n'est plus faux. Angela et moi vous verrons, comme prévu, ce soir à 20 heures.

Lewis Young raccrocha sèchement. Tant pis pour la pauvre veuve éplorée. Ce soir, la petite dame verrait un tout autre aspect, bien moins plaisant, de la personnalité de Lewis Young.

Quand Bonnie entra dans la salle d'interrogatoire, elle remarqua que Young n'était pas venu seul. Il était accompagné non seulement de John Taylor mais encore de ses bourreaux de mars : Thin Man et Doughboy.

Young, toujours furieux, sauta sur ses pieds dès qu'il la vit et ramassa une grosse liasse de papiers.

— Ecoutez-moi bien, commença-t-il d'une voix dure.

J'étais venu à Winston-Salem avec l'intention d'éplucher tous ces documents avec vous. Mais n'y comptez plus. Je ne suis plus du tout disposé à discuter de l'enquête avec vous.

Il jeta les papiers sur une table. Newell prit la parole. Puis Sturgell. Puis à nouveau Lewis Young. Ils l'assaillaient de toutes parts. Chris était impliqué. Ils avaient des preuves. Il n'avait pas commis le meurtre lui-même – puisqu'il avait un alibi – mais il était impliqué. Il leur avait menti. Ils pouvaient le prouver. Non, ils ne lui révéleraient pas leurs indices. Ils lui auraient tout dit avec joie si elle ne les avait pas trahis en engageant des avocats en cachette. La présence d'avocats changeait tout. Bonnie était désormais dans le camp adverse : celui des suspects, non des victimes. Depuis quand les victimes avaient-elles besoin d'avocats pour leur défense ?

Chris n'était peut-être pas mêlé directement au crime. Il avait peut-être fourni inconsciemment les indications qui avaient mené à l'assassinat de Lieth. Mais maintenant il s'en rendait compte et il mentait. Ils étaient prêts à faire un marché, à négocier, mais ce n'était pas à eux de faire les premiers pas. Si Chris ne voulait pas leur parler de plein gré, et sans avocat, ils ne s'embêteraient plus pour lui : ils concocteraient leur chef d'accusation dans leur coin et la machine se mettrait en marche.

Mais ils tenaient à la prévenir : Chris était en danger. Il était le « fil conducteur » qui les mènerait à l'assassin, dirent-ils, et l'assassin avait toutes les raisons de vouloir réduire Chris au silence. Angela et elle étaient également en danger.

– Le filet se resserre, dit l'un d'eux. Nous approchons du but. Quelqu'un peut surgir à tout moment derrière vous et, si vous n'avez pas de moyens de protection, je vous conseille de vous en procurer.

Bonnie interpréta ces paroles comme une menace. Ils

essayaient de l'effrayer pour la forcer à capituler. Peine perdue : ce n'était pas la bonne tactique avec Bonnie.

— Je sais avec certitude, dit-elle, que Chris n'est pas coupable. Il n'a rien à voir là-dedans. J'ai mes propres preuves.

Ils haussèrent les épaules. Ils devinaient déjà ce que c'était, ses soi-disant preuves. Elle avait dû faire subir un test privé à son pauvre petit chéri qui avait tellement peur d'affronter le vrai test.

— Avec les tests privés, on en a pour son argent, dit l'un des inspecteurs. Si vous achetez l'examinateur, vous êtes sûre d'avoir les résultats que vous voulez. Mais ça ne vaut pas un clou.

— Vous prétendez vouloir la vérité ! s'emporta Young. Vous prétendez vouloir retrouver le coupable ! Mais seulement à condition que ce ne soit pas votre fils !

— C'est faux ! protesta Bonnie d'une voix mal assurée. Je veux que le coupable se retrouve derrière les barreaux, quel qu'il soit.

Mais elle ne put s'empêcher d'ajouter, comme en désespoir de cause :

— Ce n'est pas Chris. Je vous affirme que Chris est innocent.

Ils lui répétèrent qu'ils acceptaient de négocier, mais que ce n'était plus à eux de faire les premiers pas. C'était peut-être la dernière chance de Chris.

Elle répondit que, s'ils voulaient parler à Chris, ils n'avaient qu'à appeler M. Osteen. Alors, Young lui redit pour la énième fois qu'ils ne voulaient pas avoir affaire à un avocat et déclara que l'interrogatoire était terminé. Il ajouta qu'il était en ville jusqu'à demain et lui laissa un numéro où elle pourrait le joindre si d'aventure Chris se décidait à lui parler – sans avocat.

— J'ai la nette impression, fit-elle d'une voix tremblante, que vous cherchez un bouc émissaire pour ne pas avouer que vous êtes incapable de trouver le vrai coupable.

Elle prit le numéro, le rangea dans son sac à main et sortit du bureau. Sa fille attendait dehors. Apparemment, ils ne tenaient plus à interroger Angela. C'était Chris qui les intéressait. Lui seul. Et sans avocat.

– N'oubliez pas, lui rappela Young. Il y a des inconnus dans l'ombre, qui peuvent s'en prendre à votre vie. Ceci est un avertissement solennel : vous êtes en danger.

« Je n'ai pas arrêté de pleurer tout le long du chemin, racontera plus tard Bonnie. J'étais tellement bouleversée en arrivant à la maison que je ne sais même plus comment Chris a réagi quand je lui ai exposé la situation. »

De toute manière, elle était convaincue d'avance de son innocence. Elle était certaine que son propre fils n'aurait jamais permis qu'on l'agresse à coups de bâton et de couteau ou qu'on assassine son mari à côté d'elle.

A 21 h 45, elle rédigea un mémo de l'interrogatoire pour pouvoir répéter avec précision à Wade Smith ce qui s'était passé. A défaut de finesse d'analyse, ses notes étaient du moins révélatrices de son état émotionnel du moment :

« J'ai l'impression d'avoir été violée par les policiers mêmes à qui j'étais censée me fier pour élucider le meurtre de Lieth. Quels sont mes droits légaux pour forcer ces types à me communiquer les informations en leur possession ? Ce jeu de la carotte et du bâton (chantage) a assez duré.

» Maintenant, je sais que tous ces retards ne sont que cela : du CHANTAGE ! D'abord, ils me disent que, dès que j'aurai passé leur test, ils accepteront de me mettre au courant des progrès de l'enquête. Après, ils me disent que Chris doit passer le test aussi et que Bill Osteen doit rester en dehors de tout ça.

» Ce que je crois : ces quatre hommes doivent être très contents d'eux. Ils doivent se dire qu'ils m'ont déstabilisée une fois pour toutes, que je vais craquer et appeler très bientôt le numéro de Lewis Young. En ce moment, ils doivent rire de moi, rire de la victime qu'ils viennent de violer émotionnellement !

» Lewis m'a accusée de vouloir enrayer l'enquête si elle

s'orientait vers ma famille. (''Vous voulez trouver le coupable à condition que ce ne soit pas un membre de votre famille.'') Je lui ai dit que je voulais voir le/les coupable(s) en prison ! Je lui ai aussi répété que Chris n'était pas coupable. »

Mais, en son for intérieur, Bonnie commençait à avoir réellement peur. « Ils paraissaient si sûrs d'eux, avouera-t-elle, que j'ai fini par me demander si, sans s'en rendre compte, Chris n'avait pas donné à quelqu'un l'idée de tuer ses parents. J'ai pensé aussi que, après tout, il avait pu effectivement dessiner ce plan, en toute innocence.

» Alors, je lui ai dit : ''Chris, s'il y a quoi que ce soit... si un jour tu as dessiné un plan... juste comme ça, pour jouer à Donjons & Dragons... si quelqu'un t'a posé des questions sur la maison... si tu te souviens de *quoi que ce soit*, il est peut-être temps de parler.''

» Il est allé dans sa chambre un instant, puis il est revenu en disant : ''J'ai réfléchi, maman, et je ne sais pas quoi penser.'' »

17

Crone et Taylor retournèrent au N.C. State Campus, amèrement déçus par la rencontre du 2 mai et la tête pleine de questions.

Ils se rendaient compte qu'ils n'obtiendraient aucune collaboration de Bonnie. Elle, une victime qu'ils avaient voulu aider, avait décidé de dresser une barrière entre eux et sa famille et préférait laisser l'assassin de son mari impuni plutôt que de voir son fils inquiété.

Ils n'avaient plus le choix : ils allaient utiliser la manière forte.

Ils interrogèrent à nouveau Daniel Duyk. Mais, cette fois, Crone haussa le ton.

– Je sais que tu nous as menti au moins sur un point, dit-il. Je sais que Chris Pritchard était impliqué au moins dans la préparation du meurtre. Maintenant, ce que je veux savoir – et tu as intérêt à me dire la vérité –, c'est à qui Pritchard était susceptible de demander conseil. Qui était son ami le plus proche ? Qui avait de l'influence sur lui ?

La réponse de Duyk fut immédiate : James Upchurch.

– Où est Upchurch ?

Duyk leur donna diverses adresses. Les endroits où Upchurch avait été vu le plus souvent dans le passé. Ils avaient apparemment réussi à l'effrayer, car il semblait tout à coup très disposé à les aider.

« Quand nous lui avons dit que Chris était impliqué, commentera Taylor plus tard, il est devenu beaucoup plus coopératif. Par exemple, il s'est brusquement rappelé un incident survenu dans une chambre de la résidence. Il y avait Chris, Upchurch et Hamrick. Chris s'était vanté de la fortune de ses parents et quelqu'un – peut-être Upchurch – avait dit : ''On devrait buter tes vieux et mettre la main sur ce pognon.'' »

Crone et Taylor contactèrent les agents de sécurité et eurent droit à une visite guidée du réseau souterrain du campus. Ils virent toutes sortes de « graffs » et autres « tags », y compris les initiales C.W.P. – Christopher Wayne Pritchard – peintes à la bombe.

Pendant près de trois semaines, Taylor consacra l'essentiel de son temps à la recherche d'Upchurch, qui semblait s'être transformé en courant d'air. Finalement, après d'innombrables fausses pistes, un policier de Raleigh l'informa qu'une rixe avait opposé un Noir à James Upchurch dans Hillsborough Street, deux jours plus tôt. Lorsqu'on avait tenté de l'appréhender, il s'était enfui.

Ils approchaient du but. Taylor le sentait. Le 19 mai, ils établirent une planque devant une maison où Upchurch était censé se rendre pour une fête. Une grande fête. Mais pas de Moog en vue. Ils retournèrent chez Matt Schwetz et aperçurent un billet collé sur la porte : *Suis passé en coup de vent. Jeté un œil dans la cave.* C'était signé : *Le Tueur.*

18

Le 22 mai, James Upchurch fut arrêté près du campus de N.C. State. Après une tentative de fuite infructueuse, il avait donné un faux nom. Décidément, ce jeune homme avait peur de quelque chose.

Young et Taylor purent lui parler à 21 heures, au cinquième étage de l'immeuble de la police de Raleigh, où il avait été déféré pour violation des clauses de sa liberté conditionnelle.

Il avait effectivement les cheveux roses, longs et poisseux mais, malgré son inquiétante dégaine, Upchurch se révéla un gibier décevant.

Ils s'étaient attendus à affronter un gaillard récalcitrant – sinon pourquoi les aurait-il évités depuis si longtemps ? – et ce fut tout le contraire. Ils se retrouvèrent face à un jeune homme intelligent, cordial et apparemment disposé à les aider.

Oui, il avait appris que le beau-père de Chris Pritchard avait été assassiné. Une tragédie. Pritchard ne s'en était jamais remis. Après le meurtre, il avait traversé une « phase parano » et avait commencé à se promener dans le campus avec un couteau à longue lame. Depuis qu'il avait quitté la fac, Upchurch ne l'avait pas revu.

Il avait rencontré Chris pour la première fois en mai ou

juin, après avoir posé une petite annonce demandant des partenaires pour Donjons & Dragons. Comme tout le monde dans la résidence, Chris était un fumeur de marijuana. Mais il s'en était bientôt lassé et avait voulu passer à la cocaïne. Comme c'était beaucoup plus cher – et bien qu'il se vantât souvent d'avoir des parents millionnaires –, il s'était orienté vers le L.S.D., nettement moins onéreux. Il avait vite été « accro » et Upchurch lui-même avait dû le mettre en garde contre les dangers de l'accoutumance.

Chris, dit-il, bien que plutôt sympa et de bonne compagnie, était un type bizarre et excentrique. Il faisait tout avec excès et ostentation. Par exemple, quand il avait pu se procurer de l'acide, il courait dans la résidence pour en proposer à tout le monde. Evidemment, il avait du mal à « assurer question fric » et il dépassait toujours le plafond de sa carte de crédit.

Upchurch se souvenait parfaitement de leur virée en Caroline du Sud, le 4 juillet. Chris avait des parents là-bas, de « vrais culs-terreux ». Parmi les « autres bouseux » qu'ils fréquentaient, il y en avait plusieurs qui se vantaient continuellement de « connaître des gens capables de commettre un meurtre ».

Ramona, la tante de Chris, lui avait fièrement montré un .357 Magnum le jour de leur arrivée. N'appréciant guère la compagnie des « culs-terreux », Upchurch avait passé l'essentiel de son temps dans un motel avec une amie de rencontre. Chris, lui, était sorti avec une fille qui avait deux frères « truands ». Il essayait depuis longtemps de se mettre en cheville avec des dealers, pour son propre approvisionnement et aussi pour « se faire un peu de blé ».

Chris aimait beaucoup son père naturel, Steve Pritchard, et il adorait sa mère, qui lui téléphonait plusieurs fois par semaine. En revanche, il ne semblait pas du tout s'entendre avec son beau-père.

Upchurch avait cependant du mal à croire que Chris ait pu engager un homme de main pour tuer ses parents, bien que certains des « loubards » qu'il avait rencontrés en Caroline du Sud fussent capables de meurtre. Il était désolé de voir que Pritchard était considéré comme suspect, mais ça ne l'étonnait pas outre mesure, à cause de sa personnalité instable qui pouvait prêter à équivoque. Et puis, bien sûr, il y avait l'héritage.

Il se rappelait qu'un soir, au restaurant *Golden Corral*, à côté du campus, Chris avait insisté pour offrir la tournée générale. L'addition se montait à cent dollars et quelqu'un lui avait dit que, à ce tarif-là, il serait bientôt obligé de « buter ses parents pour leur piquer leur fric ». Chris avait répondu : « Ouais, j'y ai souvent pensé. »

Mais ça n'avait rien d'inhabituel, poursuivit Upchurch. Tous les deux ou trois jours, il se trouvait quelqu'un pour lui suggérer de « buter ses parents » en vue de l'héritage. Toujours pour blaguer, bien entendu.

En ce qui concernait le week-end du meurtre, Upchurch fut moins disert. Il ne se rappelait plus très bien. Il croyait avoir passé la soirée à préparer un examen d'anglais, mais il n'en était pas sûr. Chris l'avait invité la veille à une partie de cartes – un jeu appelé Piques – mais il avait refusé. Il n'aimait pas les Piques.

Il ne pouvait pas en dire plus. Tous ces week-ends d'été se confondaient dans sa mémoire. Il était incapable de dire ce qu'il avait fait, avec qui et où, avouant d'un air piteux qu'il s'était lui aussi drogué à haute dose cette saison.

Un soir, Chris avait fait un mauvais « trip ». Il avait été malade comme un chien et s'était mis à crier qu'il allait mourir et qu'on voulait le tuer comme on avait tué son beau-père. Après cela, il avait arrêté le L.S.D., puis avait raconté à tout le monde qu'il était obligé de quitter la fac parce qu'il avait des problèmes psychologiques et qu'il voulait « rentrer à la maison pour s'occuper de sa mère ». Mais c'étaient des « conneries ». En vérité, il avait peur de repiquer au truc et il voulait décrocher.

En septembre, Upchurch était allé habiter chez Daniel

Duyk. Ils avaient beaucoup parlé du meurtre ensemble. Ils étaient tous deux convaincus que Chris n'en était pas l'instigateur, d'une part parce qu'il n'avait pas assez de cran, d'autre part parce que le mobile leur paraissait scabreux : ses parents avaient sûrement placé leur argent sur un compte bloqué, si bien que ni Chris ni sa sœur n'auraient pu en hériter tout de suite.

Ils étaient arrivés à deux autres hypothèses. Selon eux, Steve Pritchard – qu'ils n'avaient jamais rencontré – pouvait très bien être à l'origine du coup, s'imaginant peut-être que, en tant que père naturel, il parviendrait d'une manière ou d'une autre à prendre le contrôle de cet argent. Leur deuxième hypothèse envisageait une complicité d'Angela et de Daniel Duyk, qui était amoureux d'elle. Quand on demanda à Upchurch la raison de ces soupçons, il répondit que c'était à cause de la réaction d'Angela quand on lui parlait du meurtre : elle ne montrait aucune émotion.

Quant à ses propres difficultés avec la police, Upchurch les mit sur le compte de ses erreurs de jeunesse. Ses problèmes avec le contrôle judiciaire avaient débuté le jour où, mal réveillé, il avait oublié de se présenter à une convocation. De peur que sa liberté conditionnelle ne soit annulée, il avait bêtement commencé à se cacher. Puis, apprenant que la police de Little Washington le recherchait pour meurtre, il avait paniqué, craignant d'être reconduit au contrôle judiciaire en cas d'arrestation.

Il s'excusa d'avoir été si difficile à localiser, répéta qu'il serait heureux de les aider dans la mesure de son possible, expliqua qu'il travaillait actuellement pour Triple A Student Painters, une compagnie de Raleigh qui employait des étudiants pour des travaux de peinture en été, et habitait la résidence Sylvan Park, 3903 Marcom Street, où il partageait un appartement avec sa cousine Kenyatta et le petit ami de celle-ci, un nommé Neal Henderson.

L'interrogatoire jeta le doute dans l'esprit de Lewis Young : « Je commençais à me demander si nous ne nous étions pas trompés de piste. Surtout à cause de sa façon d'être. Il était sympathique, ouvert, sans arrogance. Une personnalité diamétralement opposée à celle de Pritchard. La drogue, oui. Il avait visiblement un problème de ce côté. Mais il n'avait rien d'un suspect potentiel dans une affaire de meurtre. »

Young restait toutefois convaincu que la réponse se trouvait à Raleigh. « Je décidai de renforcer notre présence sur le campus. Il nous fallait établir des contacts, multiplier les visites, faire peur. Nous étions sûrs que plusieurs personnes connaissaient le fin mot de l'histoire. Si nous parvenions à inquiéter l'une d'elles, c'était gagné : elle parlerait. »

Le 1er juin, accompagné de John Taylor, le chef Crone se rendit à Raleigh pour parler personnellement à Upchurch. La liberté conditionnelle de Moog avait été reconduite, mais il était désormais obligé de porter en permanence autour de la cheville un bracelet électronique permettant de surveiller ses déplacements.

Il habitait toujours Sylvan Park, où il campait dans le living-room de l'appartement loué par son ancien camarade de classe, Neal Henderson.

Le sol était jonché de jeux divers. Donjons & Dragons, la Première Guerre mondiale, la Guerre civile, la Guerre de 1812, la Guerre des mondes... « Une vraie porcherie », dira John Crone. Upchurch et Henderson, un jeune gars timide et empoté qui ressemblait à une tortue, étaient là quand les deux policiers se présentèrent.

Upchurch parut surpris – et un peu ennuyé – de revoir des enquêteurs de Little Washington. Il pensait en avoir fini avec ce genre de désagréments.

« J'ai tout de suite eu le sentiment, racontera Crone, que ce type n'était pas l'assassin. Mais, voyant qu'il semblait partager l'obsession de Chris pour ces jeux tordus et violents, j'ai eu l'intuition qu'il en savait plus qu'il ne voulait le

dire. J'ai donc décidé de l'entraîner à l'écart pour le secouer un peu – pas physiquement, bien sûr, juste pour le
tester. »

Crone et Taylor ordonnèrent à Moog de les suivre. Ils
l'emmenèrent dans la voiture de Crone. Taylor s'assit au
volant et installa Upchurch à côté de lui. Crone prit place
sur la banquette arrière.

Upchurch leur répéta que, selon lui, les incitations à
« buter les parents de Chris » n'avaient jamais été sérieuses
mais que, s'ils voulaient enquêter dans cette direction, ils
devaient interroger Daniel Duyk, le seul type « vraiment dé-
séquilibré » de leur groupe de joueurs.

– Ça suffit ! lança tout à coup Crone. Tu essaies de nous
balader.

Upchurch semblait prêt à les orienter dans n'importe
quelle direction pour se faire oublier : de Chris et Angela à
Daniel Duyk, en passant par les loubards de Caroline du
Sud et Steve Pritchard. Crone tenta de le déstabiliser.

– Fais-lui voir les photos, aboya-t-il.

Taylor lui montra des clichés du corps ensanglanté et
meurtri de Lieth Von Stein.

– Vingt dieux, c'est pas du boulot d'enfant de chœur, fit
Upchurch en détournant les yeux.

– Observe bien ces images, reprit John Crone. Cet
homme a été sauvagement agressé et poignardé.

Upchurch, qui regardait la photo du coin de l'œil, se
tourna vers la fenêtre.

– Si tu te sens mal, ouvre la porte et dégueule sur le trot-
toir, dit John Taylor. Je te déconseille de vomir dans la voiture du chef. Surtout sur ce siège-là, c'est ma place.

Upchurch pâlit et se mit à transpirer. Mais il répéta qu'il
n'était pour rien dans cette histoire. Il ne savait rien. Il était
hors du coup.

Quand ils regagnèrent l'appartement, Crone dit à Henderson :

– Au fait, au cas où tu ne serais pas au courant, on est

ici pour enquêter sur un meurtre. La victime est le beau-père de Chris Pritchard et nous savons déjà que Pritchard est dans le coup. On s'intéresse beaucoup à Donjons & Dragons. On croit que le meurtre est peut-être la conséquence d'un scénario qui aurait mal tourné. Un type qui aurait forcé sur la drogue et se serait pris au jeu, tu vois ce que je veux dire ? Rien ne nous permet de penser qu'il y ait eu préméditation, mais un homme est mort et on est sur le point de découvrir qui l'a tué. Alors, si quelqu'un sait quelque chose, qu'il vienne nous trouver. Fais-le savoir autour de toi. Et précise bien qu'on est pressés. Plus le temps passera, moins on sera compréhensifs.

Le même jour, Lewis Young tentait une approche différente.

Il savait que, en l'accusant de vouloir couvrir son fils, il avait perdu la confiance de Bonnie. Mais il continuait à penser que sa coopération serait bigrement utile. Il restait convaincu que Chris était le fil conducteur qui les mènerait à l'assassin et que, s'il parvenait à persuader Bonnie de le faire parler, de lui faire dire pour *qui* il avait dessiné ce plan, un grand pas serait franchi. Il eut donc l'idée de s'adresser officieusement à Wade Smith.

C'était une démarche peu orthodoxe, qu'il n'aurait jamais envisagée avec un autre avocat. Mais Wade Smith avait la réputation d'être un « gentleman », un homme franc avec qui on pouvait tenter l'expérience.

Il appela son superviseur à Raleigh pour lui exposer son projet. Le superviseur connaissait Smith.

– Vous pouvez y aller, dit-il. Vous n'avez pas à craindre de coups bas avec lui. Expliquez-lui la situation. S'il vous répond tout de suite qu'il est d'accord pour vous aider, vous pouvez lui faire confiance. Il tiendra parole et n'ira rien répéter dans votre dos.

Encouragé, Young contacta Mitchell Norton, le district attorney du comté de Beaufort.

145

– Je sais que ce n'est pas une procédure habituelle, dit-il, mais l'affaire n'est pas habituelle non plus.

Norton, qui connaissait lui aussi la renommée de Wade Smith, lui donna carte blanche.

C'est ainsi que, le 1er juin à 11 heures du matin, Lewis Young se retrouva dans le bureau de Wade Smith, à la place que Bonnie avait occupée moins de cinq mois plus tôt. Et, tout comme Bonnie, il eut tout de suite la sensation d'avoir eu raison de venir.

Cela dit, sa tâche était délicate. Il avait à lui expliquer qu'il était prêt à lui communiquer toutes ses informations sans réserve si, de son côté, il voulait bien considérer qu'il était dans l'intérêt de Bonnie de persuader son fils de coopérer. Toutefois, Wade devrait d'abord lui promettre de ne dévoiler aucun détail à Osteen, Bonnie ou Chris.

Cette requête mit l'avocat dans l'embarras. Non seulement Bonnie était sa cliente, mais Osteen était en quelque sorte son associé dans l'affaire. Cependant, voyant que Young était de bonne foi, il accepta de garder le secret, en se réservant néanmoins le droit d'exprimer à Osteen et Bonnie son opinion sur la valeur des indices.

C'était exactement ce que Young espérait : l'occasion de montrer ce qu'ils avaient à une tierce personne intelligente et influente. Il parla donc de la fortune de Lieth, de Donjons & Dragons, du feu aperçu la nuit et du couteau de chasse. Mais il s'attarda surtout sur le plan, dont il montra une photo à Wade. Puis il lui montra la carte d'internat de N.C. State et le plan que Chris avait dessiné pour le S.B.I. en mars.

Sur les trois documents, le mot LAWSON sautait aux yeux. Wade n'eut pas besoin de l'expertise graphologique du F.B.I. Il avait compris. Chris était mal embarqué.

– Ce que nous voudrions, dit Young, c'est que Chris passe dans notre camp. Nous savons qu'il n'a pas commis le meurtre lui-même, mais nous pensons qu'il y est mêlé et qu'il ne nous dit pas tout ce qu'il sait. Nous préférerions que ce soit lui qui fasse le premier pas. Je pense que, s'il vient nous trouver de sa propre initiative, ce sera moins pénible pour sa mère.

– Dans tous les cas, ce sera très pénible pour elle, répondit Wade.

Après le départ de Young, Wade réfléchit longuement. Puis, il passa trois coups de téléphone.

Il appela d'abord Bill Osteen pour lui dire qu'il venait de recevoir la visite du s.b.i. et que, au vu des éléments qu'on lui avait communiqués et qu'il avait juré de ne pas divulguer, les choses n'allaient pas tarder à empirer.

– Bill, dit-il, je crains que ton client ne soit en tête de la liste des suspects. Excuse-moi. Si j'avais su comment la situation allait évoluer, je ne t'aurais jamais proposé l'affaire.

Son second coup de fil fut pour Bonnie. Il lui confirma, sur un ton rassurant, que le s.b.i. ne la comptait pas au nombre des suspects. C'était plutôt une bonne nouvelle, mais il en avait aussi une moins bonne, hélas : ils avaient beaucoup enquêté à n.c. State, car c'était là que leur piste semblait les conduire.

« Leur piste ? » demanda-t-elle plusieurs fois. De quelle piste parlait-il ? Ils avaient toujours été si vagues avec elle. Allait-on enfin se décider à lui parler clairement, au lieu de se cantonner dans des sous-entendus insidieux ?

Wade avait promis de ne rien lui dire du plan et il tint parole. Mais il lui confia que, d'après lui, ils se heurtaient à une impasse et, sans son aide et l'aide de Chris – qui, pensaient-ils, ne leur avait pas dit tout ce qu'il savait –, ils ne trouveraient jamais l'assassin de Lieth.

Si Chris détenait des informations, quelles qu'elles soient, susceptibles de les éclairer, insista Wade, il vaudrait mieux pour lui qu'il leur parle sans tarder.

Et il lui assura que, quoi qu'il puisse arriver, il serait toujours à ses côtés pour lui offrir toute l'aide dont il serait capable.

Mais, en son for intérieur, il songeait déjà : « Ce dont Bonnie aura bientôt besoin, ce n'est pas d'un avocat mais d'un psychiatre. Et d'un bon, qui soit en mesure de la préparer au pire, avant même de savoir ce que c'est. »

C'est pourquoi son troisième coup de téléphone fut pour le meilleur psychiatre de sa connaissance, une femme du nom de Jean Spaulding, membre de la faculté de médecine de Duke University.

Il lui parla pendant vingt minutes, sans entrer dans les détails, pour lui dire qu'une de ses clientes, qui avait déjà subi une terrible épreuve physique et émotionnelle, allait probablement se trouver confrontée à des difficultés pires encore si l'on en jugeait par le développement de l'enquête.

Wade expliqua qu'il n'y avait rien à faire pour l'instant, mais qu'il aimerait que Jean se tienne prête d'ores et déjà.

19

Le 2 juin, John Taylor se rendit à N.C. State en emportant avec lui la seule et unique pièce à conviction potentielle découverte sur les lieux du crime : le havresac vert que Bonnie, Angela et Chris affirmaient ne pas reconnaître. Il pensait que ce ne serait peut-être pas inutile de le montrer autour de lui en demandant si quelqu'un l'avait déjà vu quelque part.

Pendant trois jours, il traîna ses guêtres sur le campus et dans les environs en posant la question à tous ceux qu'il avait déjà interrogés.

« Ce fut décevant, dira-t-il. Il n'y eut aucune réaction. De Daniel Duyk, Upchurch, Neal Henderson, Vince Hamrick, Karen ou Kirsten, personne ne put identifier le sac. »

Mais le 6 juin, lendemain du jour où il lui avait montré le sac, Upchurch décida brusquement de couper son bracelet électronique détecteur et disparut dans la nature.

Crone et Taylor retournèrent à Raleigh le vendredi, 9 juin. Lewis Young y était déjà, pour aider les polices de la ville et de l'université dans la recherche d'Upchurch.

Moog était peut-être à mille kilomètres de là. Mais ce n'était pas sûr : il avait peu d'argent et, lors de sa dernière disparition, il n'était pas allé très loin. La partie de cache-cache recommençait. Ou de Donjons & Dragons. Il était un magicien ou un voleur héroïque poursuivi par des agents du roi. Lewis Young n'aurait pas été surpris de le retrouver dans les tunnels souterrains, brandissant une épée de bois – ou tirant un poignard de son havresac.

Crone et Taylor espéraient en apprendre plus sur Upchurch par Neal Henderson, qui non seulement l'avait hébergé mais avait été son camarade de collège dans le comté rural de Caswell.

Ils rencontrèrent Henderson au restaurant *Wendy's* où il travaillait. Ils arrivèrent à 14 h 45. La cohue du déjeuner s'était dissipée. Ils parlèrent de Donjons & Dragons pendant trois quarts d'heure, puis Crone changea tout à coup de sujet :

– Si on te disait que Chris est dans le coup, qu'est-ce que tu en penserais ?

– Je sais pas, fit Henderson, embarrassé. Qu'est-ce qui vous fait croire qu'il est dans le coup ?

– Peu importe. Mais, dis-moi, ton copain Upchurch, il a l'air de connaître des tas de types louches. Il savait sûrement à qui s'adresser pour commettre un meurtre...

Le chef Crone regarda soudain sa montre. C'était vendredi après-midi et il était censé aller chez ses beaux-parents avec sa femme. Il lui avait dit de l'attendre vers 16 heures à la sortie Apex de la route I-40. S'il n'y était pas, elle devait appeler Lewis Young sur son beeper pour qu'il lui fixe un autre rendez-vous. Or il était 15 h 45 et il ne pourrait pas être à la sortie Apex avant au moins quarante-cinq minutes. « Merde ! se dit-il, j'ai oublié de prévenir Young qu'il risquait de recevoir un appel de ma femme. »

– John, dit-il à Taylor, bigophone au S.B.I. et demande-leur d'avertir Lewis que ma femme va l'appeler sur son beeper. Qu'il lui dise de patienter. J'irai la rejoindre aussi vite que possible.

Taylor sortit et appela le S.B.I. d'une cabine téléphonique

dans le parking du *Wendy's*. Il dut attendre dix minutes avant d'être mis en communication avec Young.

Pendant que Taylor était au téléphone, John Crone observait le placide jeune homme brun et inexpressif en face de lui, en songeant : « Bon, on n'arrivera à rien comme ça. Je vais essayer un dernier coup de bluff et lui servir le classique "si tu sais quelque chose, dis-le-nous tout de suite parce que, si on apprend que tu nous caches quelque chose, ça ira mal pour ton matricule". » John Crone n'avait jamais travaillé dans la police criminelle, mais il avait vu assez de téléfilms pour savoir comment on s'y prenait.

« Je lui sors le grand jeu, racontera Crone par la suite. Je lui dis : "Nous avons la preuve que Chris Pritchard est dans le coup." Je vois tout de suite que je lui ai flanqué la trouille. Alors, je force la mesure. Je lui dis : "Nos attorneys sont déjà en contact avec ses avocats et il est prêt à se mettre à table. Quand il se sera déboutonné, tous ceux qui nous auront caché ce qu'ils savaient pourront s'attendre à de sérieux ennuis."

» Sur le moment, Henderson ne bronche pas. Mais je sens qu'il va mordre à l'hameçon. Alors, je ferre : "Quiconque sera reconnu coupable ou simplement complice risque la peine de mort. Et, dans cet Etat, c'est la chambre à gaz." »

Là, le chef Crone marqua une pause.

Neal Henderson demanda :

– Qu'est-ce que je risque si je leur ai simplement donné un conseil ?

« En entendant ça, je crois rêver, avouera Crone. Nom de Dieu ! je me dis, est-ce que je suis bien réveillé ? Mais, extérieurement, je reste calme. Très maître de moi, très "chef de la police". Comme si de rien n'était, comme si nous étions en train de parler du prix du cheeseburger au bacon, pour ne pas l'effrayer.

» Je lui réponds : "Eh bien, ça dépend du genre de

conseil que tu leur as donné. Faut voir jusqu'à quel point tu es mouillé. Si c'est juste un peu, ou si tu sais quelque chose qui pourrait nous aider, il est préférable que tu vides ton sac tout de suite." »

Henderson restait assis les bras croisés, sans rien dire de plus.

Alors, Crone continua :

– D'un autre côté, si tu es *vraiment* mouillé, il vaudrait mieux que je fasse venir le D.A.

« Je le vois hésiter, puis il me dit d'une voix très calme, monocorde : "Je crois que vous devriez faire venir le D.A."

» Je n'en crois pas mes oreilles. Une fois de plus, je me dis : "Nom de Dieu, je rêve !" Mais j'essaie de ne pas m'emballer. Je ne veux pas risquer de rater mon coup. »

– Ecoute, dit Crone, ça fait deux heures de route. On est vendredi et il est tard. C'est la veille du week-end. Tu es sûr que ça vaut la peine de le déranger ?

– A vous de juger, répondit Henderson, toujours de la même voix sans expression. Je peux vous raconter toute l'histoire. Je veux me sortir tout ça de la tête.

Au même moment, Taylor, qui avait pu finalement contacter Young, revenait dans la salle. Crone se porta immédiatement au-devant de lui.

– Sortons une minute, lui dit-il.

Dès qu'ils eurent franchi la porte, il reprit :

– Il dit qu'il veut tout raconter.

– Vous vous foutez de moi, chef, répondit Taylor. C'est des conneries.

– Non, non. Il veut le D.A. ! Je lui ai dit : « Si tu en sais un petit peu, tu peux me le dire tout de suite. Si tu en sais beaucoup, c'est au D.A. qu'il faudra le dire. » Et il m'a répondu : « Allez chercher le D.A. »

– Merde, merde, merde... Je n'arrive pas à le croire !

Qu'est-ce que vous lui avez fait ? Vous lui avez enfoncé votre revolver dans les balloches ?

Ils rejoignirent Henderson et tous trois allèrent s'installer à une table de la terrasse, sous un parasol.

Maintenant qu'il avait sauté le pas, Henderson voulait laver sa conscience et tout leur avouer. Mais, sans la présence d'un représentant du district attorney, ils ne pouvaient pas le laisser parler, de peur d'être accusés par la suite – sait-on jamais ? – d'avoir violé son droit légal de garder le silence.

Cette fois, Crone se chargea personnellement d'appeler Young :

– Nous sommes au *Wendy's*. Il dit qu'il peut tout raconter ! Il veut parler au D.A. !

Young contacta Keith Mason à Little Washington et lui demanda de « rappliquer » de toute urgence à Raleigh avec son patron Mitchell Norton, parce qu'ils avaient un type sur la sellette qui voulait faire des aveux dans l'affaire Von Stein.

Il ne fallut pas plus de cinq minutes à Young pour rallier le *Wendy's*. Et les voilà tous les quatre assis en rond, empêchés de parler du seul sujet qui les intéressât.

– Il faut que tu attendes, Neal, dit Lewis Young. Tu dois patienter jusqu'à l'arrivée du D.A. On veut être sûrs que tout sera fait dans les règles.

Alors, la femme de Crone appela sur le beeper.

– Dites-lui d'aller faire du shopping, demanda Crone. J'aurai un peu de retard.

Pendant les cinq heures qui suivirent – une attente interminable due au fait que Mitchell avait été difficile à joindre –, les trois inspecteurs ne quittèrent pas Henderson d'une semelle. D'abord, ils le conduisirent chez lui pour lui permettre de se changer, puis ils l'emmenèrent au S.B.I., après quoi ils allèrent tous dîner ensemble au *Captain Stanley*, un restaurant de fruits de mer bon marché où ils engloutirent du poisson gras et des frites en s'efforçant de ne pas céder à la tentation d'interroger Henderson et en s'interdisant de répondre à la question qui obsédait celui-ci : comment avaient-ils découvert que Chris Pritchard était dans le coup ?

Le temps passant, il s'avéra qu'Henderson était le moins nerveux des quatre. « Il gardait son calme, dira Crone. Imperturbable. Mais à tout moment, il pouvait se lever et nous tirer sa révérence. Nous n'aurions rien pu faire pour l'en empêcher, il n'était pas en garde à vue. Il était libre. Non seulement nous n'avions aucune charge contre lui mais, jusqu'à ce jour, il ne figurait même pas parmi nos suspects. Je ne savais pas ce qui l'avait brusquement décidé à parler et je n'étais pas rassuré : il pouvait changer d'avis de manière tout aussi impromptue. »

Tant qu'ils furent au restaurant, ça ne se passa pas trop mal. C'est quand ils reconduisirent Henderson au Q.G. du S.B.I. et le firent asseoir dans une salle d'interrogatoire que le jeune homme donna l'impression d'hésiter. Pour couronner le tout, Mitchell Norton, qui venait enfin d'arriver, annonça qu'il ne voulait pas parler à Henderson pour ne pas risquer d'être cité ultérieurement comme témoin, expliqua-t-il, ce qui l'empêcherait de tenir le rôle de procureur au procès. Seul son adjoint, Keith Mason, participerait à l'entretien.

« J'avoue que j'ai eu du mal à digérer ça, confiera Crone. On avait lanterné pendant cinq heures à cause de lui et voilà qu'il ne voulait même pas parler au gars ! » Norton resta donc dans une antichambre, sans même prendre la peine de se présenter, tandis que Crone, Taylor, Young, Mason et Henderson s'entassaient dans un bureau.

Il était maintenant presque 22 heures. Six heures s'étaient écoulées depuis qu'Henderson avait annoncé son intention de dévoiler son rôle dans le meurtre Von Stein. Personne n'avait voulu le laisser parler et il commençait à se décourager.

Son découragement se précisa lorsque Keith Mason lui expliqua avec courtoisie qu'ils ne pouvaient pas lui proposer de marché, quelle que soit la teneur de ses propos. Ils ne lui promettaient rien. S'il avait quelque chose à dire, qu'il parle, c'était dans son intérêt, car le juge en tiendrait sans doute compte. Mais ils ne pouvaient en aucun cas lui garantir un allégement de peine en échange de ses déclarations.

Henderson regarda autour de lui en dodelinant de la tête. Ce n'était pas comme ça que ça se passait à la télé. Dans les séries policières, on vous faisait signer un papier promettant la clémence du tribunal, puis vous racontiez gentiment votre histoire, les flics devenaient vos potes et tout se terminait pour le mieux.

C'était une chose de se confesser à John Crone, seul à seul, dans la douce lumière d'une fin d'après-midi, c'en était une autre de se mettre à table dans une salle d'interrogatoire cauchemardesque, devant un D.A. adjoint qui commençait par vous expliquer que vos déclarations risquaient de se retourner contre vous.

« Je voyais qu'il était prêt à se dégonfler, rapportera Crone. Il paniquait. Alors, j'ai dit aux autres : ''Allez faire un tour et laissez-moi lui parler seul à seul.'' Ce n'était pas uniquement la mise en garde de Keith qui l'effrayait, mais le fait que nous étions quatre contre un. »

Après le départ des autres, Crone demanda d'une voix douce à Henderson s'il comprenait pourquoi aucun marché n'était possible. Henderson bougonna un vague « oui ». Alors, Crone lui rappela que, tout à l'heure au *Wendy's*, il avait décidé de parler « pour se sortir tout ça de la tête » et non contre la promesse d'un quelconque arrangement.

– Eh bien, ça marche toujours, Neal, fit-il. Si tu veux alléger ta conscience, il n'est pas trop tard.

Henderson regarda le sol sans répondre.

– J'ai un fils de ton âge, reprit Crone. Eh bien, je vais être sincère avec toi. Si tu étais mon fils, je te conseillerais d'agir selon ta conscience. Et tu sais déjà ce que te dicte ta conscience...

Le jeune homme, amadoué par le côté « bon papa » du chef Crone, sembla réfléchir.

– Je suppose que tout espoir n'est pas perdu, fit-il.

– Bien sûr que non. On ne peut rien te promettre, mais il y a toujours de l'espoir.

Henderson acquiesça.

– Tu es prêt à parler ? demanda Crone.

Henderson acquiesça de nouveau.

– Alors, fais-moi une fleur, Neal. Pas de bobards, d'accord ? Tu nous dis la vérité et rien d'autre. Sinon, c'est pas la peine, on est d'accord ?

– Oui. Je vous dirai la vérité.

Le silence régnait dans la pièce, mais ils entendaient des murmures dans le couloir.

– A qui veux-tu raconter ton histoire ?

– A vous, répondit Henderson. Et peut-être aussi à John Taylor.

Crone passa dans le couloir pour informer les autres de la situation, et revint avec Taylor. Celui-ci lut ses droits à Henderson et lui fit signer un papier stipulant qu'il parlait de sa propre initiative, qu'il n'avait reçu aucune menace et n'avait conclu aucun marché en vue d'une quelconque contrepartie. Alors, Crone lui demanda de raconter ce qu'il savait et Taylor s'arma d'un stylo pour prendre des notes.

« A partir de là, tout s'est passé comme sur des roulettes, dira Crone. Ses aveux ne lui ont pas pris plus de cinq minutes. » (En fait, les notes de Taylor indiquent que ce premier entretien dura vingt minutes. Mais, après la journée qu'il avait vécue, il n'était pas étonnant que le chef Crone eût une perception du temps légèrement faussée.)

« Quand il a eu vidé son sac, je lui ai dit que Lewis Young travaillait sur cette affaire depuis près d'un an et qu'il avait certainement une foule de questions à lui poser.

Il a répondu qu'il acceptait de lui parler, alors j'ai fait venir Lewis.

» Il était 10 heures passées, et, tout à coup, ça m'est revenu : "Bon Dieu, où est ma femme ?" J'ai aussitôt appelé la police routière pour les prier d'aller chercher ma femme au fast-food de la sortie Apex, où elle avait promis de m'attendre. Peu de temps après, ils m'ont rappelé pour me dire qu'il n'y avait pas de fast-food à la sortie Apex de l'I-40.

» Inquiet, j'ai appelé mes beaux-parents à Mooresville pour leur demander : "Vous avez des nouvelles de Cindy ? Je ne sais pas où elle est. Elle vous a téléphoné ? Elle est là ?" D'abord, mon beau-père a cru que je blaguais. Puis, il s'est mis à paniquer. Je dois dire que je n'étais pas rassuré non plus.

» A 23 heures, la police routière me rappelle pour me dire que, oui, il y a bien un fast-food, mais à un kilomètre de la sortie. "Pour l'amour de Dieu, je leur dis, allez voir, je vous en prie." Vérification faite, elle était bien là, depuis plusieurs heures, précisèrent-ils, et passablement énervée.

» J'ai donc demandé à Mitchell Norton, le D.A., de m'y conduire. Bon sang, c'était bien la moindre des choses qu'il pouvait faire, puisqu'il ne voulait pas parler à Henderson de toute manière. Quand nous sommes arrivés, Cindy était en train de téléphoner à ses parents, en larmes.

» Il était 2 heures du matin quand nous avons fait notre apparition à Mooresville et tout le monde s'est mis à me faire la gueule. Mon beau-père a carrément refusé de m'adresser la parole.

» Et voilà ce que c'est ! Le jour même où j'obtenais les aveux les plus extraordinaires de ma carrière, j'ai bien cru qu'on allait me demander de coucher dans la voiture. »

Young et Taylor interrogèrent Henderson de 22 h 20 à 23 h 30. Alors, ils firent une pause d'une demi-heure, mais Lewis Young était loin d'en avoir fini. Il était affamé de détails. Il voulait tout savoir, jusqu'aux événements les plus anodins en apparence.

Ils recommencèrent à minuit. Henderson était épuisé, tant physiquement que moralement. Mais Young était survolté. L'entretien se poursuivit en tête à tête, Taylor ayant rejoint Mitchell Norton et Keith Mason dans le hall pour discuter des suites de la procédure à la lumière des révélations d'Henderson.

Il était 3 h 25 quand Young suspendit enfin l'interrogatoire. John Taylor reconduisit Henderson, hagard, à son appartement. Ils avaient décidé de ne pas l'arrêter tant qu'Upchurch serait en cavale. « Ce serait une erreur, avait dit Taylor au district attorney. Si Upchurch apprend par le journal que Henderson est sous les verrous, il faudra aller jusqu'en Libye pour le retrouver. »

Comme son copain Neal n'avait jamais été au nombre des suspects, Moog n'avait aucune raison de se méfier.

Dans la voiture qui le ramenait chez lui, Henderson était trop fatigué pour parler. Au dernier moment, cependant, lorsque Taylor lui rappela de ne pas s'absenter et de se tenir prêt à être déféré à Little Washington, il prononça ces mots, comme pour s'excuser, comme si cela avait pu effacer l'ardoise :

– Il faut me comprendre. Je ne croyais pas que ça se passerait comme ça. Quand je suis arrivé là-bas, je ne m'attendais vraiment pas à voir tout ce sang.

20

Le jeudi suivant, 13 juin, Bonnie, qui n'avait jamais entendu parler de Neal Henderson, se rendit à Washington
pour fabriquer des poupées en porcelaine avec deux amies.
Elle en faisait chaque année, pour les offrir à Noël à ses
neveux et nièces de Welcome.

C'était un réconfort pour elle : des poupées de porcelaine ; des gens tranquilles et bien-pensants ; toutes les vieilles valeurs avec lesquelles elle avait grandi. C'était comme
ses chats et son coq, comme toutes ces petites créatures
inoffensives qui vous aimaient, vous faisaient confiance, ne
vous mentaient jamais et n'avaient pas d'exigences affecti-
ves impossibles à satisfaire. Le contraire absolu de l'univers
ténébreux de Donjons & Dragons ou du monde morbide de
la drogue, de la haine et des agressions.

Bonnie était tolérante et ne jugeait pas ses semblables.
Elle admettait que les autres puissent avoir des idées et des
valeurs différentes des siennes. Elle ne recherchait jamais le
conflit ; elle s'appliquait même tellement à l'éviter dans ses
relations avec les gens qu'elle en payait souvent le prix sous
la forme d'une certaine sécheresse émotionnelle.

Et, ainsi qu'elle allait bientôt le découvrir, c'était un prix
parfois écrasant.

Le 14 juin, tandis que Bonnie confectionnait paisiblement ses poupées de porcelaine à quinze kilomètres de là,
John Crone, fort des informations de Henderson et déguisé
en cantonnier pour ne pas attirer l'attention, sondait de
hautes herbes à l'aide d'une faucille et découvrait une batte
de base-ball enfouie dans des gravats à une centaine de
mètres de la maison des Von Stein, à la jonction de Lawson
Road et de Market Street Extension.

Et dans la nuit du 15 juin, pendant un terrible orage,
James Upchurch, qui portait un sweat-shirt Cornell University et un sac à dos, était arrêté par la police de N.C. State
dans une rue voisine du campus. Ses cheveux étaient rede-
venus blonds. Cette fois, il n'était pas seulement recherché
pour infraction au contrôle judiciaire mais pour homicide
volontaire, sur la foi des déclarations de Henderson.

Chris Pritchard passa la nuit chez son ami Eric Caldwell,
à Winston-Salem. Comme d'habitude, ils s'étaient couchés
tard. Le téléphone sonna à 8 heures du matin. C'était Bonnie. La mère d'Eric lui répondit que les deux garçons dor-
maient encore.

Bonnie appelait à la suite d'un coup de fil qu'elle avait
elle-même reçu de Stephanie Mercer, une ancienne voisine
de Little Washington, amie d'Angela, l'informant que la radio avait annoncé l'arrestation de Chris et d'un nommé
James Upchurch pour le meurtre de Lieth.

Elle rappela trois heures plus tard, en insistant cette fois
pour qu'on réveille Chris, quelle que fût l'heure à laquelle il
s'était couché la veille.

Quand elle put enfin avoir son fils au bout du fil, peu
avant midi, elle lui dit :

– Chris, il faut que tu rentres tout de suite à la maison.
Stephanie a entendu dire à la radio que tu avais été arrêté.
Il faut contacter M. Osteen.

Débraillé, mal réveillé et affligé d'une gueule de bois,
Chris arriva chez sa mère après un trajet de vingt minutes.

Elle lui fit un sandwich. Ils n'échangèrent pas un mot. D'après Stephanie, le bulletin d'information de midi avait confirmé les arrestations et annoncé une conférence de presse du chef Crone pour 20 heures.

Bonnie téléphona à Bill Osteen pour lui répéter les propos de Stephanie. Osteen répondit qu'aucune autorité judiciaire ne l'avait contacté et qu'il ne fallait pas se laisser déconcerter par ce qu'on pouvait lire dans les journaux ou entendre à la radio. A sa connaissance, il n'existait aucune preuve matérielle justifiant l'arrestation de Chris. Toutefois, il se tenait prêt à intervenir si un événement inattendu se présentait.

Angela travaillait à Action Video. Au retour de la pause déjeuner, elle trouva un message la priant d'appeler sa mère. Bonnie lui exposa la situation en essayant de ne pas l'inquiéter et, comme Angela lui demandait si elle devait quitter son travail avant l'heure, elle lui répondit que c'était inutile.

A 15 heures, Bonnie regarda par la fenêtre et aperçut quatre hommes en costume et cravate qui sortaient de deux berlines. Elle reconnut Lewis Young, John Taylor, Sturgell et Newell. Elle comprit qu'il ne s'agissait pas d'une visite de politesse.

– Chris, dit-elle, ils sont là. Va dans ta chambre et appelle M. Osteen.

Elle alla ouvrir.

– On peut entrer ? demanda Lewis Young.

– Qu'est-ce que vous voulez ?

– Nous voulons voir Chris. Il est à son travail ?

– Non, il est ici avec moi. En ce moment, il est dans sa chambre, en train de téléphoner à son avocat. Qu'est-ce que vous lui voulez ?

– Bonnie, nous sommes venus l'arrêter pour meurtre.

Il prononça ces mots sans méchanceté, mais existe-t-il une façon gentille d'annoncer à une mère qu'on vient arrêter son fils pour le meurtre de son mari et une tentative de meurtre contre elle-même ?

– Où l'emmenez-vous ?

– D'abord en ville pour l'inculpation, puis à Washington. Il passera la nuit à la prison du comté de Beaufort.

Elle fit entrer les quatre policiers dans son living-room.

– Chris n'a pas pu faire ça, dit-elle. Je le sais.

– Bonnie, reprit Young, vous devriez aller le chercher.

– Quelles sont vos preuves ? Vous ne m'avez pas encore montré l'ombre du début d'une preuve.

– Ce n'est pas le moment de discuter de ça. Chris a un avocat. Mᵉ Osteen pourra aborder la question avec le district attorney.

Chris les suivit sans résister. Ils lui passèrent les menottes dans l'allée.

– J'ai oublié mes cigarettes dans ma chambre, fit-il.

– On ne fume pas dans ma voiture, répondit Young.

– Traitez-le bien, dit Bonnie. Gare à vous s'il lui arrive quoi que ce soit. J'en ai assez entendu sur les bavures pendant les gardes à vue. Je vous considère comme personnellement responsable, monsieur Young.

– Il ne lui arrivera rien, Bonnie.

Ils firent asseoir Chris sur la banquette arrière d'une des voitures et mirent le moteur en marche.

– Je vous rejoins dès que possible, lança-t-elle de loin.

Et, pour la dernière fois, elle dit à Lewis Young que c'était une honte de venir arrêter un innocent chez lui en plein jour et de l'accuser de meurtre alors qu'ils n'avaient aucune preuve contre lui et n'avaient même pas essayé de chercher d'autres suspects.

TROISIÈME PARTIE

=====

L'HORRIBLE VÉRITÉ

=====

JUIN-DÉCEMBRE 1989

21

Dans le meilleur des cas, compte tenu du mauvais état de la route, des poids lourds et des embouteillages dans la traversée de Wilson, Farmville ou Greenville, le trajet de Winston-Salem à Little Washington demandait quatre heures et demie.

Aux yeux de Bonnie Von Stein, partie avant l'aube, le samedi 17 juin, pour la prison du comté de Beaufort où son fils était détenu pour meurtre avec préméditation, « le meilleur des cas » était une expression qui ne pourrait plus jamais s'appliquer à sa situation.

La veille, après le départ de son fils, menottes aux poignets, elle s'était douchée et habillée en hâte pour se rendre sans tarder au bureau du juge de Winston-Salem. C'était là, croyait-elle, que les policiers emmenaient Chris. En tout cas, c'était ce qu'ils lui avaient dit, elle en était *sûre*.

Sur place, on la détrompa : personne n'avait vu son fils. On lui conseilla de s'adresser au bureau du shérif. Mais, là non plus, personne ne put la renseigner. Dans un couloir, un monsieur d'une cinquantaine d'années, bien habillé et bel homme, s'approcha d'elle.

– Excusez-moi, dit-il. Etes-vous Mme Von Stein ?

– Oui. Je cherche mon fils, qui vient d'être arrêté.

– Eh bien, je le cherche aussi. Je suis Bill Osteen.

C'était la première fois qu'elle voyait l'avocat de son fils en chair et en os. Jusque-là, elle ne lui avait parlé que par téléphone.

Il expliqua qu'il arrivait de Greensboro et que, renseignements pris auprès d'un agent du S.B.I., Chris était déjà reparti.

Bonnie s'emporta. C'était déloyal, dit-elle. Il lui avaient promis de l'attendre avant d'emmener Chris à Little Washington. C'était bien la preuve qu'ils prenaient un malin plaisir à persécuter sa famille et s'acharnaient à traiter les victimes comme des criminels.

Bill Osteen essaya de faire comprendre à Bonnie que ces détails de procédure n'avaient aucune importance. Une seule chose comptait désormais : Chris était accusé d'un crime qui pouvait lui valoir la peine de mort. Il lui expliqua qu'il fallait engager au plus tôt un conseiller local et lui demanda si elle connaissait un avocat dans la région de Little Washington. Le premier nom qui vint à l'esprit de Bonnie fut celui de Jim Vosburgh.

Ce patronyme rappelait vaguement quelque chose à Bill Osteen : un jeune avocat célèbre par ses coups de gueule, qui avait rué dans les brancards du parti républicain lors de l'élection de 1960. Si c'était lui, ils auraient au moins la garantie d'avoir un collaborateur sans complexes.

Osteen l'appela. C'était bien le même Vosburgh. Il accepta le job et se déclara prêt à recevoir Bonnie dès le lendemain matin. Pour commencer, il irait assister à la conférence de presse du chef Crone.

Bonnie arriva au cabinet de Jim Vosburgh à 10 h 30. Le *Washington Daily News* était déjà sorti, avec en gros titre à la une : « Le beau-fils Von Stein inculpé de meurtre. » On voyait une photo de Chris menotté, sortant de la voiture de Lewis Young, en tee-shirt N.C. State, short et baskets, avec une casquette de base-ball. On lui aurait donné seize ans au plus. A côté, une autre photo montrait Upchurch. Malgré son sweat-shirt Cornell University, il faisait davantage penser à un émule de Manson qu'à un étudiant de l'ère post-reaganienne.

Le cabinet de Vosburgh, qui travaillait seul, était situé dans un immeuble voisin de la salle de billard Mecca, dans Market Street, à proximité du tribunal de Little Washington.

Il se rendait à son bureau dans un pick-up Ford Ranger de 1986, avec C.B. et porte-fusils, et avait la réputation d'accepter facilement des honoraires en nature, sous forme d'eau-de-vie ou de jambons de pays, lorsque ses clients étaient fauchés. Les mauvaises langues racontaient d'ailleurs qu'il gagnait plus d'argent au billard que dans les prétoires et passait plus de temps au bistrot que dans son cabinet.

C'était un homme qui ne mâchait pas ses mots. A cinquante-six ans, il était complètement insensible au qu'en-dira-t-on et il suffisait de passer quelques heures dans le même bar que lui – même à distance, car il avait une voix de stentor – pour savoir exactement ce qu'il pensait des derniers événements et de presque tous les ressortissants du comté de Beaufort. Il se vantait notamment de compter Mitchell Norton au nombre de ses ennemis.

Il avait rencontré Lieth à plusieurs reprises, une première fois dans son cabinet pour une consultation sur le droit des affaires, puis au *Brentwood Lounge,* un des bars où il avait ses habitudes. Il l'avait trouvé « calme et réservé ». Il est vrai que, en comparaison avec Vosburgh, tout le monde paraissait réservé, mais Lieth était réellement d'un abord difficile : « Si l'on voulait être son ami, disait Vosburgh, il fallait s'en donner la peine. » Lui-même ne l'avait jamais été, non plus qu'aucun autre habitant de Little Washington, semblait-il. L'amitié ne paraissait pas être une des valeurs de Lieth.

Son seul autre contact avec la famille s'était produit à la suite d'un accident de voiture bénin dans lequel Angela s'était trouvée impliquée. Elle avait été inculpée d'infraction au Code de la route et Vosburgh avait obtenu un acquittement assorti de dommages et intérêts.

Son fils cadet était allé à l'école avec Chris. Les deux garçons ne s'étaient jamais liés et Vosburgh gardait de Chris le souvenir d'un « gars énergique, très immature et prompt à la repartie », une image difficilement conciliable avec les charges qui pesaient actuellement contre lui.

Le matin du jour où Chris avait été arrêté, Vosburgh avait reçu un appel du bureau du D.A. l'informant qu'il était commis d'office pour assurer la défense d'un certain James Upchurch, du comté de Caswell.

La nouvelle ne le fit pas sauter de joie. Il savait que l'affaire était complexe et, quitte à y consacrer sa force de travail, il aurait cent fois préféré le faire pour un client capable de payer ses services. Alors, il tenta un coup de bluff et répondit que la chose était impossible car il avait déjà été engagé par Bonnie Von Stein dans le cadre du même procès. C'était faux, bien sûr, mais il était certain que Chris Pritchard serait arrêté avant la fin de la journée et que, l'affaire étant sous la juridiction du comté de Beaufort, il aurait besoin d'un avocat de Little Washington.

C'était un pari sur l'avenir immédiat – et un pari juteux, car personne n'ignorait que la veuve Von Stein avait hérité d'une fortune rondelette. Il ne lui restait plus qu'à attendre. Il se planta devant son téléphone et patienta. A 17 heures, la sonnerie retentit. C'était Bill Osteen, qui lui proposait le job. Il avait gagné.

Le soir même, il assistait à la conférence de presse de John Crone. Il se mêla à la foule qui peuplait le hall du commissariat, tandis que le chef de la police paradait sous les projecteurs de la télévision, dans un uniforme fraîchement repassé.

Crone déclara que Christopher Wayne Pritchard, ancien ressortissant de Washington, actuellement domicilié à Winston-Salem, et James Bartlett Upchurch, de Blanch, comté de Caswell, avaient été arrêtés et inculpés d'homicide volontaire sur la personne de Lieth Von Stein.

Il expliqua que les autorités étaient en possession d'un « témoignage exhaustif » et qu'un troisième suspect, originaire d'une autre ville, serait bientôt incarcéré. Il ne précisa pas si le mystérieux témoin et le troisième suspect étaient la même personne, mais affirma que ni Bonnie Von Stein, ni Angela n'étaient impliquées.

Le chef ajouta que l'enquête s'était resserrée autour de Pritchard depuis deux mois et avait connu son dénouement deux jours plus tôt. Pritchard, qui avait été interrogé à plusieurs reprises dans le cadre des investigations, s'était retranché dans le silence depuis six semaines, après avoir engagé un avocat de Greensboro nommé William Osteen.

Là, Vosburgh, qui prenait des notes aussi vite que les journalistes, se mit à poser des questions.

« Il n'a pas essayé de fuir, n'est-ce pas ? » demanda-t-il. « Il est resté à la disposition des enquêteurs pendant onze mois sans jamais tenter de leur fausser compagnie, est-ce exact ? »

John Crone, qui habitait Washington depuis assez longtemps déjà pour connaître Vosburgh, répliqua qu'il refusait de répondre à ses questions, parce qu'il était avocat et non journaliste.

Alors, Vosburgh décida d'y répondre lui-même – par l'affirmative, bien sûr, et en donnant de la voix. Se présentant comme le conseiller local de Pritchard, il dit à la presse assemblée que son client n'avait pas tenté une seule fois de se soustraire à la police pendant les onze mois qu'avait requis l'enquête.

Sur quoi, il quitta la salle et sauta dans son pick-up pour se rendre à la prison du comté, située dans le sous-sol du tribunal, non loin du commissariat.

Vosburgh vit Chris Pritchard pour la première fois à 22 heures et, tout comme Bill Osteen quelques mois plus tôt, en retira immédiatement une impression négative.

« La plupart des gosses de son âge et de son milieu, racontera-t-il plus tard, reçoivent un choc culturel lorsqu'ils se retrouvent derrière les barreaux. Chris, lui, semblait très à son aise dans le survêtement orange qu'on lui avait remis. J'ai même eu l'impression qu'il se trouvait l'air fin. Il ne semblait pas mesurer la gravité de la situation, ne semblait pas se rendre compte qu'il avait été conduit là pour homicide volontaire. A le voir, on aurait pu croire qu'il avait été simplement ramassé par le panier à salade pour ivresse sur la voie publique. »

Vosburgh pensa que l'absence de réaction de Chris était la conséquence du choc psychologique qu'avait dû lui causer l'arrestation et que, le lendemain, quand la réalité lui apparaîtrait dans sa véritable dimension – à savoir l'éventualité d'une condamnation à mort –, son survêtement orange lui semblerait beaucoup moins seyant.

Ce samedi matin, Vosburgh passa une demi-heure avec Bonnie dans son bureau. Il s'efforça de la réconforter, lui expliqua la procédure légale et écouta ses éternelles récriminations contre les méthodes de la police de Washington et du S.B.I.

Tout comme Bill Osteen, la veille, il fut frappé de voir que Bonnie semblait s'attacher davantage aux détails secondaires qu'au fond du problème. Il avait déjà observé ce genre de comportement. Souvent, dans les heures qui suivaient une inculpation grave, les personnes concernées, l'accusé ou ses proches, avaient tendance à ne regarder que les bord du tableau. Le sujet central était trop pénible pour le contempler de face. Cette attitude changeait généralement avec le temps. Bonnie était une femme de caractère et Vosburgh était sûr qu'elle cesserait bientôt de se mettre martel en tête au sujet de ce que les enquêteurs avaient ou n'avaient pas fait dans le passé, pour se soucier de ce que le district attorney risquait de faire dans l'avenir.

Elle voulut voir son fils. Comme ce n'était pas l'heure

des visites, Vosburgh l'accompagna et invoqua son privilège d'avocat pour obtenir l'accès au parloir. Il était midi.

Bonnie avait surtout besoin d'être rassurée. On racontait tant de choses sur les prisons. Comment avait-il passé la nuit ? Etait-il bien traité ? Avec quelle sorte de dangereux criminels l'avait-on enfermé ? Le pauvre, pauvre garçon, répétait-elle sans cesse.

Chris ne se leva pas pour les saluer. Il se contenta de regarder sa mère en disant :

– Tu m'as apporté des cigarettes ?

– Tu fais comme tu veux, Chris, dit Vosburgh, mais je suis sûr que ta maman aimerait que tu l'embrasses.

Chris toisa l'avocat sans bouger. Vosburgh se pencha vers son nouveau client et haussa le ton :

– Bon Dieu, fiston, c'est ta mère ! Ça fait vingt-quatre heures qu'elle n'a ni dormi ni mangé à cause de toi, alors lève-toi et embrasse-la !

Chris se donna finalement la peine de lui faire une bise furtive, puis se laissa retomber sur sa chaise en disant :

– Et mes magazines ? Tu m'as apporté quelque chose à lire ? Et il va me falloir de la monnaie pour les distributeurs.

L'après-midi, Bonnie alla voir sa maison de Lawson Road. Seule. Elle emporta un appareil photo. Elle espérait prouver par une série de clichés, onze mois après les événements, que la police et le S.B.I. avaient altéré les lieux du crime. Elle avait subi un tel choc depuis l'avant-veille qu'elle avait perdu tout sens logique.

En désespoir de cause, elle appela Wade Smith à son domicile particulier pour l'informer de son intention de montrer ses photos à la presse afin de contrecarrer la désinformation véhiculée par les journaux.

– Bonnie, lui dit Wade d'une voix aussi plaisante que possible, ne prenons pas de décision à la va-vite. Attendons de connaître leurs preuves, sinon nous naviguerons dans le brouillard.

– Mais j'ai des choses à dire. Je *sais* que mon fils est innocent.

Alors Wade, qui en savait beaucoup plus long qu'elle depuis son entretien du 1er juin avec Lewis Young, décida de lever un coin du voile, en se gardant toutefois de lui livrer toutes ses informations car il pensait qu'elle n'était pas prête à les entendre.

– Bonnie, vous croyez le savoir parce que vous *voulez* le croire. Mais préparez-vous. Un jour viendra, peut-être, où vous serez obligée d'accepter une autre vérité. Vous allez traverser un immense désert où il n'y aura pas d'oasis. Alors, préparez-vous un balluchon avec des vivres.

Si elle lui avait demandé, à ce moment-là, de lui donner des précisions, il lui aurait tout dit. Car alors cela aurait signifié qu'elle était prête à écouter. Mais elle ne lui demanda rien.

Dès que Bonnie eut raccroché, il appela Jean Spaulding, la psychiatre, pour lui dire qu'elle aurait bientôt des nouvelles de Mme Von Stein.

Pendant que Bonnie parlait à Wade, Jim Vosburgh s'entretenait à nouveau avec son jeune client, à la prison du comté. «Je voulais lui poser des questions détaillées, expliquera-t-il, mais je n'ai eu que des réponses évasives. Son attitude commençait à m'énerver sérieusement. Ce type n'était décidément pas clair.»

La teneur du témoignage de Neal Henderson n'avait pas encore été rendue publique, mais Vosburgh se doutait qu'il était accablant. Et il avait aussi entendu parler du plan retrouvé près des cendres.

Il essaya de faire comprendre la gravité de la situation à Chris. «Jusqu'alors, dira-t-il, il avait cru que la police n'avait rien contre lui et que son arrestation n'avait été qu'un coup de pub pour le D.A. Je l'ai mis en garde et il a simplement haussé les épaules. Je n'arrivais pas à piger ce que cachait cette apparente indifférence. »

Ce garçon était « dans les emmerdements jusqu'au cou » et il ne semblait pas se faire le moindre souci pour l'avenir – un avenir qui, dans son cas, risquait de prendre fin dans une chambre à gaz.

22

Le lundi 19 juin, Bonnie se rendit au tribunal pour assister à l'audience qui devait statuer sur la remise en liberté provisoire de Chris.

Tandis qu'elle attendait l'ouverture de la séance, assise dans la salle à côté d'Angela et Stephanie Mercer, elle éprouva une sensation étrange, « comme si quelqu'un était en train de m'épier », racontera-t-elle. Elle se retourna et vit un homme qui l'observait, quelques bancs derrière elle. Il portait une queue-de-cheval et une chemise sans col. Mais ce n'était pas cela qui l'avait mise mal à l'aise. C'était le fait qu'il avait les épaules arrondies comme une bonbonne et semblait presque dépourvu de cou.

Depuis la nuit du meurtre, c'était la première fois qu'elle voyait un homme avec ce genre de silhouette. Jim Vosburgh, qui était assis à côté d'elle, la vit soudain pâlir et transpirer. Il ignorait ce qui se passait, mais crut qu'elle allait s'évanouir.

La vue de cet homme bouleversa Bonnie à tel point qu'elle se leva et, se sentant mal, sortit de la salle d'audience. Ces épaules arrondies sur lesquelles sa tête semblait posée comme s'il n'avait pas de cou : c'était exactement le souvenir qu'elle gardait de son agresseur, lorsqu'il l'avait laissée, gisant sur le sol de sa chambre.

Il s'avéra que l'homme en question était un citoyen de Little Washington, qui était venu au tribunal pour une autre affaire et n'avait rien à voir avec le meurtre.

L'audience trompa les espoirs de Bonnie. Le juge ne put pas se prononcer sur la remise en liberté de Chris car Mitchell Norton, le district attorney, obtint un transfert vers la Cour supérieure, ce qui signifiait que la détention serait prolongée au moins de quelques jours.

Vosburgh expliqua à Bonnie que les autorités cherchaient à maintenir Chris en prison le plus longtemps possible dans l'espoir qu'il craquerait et passerait aux aveux.

– Il ne peut pas *craquer*, répondit Bonnie, puisqu'il est innocent.

Le jeudi 20 juin, Bill Osteen et son fils arrivèrent de Greensboro, accompagnés d'un détective privé « dur à cuire » et expérimenté nommé Tom Brereton.

Brereton était un solide catholique irlandais de New York, qui avait passé vingt ans au F.B.I. De l'avis d'Osteen et de Wade Smith, c'était l'un des meilleurs détectives de l'Etat. Et il avait une personnalité qui aurait pu faire passer Vosburgh pour un timide.

Les deux Osteen, Vosburgh et Brereton rencontrèrent Chris l'après-midi. Vosburgh, qui voyait Chris presque deux fois par jour depuis son arrestation, avait eu le temps de se faire une opinion à son sujet.

– Il y a quelque chose qui cloche chez ce type, dit-il à Osteen.

– Je m'en suis rendu compte, répondit son collègue. Il m'a déplu d'emblée.

L'entretien dura une bonne partie de l'après-midi. Osteen dira plus tard que ce fut l'un des plus dérangeants de sa carrière. « Tout sonnait faux. Il ne réagissait pas normalement. »

Le shérif avait mis à la disposition d'Osteen et de son

groupe un bureau vacant, contigu à la prison. Chris arriva avec des entraves aux pieds. Il se plaignit de la gêne qu'elles lui causaient, mais semblait presque fier de les porter, pensant que cela lui donnait l'air d'un dangereux caïd.

Il était chaussé de tongs, qu'il retira d'une secousse du pied en s'asseyant. Puis il adopta sa position habituelle, que Vosburgh comparait à une position fœtale : les genoux ramenés sous le menton et les bras autour des jambes.

Bonnie était présente au début de l'entretien, mais le seul salut auquel elle eut droit de la part de Chris fut une demande réitérée de cigarettes et de pièces de vingt-cinq *cents* pour les distributeurs automatiques.

« Il ne lui a même pas dit bonjour, racontera Osteen. Simplement : ''Qu'est-ce que tu m'as apporté ? Où sont mes cigarettes ?'' Comme si elle était une cantinière ou une gardienne. J'ai dû intervenir : ''Chris, c'est ta mère, lui ai-je fait remarquer. Dis-lui bonjour.'' »

Tom Brereton partagea l'étonnement de l'avocat : « Il ne la regardait pas. Même avant qu'il n'ouvre la bouche, son langage corporel m'avait fait comprendre que ce gosse n'était pas clair. N'importe quel type normalement constitué, accusé d'avoir voulu assassiner sa mère, se serait jeté dans ses bras en la voyant pour lui dire : ''C'est pas moi, maman, je te le jure.'' Au lieu de ça, il donnait l'impression de souhaiter qu'elle s'en aille. »

Plus troublant encore fut son changement radical d'attitude dès qu'on lui parla de Donjons & Dragons.

– Qu'est-ce que c'est que ce jeu à la gomme ? lui demanda Brereton.

Et, aussitôt, Chris sembla se réveiller. Sa torpeur et son insouciance firent place à une soudaine vivacité d'esprit, on vit surgir un jeune homme entièrement différent.

« Il suffisait d'appuyer sur un bouton D & D et on avait un homme neuf, commentera Brereton. C'était pratiquement un cas de dédoublement de la personnalité. »

Aucune des personnes présentes cet après-midi-là – ou à

tout autre moment où fut abordée la question de D & D avec Chris – n'oublia cette totale métamorphose. Bill Osteen la qualifia d'« incroyable ». Son fils se déclara « ébranlé ».

Quand Chris se mettait à parler de D & D, le monde extérieur n'existait plus, perdait toute réalité pour s'effacer devant le seul *vrai* monde, celui des donjons. Dans ce monde-là, le Chris Pritchard timoré, drogué, sexuellement insatisfait et attardé sur le plan scolaire se transformait en vaillant chef de guerre. Aux yeux des trois avocats et du détective, cette étonnante métamorphose ressemblait à un envoûtement.

« Pour ces gosses, ou pour Chris tout au moins, dira Osteen, il ne s'agissait pas d'un simple jeu avec des personnages inventés. Ils *étaient* les personnages. »

Sur la route qui le ramenait à Greensboro en compagnie de son fils et de Tom Brereton, Bill Osteen prolongea sa réflexion sur D & D.

– Sommes-nous en présence d'un homme qui sait ce qu'il fait ? demanda-t-il aux deux autres. Et s'il était sous influence ? Puisque tout, dans ce jeu, semble fait pour tromper, ne peut-on pas imaginer qu'il s'agisse d'une machination ? Un coup monté destiné à le faire inculper ?

La chose était-elle possible ? Ni Osteen ni son fils ni Brereton n'étaient en mesure d'y répondre. Mais tous les trois pensaient qu'ils avaient peut-être mis le pied dans le monde de l'occultisme.

Les semaines qui suivirent l'arrestation de Chris furent encore plus stressantes que les précédentes pour Bonnie. Elle prit l'habitude de faire la navette entre sa maison de Winston-Salem – où Angela vivait toujours, « la pauvre Angela », comme elle disait, « si horriblement négligée dans cette histoire » – et l'*Holiday Inn* de Little Washington.

Elle se couchait rarement avant minuit et se levait encore

plus rarement après 4 heures du matin. Elle s'installait au volant de sa Buick Reatta et prenait la route. Du vivant de Lieth, elle avait souvent fait l'aller-retour entre Washington et Winston-Salem pour rendre visite à ses beaux-parents malades. A l'époque, elle avait cru vivre une période noire. Aujourd'hui, elle aurait tout donné pour retrouver ce passé. Car alors, même si l'existence lui paraissait parfois pénible, elle avait encore Lieth. Rétrospectivement, c'étaient des jours heureux.

Bonnie se sentait désespérément seule et abandonnée. Il y avait Wade Smith, bien sûr, qui était toujours prêt à la réconforter, mais c'était d'une famille qu'elle avait besoin. Seul son père, avec sa vieille sagesse et sa force de caractère, semblait capable de la consoler de temps en temps.

Vers la fin du mois, tandis que Chris était toujours sous les verrous, elle comprit qu'elle ne pourrait plus endurer ces tourments sans une aide extérieure.

Et c'est ainsi que, le vendredi 30 juin, à 16 h 30, elle gara sa voiture devant la haute tour verte appelée University Tower qui s'élevait sur les faubourgs de Durham comme un monument isolé de la Cité d'Emeraude. Bonnie avait son premier rendez-vous avec un psychiatre.

Jean Gaillard Spaulding avait quarante-deux ans. Ses origines mêlées, noire, caucasienne et amérindienne, lui avaient légué de longs cheveux bruns et un teint café au lait. Elle avait de grands yeux tendres et attentifs, un sourire chaleureux et l'élégance caractéristique des femmes de Caroline du Nord.

Aussi séduisante qu'intelligente, elle avait épousé un représentant d'une des familles noires les plus respectées de l'Etat, Kenneth Spaulding, un avocat qui avait siégé dans le corps législatif de Caroline du Nord aux côtés de Bill Osteen et de Wade Smith.

En plus de ses consultations privées, le Dr Spaulding enseignait à l'université et donnait de nombreuses conférences sur la dépression et le suicide des adolescents. Elle était aussi très solidaire de ses patients et ne cessait jamais de penser à eux, même lorsque la cure était terminée. Tous ceux qui l'abordaient étaient frappés par sa spontanéité et sa sympathie.

En lui adressant Bonnie, Wade Smith était sûr d'avoir fait le bon choix. En se basant sur ce que l'avocat lui avait dit, Jean Spaulding voyait sa nouvelle patiente comme une personne affligée de « traumatismes multiples » et obligée d'« assumer diverses culpabilités » : victime d'une sauvage agression, veuve d'un homme assassiné, mère de l'assassin présumé et d'une fille sur qui pesaient encore des soupçons, et enfin longtemps suspectée elle-même.

Lors de leur première entrevue, le Dr Spaulding demanda à Bonnie de lui raconter sa vie. Il devint vite clair que, dans son cas plus encore que dans celui de la plupart des patients, ce n'était pas ce qui était dit mais ce qui était omis qui éclairait l'analyse.

Bonnie commença par dire qu'elle s'était mariée en 1966. (En réalité, c'était en 1967.) Elle ne cita pas le nom de son premier mari, le désignant seulement comme « un homme de Lexington que je connaissais depuis huit ou dix mois, beaucoup plus jeune que moi et très immature ».

Elle mentionna les naissances de Chris et d'Angela, puis expliqua que, en juillet 1971 (en réalité 1972), son mari avait décidé de « mettre les voiles ». Après le divorce, il s'était fait très discret sur l'éducation des enfants et elle avait dû, *seule*, subvenir à leurs besoins.

Elle parla avec beaucoup d'émotion de sa rencontre avec Lieth, de son charme, de sa personnalité, en restant très elliptique, et même rougissante, sur leurs relations amoureuses. Elle enchaîna très rapidement sur leur mariage, leur emménagement à Washington, le métier de Lieth.

Voyant qu'elle évitait délibérément – ou peut-être inconsciemment – d'en venir aux événements qui avaient été à l'origine de ces consultations, Jean Spaulding la remit sur les rails en lui demandant de lui parler de la mort de Lieth. Bonnie dit qu'il avait été « tué ». Elle n'employa pas le mot « assassiné », mais simplement « tué », comme elle aurait pu le faire pour relater un accident de la circulation. Puis elle revint au sujet précédent et parla de la situation professionnelle de Lieth, de ses beaux-parents, de son père – « un homme très fort », dit-elle, un ancien maçon qui avait dû prendre une retraite anticipée pour cause d'hypertension artérielle – et de sa mère, « une femme larmoyante et très à cheval sur les principes », qui lui inspirait visiblement moins d'affection que son père.

Enfin, après de longues digressions, elle aborda le sujet de l'arrestation de Chris. Ce qui semblait la bouleverser plus que tout, c'était le fait que John Crone avait tenu une conférence de presse. Comme Osteen et Vosburgh avant elle, Jean Spaulding fut frappée de constater que Bonnie paraissait plus contrariée par la procédure de l'arrestation que par l'arrestation en soi.

Quand la séance se termina, Bonnie n'avait toujours pas prononcé les mots d'« assassinat » ou de « meurtre » et n'avait fait aucune allusion directe aux présomptions de culpabilité contre Chris.

Le même après-midi, Tom Brereton fit un saut jusqu'à la petite maison du quartier sud de Winston-Salem où vivaient Bonnie et Angela.

En approchant de la porte d'entrée, il craignit de s'être trompé d'adresse. Etait-ce bien là la maison des parents de Lieth Von Stein, qui avaient légué plus de deux millions de dollars à leurs fils ? Et comment Bonnie, une des plus riches veuves de la ville, avait-elle pu choisir d'habiter une demeure aussi modeste ?

Il sonna. Ce fut Angela qui vint lui ouvrir. Il se présenta comme l'enquêteur engagé par M. Osteen, l'avocat de Chris. Elle le toisa avec froideur et répondit que sa mère était absente. Il lui expliqua qu'il n'était pas venu pour voir sa mère mais pour recopier certaines données que Chris avait classées dans son ordinateur.

Angela le regarda comme s'il s'était exprimé dans une langue étrangère. Brereton n'était pas du genre à parler de la pluie et du beau temps quand il travaillait sur une affaire mais, devant le mur d'inertie que lui opposait Angela, il se sentit obligé de dire quelque chose pour détendre l'atmosphère et tenter d'établir un semblant de communication.

– Il fait rudement chaud, dit-il.

En réponse à cette remarque anodine, le visage inexpressif d'Angela s'anima.

– C'est sûr, fit-elle avec une pointe d'amertume. On étouffe. Si ma mère était moins radine, elle aurait fait installer la climatisation. Même les chats sont mieux lotis que nous.

Devant la perplexité de Brereton, elle pointa le pouce vers l'arrière-cour en précisant :

– Elle a fait construire une maison pour ses chats, là-bas. *Eux*, ils ont la climatisation. On est les seuls à transpirer, ici.

Plus tard, en faisant son rapport à Osteen, Brereton lui conseilla de s'intéresser de plus près à l'attitude d'Angela. D'abord, ils avaient vu Chris traiter sa mère comme une domestique. Maintenant, c'était Angela qui parlait de Bonnie avec un mépris non dissimulé.

Pour Brereton, il y avait décidément quelque chose qui clochait dans cette famille. Malgré lui, il eut la nette impression que les deux enfants regrettaient que leur mère ait survécu. Vivante, sa fortune ne leur était d'aucun profit.

D'après Brereton, le ressentiment de ces enfants s'expliquait par le fait qu'ils estimaient avoir été frustrés de leur part du gâteau. Pendant les premières années de leur vie, ils avaient connu la pauvreté, ils étaient souvent allés se coucher avec des haricots secs pour tout dîner. A présent, ils considéraient qu'ils avaient un droit légitime sur l'argent de leur mère. Ils voulaient une belle maison, une voiture neuve, des vacances aux Caraïbes. L'avarice de Lieth et les économies de bouts de chandelle que leur imposait leur mère les exaspéraient. Aujourd'hui, Bonnie était riche et ses enfants en profitaient moins que ses chats.

Mais la vraie découverte de la journée ne se situait pas là. Elle se trouvait dans l'ordinateur de Chris. C'était la biographie imaginaire du personnage qu'il avait créé pour Donjons & Dragons, nommé Dimson la Vagabonde.

Ce que Brereton vit apparaître sur l'écran – en appuyant sur les touches que Chris lui avait indiquées – ne lui sembla pas seulement bizarre, mais effrayant.

Il y avait d'abord une section intitulée « Informations générales », dans laquelle on lisait :

> Dimson commença sa vie dans le monde souterrain du Drow. Mais, à cause d'un malencontreux accident ayant occasionné un effondrement, elle fut contrainte de vivre dans le monde d'en haut.
>
> Elle fut recueillie par une famille de voleurs qui lui enseignèrent le mode de vie du monde d'en haut. Cette famille la cacha si bien qu'elle échappa à l'ostracisme et put apprendre l'art ancien du déguisement. Elle jura que jamais aucune autre âme ne la verrait telle qu'elle était vraiment.
>
> Elle devint si experte en déguisement qu'elle pouvait apparaître sous n'importe quelle forme d'elfe, masculine ou féminine. Elle évite de parler pour mieux dissimuler son sexe. Lorsqu'elle laisse deviner qu'elle est de sexe féminin, c'est pour en retirer un avantage : ainsi, les autres la croient faible. Elle n'aime pas le combat physique mais elle sait se défendre. Elle préfère attaquer l'ennemi par-derrière pour optimiser sa dextérité à poignarder dans le dos. Elle n'aime pas non plus être acculée, car alors elle entre dans une frénésie de violence qui ne cesse qu'avec la mort de ses adversaires.
>
> Son seul désavantage apparaît à la lumière du jour. A moins que le ciel ne soit couvert de nuages, elle ne peut pas voyager librement en plein jour. Aucun habitant du monde d'en haut ne l'a jamais vue sans son déguisement, bien

qu'elle préfère porter sa cape. Si quelqu'un ose lui retirer sa capuche lorsqu'elle n'est pas déguisée, il s'expose à une mort cruelle et douloureuse. S'il lui échappe, il doit craindre sa vengeance, car elle a de nombreux noms.

Elle n'a pas d'amis et ne souhaite pas en avoir. Elle préfère la solitude et le calme quand elle n'est pas en train de chercher un moyen de détruire toutes les guildes de voleurs.

Si Brereton ou Osteen avaient été des psychanalystes capables d'interpréter le sens caché des fantasmes, ils auraient immédiatement été alertés par un certain nombre d'éléments contenus dans cette description de Dimson.

Il y avait la confusion sur l'identité sexuelle ; la « mort cruelle et douloureuse » promise à quiconque percerait son déguisement ; le « malencontreux accident ayant occasionné un effondrement », qui pouvait être assimilé à l'effondrement de la vie du jeune Chris à la suite du départ de son vrai père ; sa condamnation à vivre la même vie que ceux « d'en haut » ; et sa détermination à empêcher toute « autre âme vivante » de la voir « telle qu'elle était ».

Même le nom en soi : Dimson, *dim son* : le fils terne. N'était-ce pas ainsi que Lieth considérait Chris ? Et n'était-ce pas l'image que Chris avait de lui-même ?

Bien sûr, ni Brereton ni Osteen n'étaient psychanalystes. Comme Bonnie, ils préféraient les interprétations littérales, les faits. Et, sur ce point, ils virent quelque chose qui ne leur plut pas du tout.

Il y avait une autre section intitulée « Pouvoirs et sortilèges spéciaux ». Pour l'essentiel, c'était un jargon incompréhensible qui ne prenait son sens que dans le contexte du jeu. Des précisions telles que « peut combattre avec deux armes sans pénalité..., infravision jusqu'à 12..., détecte les portes secrètes..., peut surprendre avec une chance de 1-4 si elle est en tête de la partie et 1-2 si une porte doit être ouverte..., ne peut être surprise qu'à 1 sur 8 ». Des bizarreries, le genre de choses qui, selon Brereton et Osteen, ne pouvaient pas être prises au sérieux par un jeune homme sain et équilibré.

Mais l'une des caractéristiques de Dimson leur fit froid dans le dos. Parmi ses « pouvoirs spéciaux », on recensait la faculté de dire « un mensonge indétectable ».

23

Bonnie revit Jean Spaulding le 7 juillet. La psychiatre commença la séance en lui demandant de quelle manière les événements de ces derniers mois l'avaient affectée. Bonnie répondit très calmement que novembre et décembre avaient été difficiles. Elle avait eu peur de sortir de chez elle le soir. Elle craignait la tombée de la nuit. Mais elle s'était finalement ressaisie, avait combattu ses peurs et, peu à peu, les choses s'étaient améliorées. Comme disait son père : « Quand faut y aller, faut y aller. »

C'était une réponse incomplète qui n'abordait qu'une très petite partie d'une très grande question, mais le Dr Spaulding n'insista pas. Au début de l'automne, continua Bonnie, « ils » (les policiers) l'avaient suspectée. Là, la psychiatre nota une pointe d'irritation. Mais sans plus. Point de colère. C'était assez déconcertant : pour une femme dont le mari avait été tué, qui avait failli mourir elle-même et qui, pour couronner le tout, apprenait qu'elle était suspectée, on aurait pu s'attendre à une émotion plus forte que l'irritation.

Puis, elle parla de ses blessures, de sa guérison laborieuse et de la peur qu'avait suscitée chez elle la perspective d'une seconde hospitalisation. Elle avait craint que quelque chose de terrible ne lui arrive si elle réintégrait l'hôpital. Elle reconnaissait que ce n'était pas rationnel – et, pour Bonnie, c'était une concession considérable –, mais elle avait eu profondément peur de mourir si elle y retournait.

« En entendant cela, observera le Dr Spaulding, j'ai pris la mesure de l'étendue de son traumatisme. »

Alors, le récit de Bonnie devint confus et précipité. La psychiatre, qui n'était pas au fait des détails de l'enquête, dut l'interrompre à plusieurs reprises pour ne pas perdre le fil. D'abord, il y avait eu ce Lewis Young, qui avait décidé sur un coup de tête, au mois d'août, que Chris était coupable. Puis cette histoire de plan partiellement brûlé, censé avoir été dessiné par Chris, qu'on avait retrouvé près du lieu du crime avec des habits tachés de sang et un couteau. D'après les dernières rumeurs, le gosse qui était passé aux aveux avait déclaré qu'il avait seulement servi de chauffeur.

Bonnie était toujours incapable de dire si l'agresseur était seul où s'ils étaient deux, mais elle était certaine que ce n'était pas son fils. « PAS MON FILS », répétait-elle.

Elle avait repris conscience à l'hôpital où elle avait vu Chris – qu'elle n'appela jamais par son nom, mais toujours « mon fils » –, debout à côté de son lit, en larmes et lui tenant la main.

Puis elle décrivit de nouveau ses blessures et sa difficile convalescence, en mentionnant les pertes de mémoire dont elle avait souffert, qui la plongeaient dans des états seconds, comme des « rêves éveillés ».

Comme la séance touchait à sa fin, elle se mit à parler du polygraphe. Une expérience dégradante, dit-elle. Trois jours après, elle avait contracté un zona autour de l'œil. Bien qu'elle eût passé le test avec le meilleur score possible, le Dr Spaulding nota qu'elle avait été « très traumatisée par le polygraphe ».

Le 1er août, au bout de six semaines de détention, après avoir lu des quantités de livres de science-fiction et avoir fumé des quantités de cigarettes, Chris Pritchard fut remis en liberté contre une caution de trois cent mille dollars, payée par sa mère.

L'accusation, en la personne de Mitchell Norton, un moustachu corpulent dont la lenteur d'élocution était parfois agaçante, reconnaissait officiellement pour la première fois la validité de l'alibi de Chris mais maintenait son intention de réclamer la peine de mort contre lui. La presse en déduisit que Chris serait inculpé de meurtre par procuration, accusé d'avoir payé Upchurch et Henderson pour tuer Lieth et probablement aussi Bonnie.

Bonnie rencontra Chris dans le bureau du magistrat en milieu d'après-midi. Dehors, toute la presse du comté semblait s'être rassemblée.

« C'était grotesque, racontera Bonnie. Il y avait des cameramen partout et des journalistes surexcités qui tendaient des micros sous le nez de Chris en lui demandant s'il était content d'être sorti. » Mais ni elle ni Chris ne firent la moindre déclaration.

Le *Washington Daily News* dut se borner à écrire : « Coquettement vêtu d'un pantalon anthracite et d'une veste gris clair, avec chemise blanche et cravate violette, Pritchard traversa Market Street au bras de sa mère, derrière l'avocat James Vosburgh. »

Cette nuit-là, Bonnie, Angela et Chris partagèrent une chambre au *Holiday Inn*. On pourrait trouver étrange qu'un jeune homme de l'âge de Chris dorme à côté de sa mère et de sa sœur mais, pour lui comme pour elles, c'était normal. En fait, Bonnie avait besoin d'une proximité physique avec ses enfants pour pallier le fossé émotionnel qui les séparait.

Le lendemain, Bonnie retourna au tribunal pour suivre l'audience de James Upchurch. La caution de Moog fut fixée à cinq cent mille dollars. Incapable de réunir une telle somme, il fut renvoyé derrière les barreaux.

Si Bonnie avait tenu à assister à cette audience, ce n'était pas pour entendre la sentence – Vosburgh lui avait assuré par avance qu'Upchurch ne pourrait pas payer la caution – mais pour voir l'homme qu'on avait accusé du meurtre de son mari, pensant que peut-être elle le reconnaîtrait.

Ce fut le contraire qui se produisit. Il ne ressemblait en rien à son agresseur. Il était grand, plutôt maigre, avec des épaules très étroites et un long cou.

Elle ne put pas voir Neal Henderson, parce qu'il avait déjà été libéré lors d'une précédente audience dans un autre comté.

Le 3 août, Bonnie et Chris rentrèrent à Winston-Salem. Ils n'y restèrent pas longtemps. Bonnie loua un appartement à Ocean Isle Beach, pour s'offrir une semaine de vacances au bord de la mer avec ses enfants. Chris s'y rendit avec Vince Hamrick et Angela arriva deux jours plus tard en compagnie de Donna Brady.

Maintenant que son fils était en liberté et que Bill Osteen tenait la barre avec l'excellent Tom Brereton comme équipier, Bonnie se disait qu'elle pouvait légitimement espérer un avenir plus radieux.

Pendant que la petite famille se dorait sur la plage, Bill Osteen se creusait la cervelle dans son bureau de Greensboro. Son client n'était plus un simple suspect, il était inculpé et c'était une autre paire de manches. Dans peu de temps, il comparaîtrait devant le tribunal et le procès pouvait lui valoir une condamnation à mort.

Si Bill Osteen était troublé par ce qu'il savait de Chris, il l'était encore bien plus par ce qu'il ne savait pas. « Il y avait trop de points obscurs, expliquera-t-il plus tard. Tant que je n'avais pas toutes les données en main, il m'était impossible de mettre au point une stratégie de défense efficace. Certains avocats estiment qu'il est inutile de connaître la vérité et qu'il est même préférable, parfois, de conserver des zones d'ombre. Je ne suis pas de cette école. La politique du cabinet Osteen & Adams a toujours été de passer nos clients sur le gril pour les forcer à parler. Si l'on ne veut pas se laisser surprendre par les questions du procureur au moment du procès, il faut les poser d'avance pour être prêt à y répondre. »

Il décida donc d'avoir un entretien sans concession avec Chris et, pour muscler l'interrogatoire, il demanda à Tom Brereton d'y participer. Comme il le confia à Bill Junior le même jour, il était temps de « secouer le prunier pour voir ce qui en tomberait ».

La séance commença à 9 h 30 du matin, le lundi 14 août.

« Au début, nous pensions que Chris allait enfin nous donner des réponses sincères, dira Osteen, des réponses qui nous permettraient d'y voir plus clair. Mais, au fil de l'entretien, nous nous sommes aperçus qu'il était toujours aussi incohérent. Alors, nous avons décidé de mettre les compteurs à zéro. »

D'après Tom Brereton, leur intention n'était pas seulement de secouer le prunier, mais de le déraciner – et ce, dès le début.

« Bill m'avait dit de le cuisiner, racontera-t-il. J'étais donc déterminé à le briser. Je voulais le forcer à avouer. Depuis le premier jour, lorsque je l'avais vu en prison, je savais que c'était une chiffe molle. Il n'avait pas plus de personnalité qu'un colin froid. Dimson la Vagabonde était peut-être capable de ''dire un mensonge indétectable'', mais le vrai Chris Pritchard ne faisait pas le poids et ce n'était pas lui qui allait me rouler dans la farine. »

Osteen commença l'entretien de sa manière habituelle, courtoise et pondérée.

– Chris, dit-il, nous sommes tout disposés à croire ce que tu nous dis. Mais, franchement, jusqu'ici, le morceau a été dur à avaler. Alors, maintenant, on va jouer cartes sur table. On va tout reprendre depuis le début, méthodiquement, et cette fois tu vas nous dire la vérité.

Il l'interrogea en premier lieu sur le plan. Chris affirma que le seul plan qu'il eût jamais dessiné était celui que lui avait demandé le S.B.I. en mars.

— Ouais, dit Brereton, et tu as écrit le mot LAWSON dessus.

— Et alors ?

— Et alors, les experts sont formels : l'écriture est exactement la même que sur le premier plan, celui que tu as dessiné pour Upchurch et Henderson.

— Je n'ai jamais dessiné de plan pour eux.

— Des clous !

— C'est la vérité !

— Chris, intervint Osteen, ton écriture ressemble pourtant étrangement à celle du plan qu'ils ont trouvé près du feu.

— Si elle y ressemble, j'y suis pour rien. J'ai pas dessiné de plan pour Henderson ou Upchurch.

— Tu en as peut-être dessiné un pour quelqu'un d'autre, suggéra l'avocat.

Chris réfléchit un instant.

— Ça, je dis pas, fit-il. C'est toujours possible. Je peux pas me souvenir. On trace souvent des plans quand on joue à D & D. Pour nos scénarios. Et puis, j'ai pu en dessiner pour un copain. Brian, par exemple. Il voulait venir à Washington, mais il savait pas où j'habitais. Peut-être que je lui ai fait un plan pour le guider. C'est possible.

— Et as-tu jamais envisagé un éventuel assassinat de tes parents avec Brian ? Lui ou un autre, d'ailleurs.

— Non, non, jamais.

— Même pas pour plaisanter ?

— Non, non, j'aurais jamais plaisanté avec ça. Enfin... bon, c'est vrai, Upchurch a fait quelques mauvaises plaisanteries à ce sujet. Mais je l'écoutais pas. Pour moi, il faut pas rire avec ces choses-là.

— Mais tu aimais raconter que tes parents avaient de l'argent.

190

– Moi ? Non, c'est pas mon genre.

– Enfin, Chris, nom d'un chien ! dit Brereton. Tu ne peux pas le nier, on a au moins dix témoignages.

– Ah non, je vous assure. Je le savais même pas, c'est pour dire ! Je savais pas qu'il y avait un héritage. Personne ne m'en avait parlé.

– Menteur ! rétorqua Brereton. Ta mère nous a dit qu'elle t'avait mis au courant. Elle t'a longuement expliqué qu'une énorme somme avait été déposée sur un compte bloqué et que ta sœur et toi en hériteriez quand Angela atteindrait l'âge de trente-cinq ans.

– Non, non, j'étais pas au courant. J'en ai entendu parler pour la première fois après le meurtre.

– Allons, Chris, reprit Bill Osteen, si tu t'en tiens à cette version, c'est ta parole contre celle de ta mère. Et, en ce qui me concerne, le choix est vite fait.

Ici, Osteen dut s'absenter pour honorer un autre rendez-vous, laissant Brereton aux commandes. Le détective décida de passer à la vitesse supérieure :

– Henderson dit qu'il a conduit ta voiture. C'est dans sa déposition. Pourquoi affirmerait-il ça si ce n'était pas vrai ?

– Là, je suis scié, répondit Chris.

– C'est pas une réponse.

– Ecoutez, je sais pas pourquoi Henderson a raconté ça, O.K. ?

– Je vais te dire pourquoi : parce que c'est la vérité !

Chris secoua la tête en silence.

– Pas d'autre réponse ? insista Brereton.

Il lui montra alors les photos de la batte et du couteau. Chris nia les avoir jamais vus.

– Tu as déjà conduit Henderson chez toi ?

– Non, jamais.

– Et Upchurch ?

– Non plus. Enfin si, mais pas vraiment. Un soir, en juin, en rentrant de la mer, on a fait un détour par Washington. Je lui ai montré ma maison, mais on s'est pas arrêtés.

– Donc, tu admets qu'Upchurch avait déjà vu ta maison avant ?

– Ben ouais, si vous voulez. Mais, en pleine nuit, qu'est-ce que ça peut faire ?

– C'est aussi en pleine nuit que Lieth a été tué.

Chris resta muet.

– Et Upchurch avait un plan dessiné de ta main montrant l'emplacement exact de ta maison. Et, comme par hasard, il avait disparu en même temps que ta voiture.

– J'ai jamais dit que ma voiture avait disparu.

– Inutile. Ecoute-moi bien, Chris, je fais ce boulot depuis plus de vingt ans et je me suis coltiné des loulous plus coriaces que toi, alors pas de salades.

– C'est pas des salades ! (Chris commençait à perdre de sa superbe.) C'est seulement... que j'ai des trous de mémoire. J'ai pris pas mal de drogue, ces derniers temps, il y a des trucs que je me rappelle pas.

– Au sujet de l'héritage, par exemple ?

– Eh ben... oui, tiens, justement, c'est un bon exemple. Maintenant que vous m'y faites penser, je crois avoir dit un jour à Vince, en effet, que mes grands-parents avaient légué beaucoup d'argent à Lieth. Mais je jure devant Dieu que c'est la seule personne à qui j'en aie parlé.

En fin de matinée, Osteen fit sa réapparition. Il continua sur la question de l'argent.

– Chris, dit-il, comment aurais-tu pu parler de cet héritage à ton camarade de chambre si ta mère ne t'avait pas mis au courant avant le drame ?

– Je sais pas. Comme je vous disais, j'ai des trous de mémoire par moments.

– Ton problème, intervint Brereton, ce n'est pas ta mémoire. C'est la mémoire des autres. Parce que certains en ont une excellente. J'ai ici des témoignages de quelques-uns de tes copains de N.C. State. Prenons ce Daniel Duyk, par exemple. Il t'a dit que, si tes parents étaient morts, tu pourrais lui prêter de l'argent pour ouvrir un restaurant. Et j'ai fait un brin de causette avec Upchurch en prison, avec la permission de son avocat. Eh bien, il m'a répété la même chose. Tu avais l'intention de mettre la main sur le paquet.

– C'est peut-être Vince qui leur a raconté ça, dit Chris.

– Fous-moi la paix avec ton Vince. Je te parle de ce que *tu* as dit à Daniel : par exemple, que, si tes parents étaient morts, tu serais bourré de fric, tu pourrais acheter une grande maison et une voiture rapide, tu pourrais te droguer autant que tu voudrais, jouer à D & D et, un jour, écrire un bouquin de science-fiction qui te rapporterait encore plus d'argent.

Chris semblait de plus en plus mal à l'aise.

– Attendez, attendez. Je buvais beaucoup de bière, je fumais des joints, je prenais de l'acide. Peut-être que je lui ai dit des trucs comme ça mais... je vous répète que j'ai une mauvaise mémoire.

– Chris, reprit Bill Osteen, réfléchis bien à ce que je vais te demander : As-tu jamais donné l'impression à quelqu'un, simplement l'impression – même sans avoir l'intention de passer aux actes – que ta situation financière serait nettement améliorée si Lieth et Bonnie étaient morts ?

– Il est possible, dit-il au lieu de répondre à la question, que j'aie écrit le mot LAWSON. Oui, ça, c'est possible. Mais je crois que c'est James qui a dessiné le plan. C'était pour un nouveau scénario de D & D.

– Ainsi donc, c'est possible, fit Brereton. Euh, et quand est-il « possible » que tu l'aies fait ?

– Oh, je sais pas. Environ huit ou neuf jours avant.

– Huit ou neuf jours avant quoi ?

– Eh ben, avant... avant ce qui s'est passé.

– Arrête tes conneries ! s'écria Brereton. Je veux la vérité, petit salaud ! Tu peux peut-être bluffer un gentil monsieur comme M. Osteen, mais moi je suis pas un gentil monsieur et je tombe pas dans le panneau, vu ?

Chris parut effrayé.

– Upchurch s'est servi de ce plan, continua Brereton, pour aller tuer ton beau-père et ta mère dans ta maison. Pour que tu puisses hériter d'un million de dollars !

– Non ! protesta Chris. Il était seulement censé voler quelques trucs.

Le silence tomba.

– Bon, d'accord, je vais tout vous dire, reprit Chris. C'est moi qui ai dessiné le plan. Je le leur ai donné. Et je leur ai aussi prêté ma voiture. James disait que, s'il pouvait entrer dans la maison, il pourrait piquer du matériel et le revendre pour acheter de la drogue. Je lui avais indiqué certains trucs : la télé, le magnétoscope, le détecteur radar, la chaîne hi-fi. Et probablement un peu d'argent dans le portefeuille de ma mère. Mais ça, c'était *en bas* ! Tout ce que je lui ai indiqué se trouvait en bas. Je lui ai jamais dit de monter. Je lui ai jamais dit d'attaquer quelqu'un. Il y a quelque chose qui a dû mal tourner. Je sais pas ce qui s'est passé parce que je leur ai pas parlé depuis.

Bill Osteen dut s'absenter de nouveau. Il était presque 13 heures quand il revint.

– Donc, tu leur as dressé un plan, dit-il, pour qu'ils puissent trouver ta maison et voler divers objets. C'est très différent de ce que tu nous avais dit jusqu'ici, Chris.

– On voulait juste de l'argent. Pour pouvoir acheter de la drogue et continuer à jouer.

En entendant une fois de plus évoquer ce jeu de Donjons & Dragons, Tom Brereton sortit de ses gonds. Il frappa du poing sur la table et faillit gifler Chris.

– Ecoute, petit ! cria-t-il. On n'est pas en train de jouer, ici ! C'est la vie réelle !

Alors, à la surprise générale, Chris leva les yeux vers Brereton et dit :

– D'accord, c'est moi. C'est moi qui ai tout organisé. Vous êtes contents ? C'est ce que vous vouliez entendre ?

Sous le regard interdit d'Osteen, Brereton et Bill Junior, Chris Pritchard fondit en larmes.

Bill Osteen, qui en était encore à sa première année de métier, eut soudain l'impression d'apercevoir le fond d'un ténébreux abîme.

« C'était une sensation complètement nouvelle pour moi, racontera-t-il, étrangère à tout ce que j'avais vécu jusqu'alors. En pensant à l'amour que Bonnie avait pour Chris, à la confiance qu'elle mettait en lui, je me suis senti profondément triste. »

Retrouvant une contenance, Chris alluma une cigarette et, toujours fagoté de son tee-shirt et de son short, se mit à marcher de long en large dans la pièce en traînant ses sandales.

– J'avais pas prévu de vous raconter ça, fit-il. Ni à vous ni à personne. Et je sais pas pourquoi je vous le dis maintenant.

Mais il finit par se rasseoir et tout leur expliquer en détail.

Quand il eut terminé, ils lui demandèrent d'attendre dans un bureau voisin pour qu'ils puissent avoir un entretien privé.

– Pour un ancien flic comme moi, commenta Brereton, la seule chose à faire est de lui passer les menottes et de le boucler. Mais je ne suis plus flic, je suis censé travailler *pour* lui et non contre lui.

– Et j'ai bien peur que notre travail ne fasse que commencer, dit Osteen. Il va falloir le défendre au procès.

– Comment peut-on faire ça ? demanda le détective. Imaginez que ce salaud soit déclaré innocent.

– Je sais bien, reconnut l'avocat. Mais le fait est qu'il a toujours une chance d'être acquitté. Et notre boulot est justement de le faire acquitter. Seulement voilà : que se passera-t-il s'il est libéré alors que nous connaissons sa culpabilité ? Et qu'arrivera-t-il à Bonnie ?

Chris venait d'avouer qu'il avait essayé de tuer sa mère. Comment pouvaient-ils être sûrs qu'il ne recommencerait pas ?

– C'est trop pour moi, dit Brereton. Si ce gosse est relâché dans la nature, je passerai ma vie à prier pour qu'il ne commette pas de nouveaux meurtres.

– Nous pouvons prier tout de suite, fit Osteen. Sachant ce que nous savons, pouvons-nous le laisser rentrer chez Bonnie ce soir ? Il est capable de tout. Et elle lui a même donné un pistolet. Alors, voilà ce que je pense. Pour sa propre protection et celle de sa mère, nous devrions l'envoyer immédiatement chez un psychiatre. Je ne sais pas s'il va tuer Bonnie, mais il est fort capable de se suicider.

Après deux heures d'appels téléphoniques, ils tombèrent sur un psychiatre de Chapel Hill nommé Billy Royal, spécialisé en questions légales. Entre-temps, un calme étrange s'était emparé de Chris, comme s'il venait enfin de comprendre que, pour lui, le jeu était terminé.

Osteen expliqua à Billy Royal qu'un jeune homme de ses clients venait d'avouer sa complicité dans le meurtre de son père et le meurtre manqué de sa mère, et qu'il était peut-être actuellement dans un état d'esprit homicide ou suicidaire.

Le Dr Royal, dont le travail consistait essentiellement à évaluer l'état psychique de certains criminels avant leur procès, accepta de voir Chris immédiatement.

Maintenant qu'il connaissait la vérité, Bill Osteen était confronté au plus épineux dilemme moral de sa longue et honorable carrière.

Pendant que Chris était en route pour Chapel Hill, Osteen eut une conversation téléphonique de quatre-vingt-dix minutes avec Jim Vosburgh. Les deux avocats étaient face à trois problèmes peu réjouissants :

Premièrement, Chris avait le droit – et probablement l'envie – de continuer à plaider non coupable. Cela contraindrait Osteen et Vosburgh à rechercher l'acquittement pour un client qu'ils savaient coupable non seulement de meurtre mais de tentative de meurtre contre sa mère, une femme qui persistait à le croire innocent.

Deuxièmement, Osteen ne pouvait pas permettre à Chris de témoigner pour sa propre défense, car cela constituerait un parjure. Or, tout refus de témoigner de la part d'un accusé entraîne une suspicion bien compréhensible au sein du jury.

Troisièmement – et c'était peut-être cela le pire –, Osteen et Vosburgh se rendaient compte qu'ils devaient cacher la vérité à Bonnie.

En effet, l'accusation ne manquerait pas de convoquer Bonnie à la barre et Osteen était persuadé qu'elle était incapable de mentir sous serment, même pour sauver son fils. Elle dirait tout. En d'autres termes, si Bonnie savait la vérité, Chris perdait toute chance d'être acquitté.

Mais avaient-ils le droit moral de la laisser dans l'ignorance ?

C'étaient là des questions que Vosburgh et Osteen allaient se poser plus d'une fois au cours des mois à venir. Pour l'instant, Osteen ne voyait guère qu'une chose à faire : appeler la pauvre femme et lui dire de ne pas attendre Chris pour le dîner.

24

Bonnie était en train de prendre le thé chez une voisine quand Osteen l'appela, peu après 17 heures.

– Je suis navré de devoir vous annoncer cela, dit-il, mais Chris ne rentrera pas ce soir.

– Pourquoi ?

L'espace d'un instant, elle crut qu'il était mort.

– Nous avons eu une séance assez difficile, répondit-il. Tom Brereton lui a posé des questions assez directes et... sans ménagement. Bref, il a été un peu secoué et il m'a semblé qu'il valait mieux l'envoyer chez un psychiatre de Chapel Hill.

Il expliqua que le psychiatre en question était tenu en haute estime par ses collègues, qu'il s'appelait Billy Royal et que, dès qu'il aurait vu Chris, il serait à la disposition de Bonnie pour répondre à toutes les autres questions qu'elle voudrait lui poser.

Toutes les autres questions ? Mais elle n'en avait pas encore posé une seule. Elle était complètement abasourdie. Elle s'empressa de noter les coordonnées du psychiatre et demanda d'une voix incertaine :

– Qu'est-ce qui s'est passé ? Comment en est-on arrivé là ?

– Comme je vous l'ai dit, Bonnie, Tom a été un peu rude

avec lui. Je ne peux pas entrer dans les détails – et je ne voudrais surtout pas vous alarmer – mais, à la fin de l'entretien, Chris était dans un état émotionnel qui nous a inspiré quelques inquiétudes et nous avons préféré le confier au Dr Royal.

Bonnie rentra chez elle et s'enferma dans sa chambre avec son pistolet à portée de main – sans raison cohérente – pour attendre le coup de fil du Dr Royal.

Il était 10 heures passées quand le téléphone sonna. Les nouvelles n'étaient pas bonnes.

Billy Royal lui apprit qu'il avait jugé utile de faire admettre son fils au service psychiatrique du Memorial Hospital à Chapel Hill parce que, après un entretien approfondi avec lui et une conversation avec William Osteen, il avait estimé que le patient était dans un état suicidaire.

Il ajouta que Chris était actuellement en sécurité et n'inspirait pas d'inquiétude, mais suggéra cependant à Bonnie d'attendre un jour avant de lui rendre visite.

Le lendemain de bonne heure, Osteen appela Wade Smith pour le mettre au courant de son dilemme, mais à mots couverts et indirectement. Ainsi que cela se passe parfois lorsque deux avocats expérimentés s'entretiennent d'un sujet délicat dont ils ne sont pas censés parler ensemble, tout fut dit par périphrases. Si une tierce personne, non avertie, avait surpris leur conversation, elle n'aurait rien compris.

– Wade, il y a des choses que je ne peux pas vous dire, commença Osteen.

– Mon cher Bill, si ce sont des choses que je ne dois pas répéter à Bonnie, je ne veux pas les entendre parce que je ne peux pas cacher ce que je sais à ma cliente. (Il observa trente secondes de silence.) Donc, si je vous ai bien compris, il existerait certains faits nouveaux, connus de vous et ignorés de moi, que vous ne me révélerez pas ?

– C'est à peu près ça, mon cher Wade. Je vais être amené à apprendre des choses que vous ne saurez pas. Je tiens néanmoins à vous avertir qu'il n'est pas inconcevable que Chris ait commis la chose. Je ne vous en dis pas plus. C'est concevable. A vous de prendre les dispositions qui en découlent.

C'était maintenant au tour de Wade de se débattre avec un dilemme d'éthique.

« J'étais sur la corde raide, expliquera-t-il plus tard. L'éthique professionnelle interdisait à Osteen de me répéter ce que lui avait dit son client, mais m'interdisait aussi de cacher à Bonnie ce que je savais – en l'occurrence, ce que j'avais deviné –, surtout si elle était en danger.

« Or, tout était là : dans quelle mesure était-elle vraiment en danger ? Chris était-il capable de tenter quelque chose contre elle ? J'ai tablé sur la négative, en me disant qu'il tenterait peut-être quelque chose contre lui-même, mais pas contre elle. Evidemment, le choix était risqué. »

D'autant plus risqué que Wade ne connaissait pas Chris, qu'il n'avait jamais rencontré.

Dans l'immédiat, il décida que la meilleure chose à faire était de prévenir Jean Spaulding du tour fâcheux que semblaient prendre les événements.

Après avoir parlé à Wade, Osteen appela Bonnie. Il lui dit qu'il avait appris l'hospitalisation de Chris et qu'il voulait impérativement la rencontrer avant qu'elle n'aille voir son fils.

Elle arriva à son bureau à 11 h 30 du matin. Là, Osteen lui tint un discours qui la surprit par son caractère sibyllin.

– Certaines choses que nous espérions vraies sont à présent remises en question, lui dit-il. Certains faits se sont révélés non conformes à nos prévisions.

Elle acquiesça, mais sans comprendre un traître mot de ce qu'il lui disait. Tout ce qu'elle savait, c'était que Chris souffrait et qu'il avait besoin d'elle.

200

Alors, Osteen en vint à la véritable raison pour laquelle il lui avait demandé de venir. Il fallait absolument – c'était même « vital », insista-t-il – qu'elle s'abstienne de poser la moindre question à Chris sur les événements du 25 juillet 1988. Il ne pouvait pas lui en dire plus, ajouta-t-il, mais il était essentiel qu'elle suive ses instructions à la lettre.

C'était une requête plutôt déconcertante mais Bonnie accepta avec une ingénuité désarmante. « Il m'avait fait clairement comprendre que c'était important pour la défense de Chris, dira-t-elle, et cette explication me suffisait. A aucun moment, il ne m'a laissé entrevoir une éventuelle responsabilité de mon fils. Et, de toute manière, j'avais la tête ailleurs : je ne pensais qu'à me rendre au plus tôt à Chapel Hill pour voir Chris. »

Cet entretien inaugurait une longue période d'incommunicabilité et de confusion sémantique, faite d'allusions et de demi-vérités dans un langage soigneusement codé pour préserver l'ambiguïté de la situation. Cela conduisit à une série de fausses interprétations et de méprises qui auraient presque été comiques en des circonstances moins tragiques et moins lourdes de conséquences.

Bonnie arriva à Chapel Hill en fin d'après-midi. Le Memorial Hospital était un vaste complexe moderne assez déroutant. Seul le service psychiatrique semblait à l'échelle humaine. A bien des égards, notamment parce que la plupart des patients avaient approximativement l'âge de Chris, il ressemblait à la résidence de N.C. State, en plus ordonné, ce qui réconforta Bonnie.

Elle rencontra Chris dans un petit salon, où ils purent s'asseoir pour bavarder. Puis, comme il était déjà tard, elle resta dîner avec lui au réfectoire. Il y avait quelques autres patients à leur table et Bonnie trouva que la conversation n'était pas moins rationnelle que dans un restaurant fréquenté par des gens « normaux ».

Ce qui était moins rassurant, c'était Chris lui-même. Il

semblait extrêmement nerveux. Il tremblait de tous ses membres et fumait cigarette sur cigarette, allumant l'une au mégot de la précédente, d'une main mal assurée. « Il était replié sur lui-même, désemparé, dira-t-elle, et paraissait s'excuser d'être à l'hôpital, de me causer du souci. Je n'avais aucunement l'intention de le presser de questions, je voulais seulement le rassurer et lui montrer que je l'aimais. »

Le Dr Royal, qui ne faisait pas partie de l'équipe soignante régulière, n'était pas présent à l'hôpital et Bonnie ne parvint pas à trouver un seul médecin capable de lui parler de Chris ou du traitement qu'il suivait.

Le même soir, cependant, le Dr Royal appela Bill Osteen avec une recommandation qui allait encore compliquer les choses.

— Il faut rapprocher Chris de sa mère, dit-il. Tant qu'il ne lui aura pas avoué ce qu'il a fait, il ne pourra pas se rétablir.

D'après le psychiatre, les pulsions suicidaires de Chris étaient liées à un syndrome de culpabilité, causé non seulement par son rôle dans le crime mais aussi par le fait qu'il avait menti à sa mère depuis lors. Il était essentiel pour l'amélioration de son état psychique qu'il fasse une confession complète à sa mère et à sa sœur.

— C'est absolument exclu, objecta Osteen. Je m'y oppose formellement.

— D'un point de vue matériel, permettez-moi de vous dire que c'est peut-être une question de vie ou de mort.

— Eh bien, au risque de paraître mélodramatique, je vous affirme que, d'un point de vue juridique, c'est, non pas peut-être mais sûrement, une question de vie ou de mort.

Billy Royal rappela pourtant le lendemain. Il affirma que Chris serait « extrêmement suicidaire tant qu'il n'aurait pas résolu ce problème avec sa mère », ajoutant que, selon lui, l'hôpital offrait un cadre idéal pour cette confession.

Osteen réitéra son opposition et en profita pour rappeler au Dr Royal que celui-ci avait été engagé par lui, Osteen, et devait par conséquent se conformer à ses instructions.

– Bon, bon, je m'incline provisoirement, répondit le Dr Royal, mais je veux que mon avis professionnel soit porté sur le dossier. Ce garçon est une bombe à retardement.

Chris resta à l'hôpital huit jours, sans recevoir de traitement, et Billy Royal ne constata aucune amélioration. La direction de l'établissement décida cependant de le libérer le 23 août.

La veille, Billy Royal avait une nouvelle fois exprimé ses inquiétudes à Osteen. Chris, dit-il, n'était pas seulement suicidaire, il pouvait constituer un danger pour les autres, en particulier pour Bonnie. S'il ne pouvait pas soulager sa conscience en avouant à sa mère qu'il avait essayé de la tuer, il risquait de renouveler sa tentative de meurtre.

D'ordinaire, Osteen n'était pas homme à revenir sur ses décisions. Mais, cette fois, la perspective de la libération de Chris créait une situation d'urgence. Il rappela Vosburgh.

Ils échangèrent des idées jusque tard dans la nuit sans parvenir à sortir de l'impasse.

– Il faut absolument éviter qu'elle n'en apprenne trop long, dit Osteen.

– Ouais, mais elle va devoir vivre avec ce gars, ne l'oubliez pas. Nous savons déjà qu'il est suicidaire et que son hospitalisation n'a servi à rien. Même s'il ne la tue pas, supposez qu'il se fasse sauter la cervelle en rentrant à la maison. Vous imaginez un peu l'état dans lequel se trouvera Bonnie ?

– Et nous-mêmes, de quoi aurons-nous l'air quand nous expliquerons qu'il s'est tué parce que nous l'avons empêché de parler à sa mère ?

– Mais, bon sang, Bill, c'est notre client ! On ne peut tout de même pas nous reprocher de dissimuler des informations susceptibles de nuire à sa défense. Nous avons des devoirs envers lui.

– Vos, j'ai dû être absent le jour où ils ont abordé cette question à la fac de droit.

– Bill, s'ils l'avaient abordée, je serais allé m'inscrire en fac de théologie dès le lendemain.

25

Chris fut libéré comme prévu le 23 août. Il ne fit de mal à personne. Au contraire, deux jours plus tard, il aida Bonnie à installer Angela dans la petite école de Virginie où elle s'était inscrite pour la session d'automne.

Au dire de Billy Royal, qui le voyait presque quotidiennement, Chris était dans un état lamentable depuis sa sortie de l'hôpital, passant son temps à boire, avec « de notables sautes d'humeur ». Il affirmait par exemple que, sans ses ennuis juridiques qui l'empêchaient d'agir, il « écrirait un roman de science-fiction à succès, achèterait une grande maison et une voiture rapide ». Il disait aussi : « Vous ne pouvez pas savoir à quel point c'est dur pour moi de vivre avec ma mère en étant obligé de lui mentir. »

Le 29 août, le Dr Royal demanda à rencontrer Bonnie, pensant qu'une meilleure connaissance de la mère pourrait l'aider à mieux comprendre le fils.

Billy Royal avait les cheveux blancs, une barbe broussailleuse et une démarche traînante. Aux yeux de certains, il avait tendance à s'écarter du sujet dans les conversations et surprenait par sa distraction. Mais, quand on l'avait un peu côtoyé, on découvrait vite que c'était un homme attentionné et plein de sollicitude pour les gens qui, depuis trente ans, venaient lui demander de l'aide.

Pourtant, l'entretien avec Bonnie, au soir de ce 29 août, ne fut pas placé sous le signe de l'entente cordiale. Elle trouva que c'était « un drôle d'oiseau », avouant qu'elle « n'avait pas du tout sympathisé avec lui ».

« Il m'a irritée, dira-t-elle. J'avais l'impression qu'il me regardait avec un microscope. Il me posait toutes sortes de questions sans rapport avec Chris. Par exemple, il m'a longuement interrogée sur mon divorce avec Steve Pritchard, alors que ça ne le regardait pas. Il m'a même demandé si j'avais déjà eu l'idée de consulter un psychiatre, une question que j'estimais offensante. Franchement, il ne m'a pas plu et il ne m'a pas fait l'effet d'un homme capable d'aider Chris. »

Eric Caldwell, le jeune passionné d'informatique timide et myope, vint passer la nuit de dimanche chez Chris, dont il était devenu le meilleur ami.

« On a discuté jusqu'à 5 heures du matin, dira Eric. Le crime était son idée fixe. Il a fait toutes sortes d'allusions et j'ai fait toutes sortes de déductions. En définitive, il m'a tout dit sans rien me dire. Quand je me suis endormi, au petit matin, je savais qu'il avait fait le coup. »

Le lundi soir, Chris fut plus explicite. Il appela Eric chez lui pour lui révéler tout ce qu'il avait déjà avoué dans le bureau de Bill Osteen et dans le cabinet de Billy Royal. Pendant tout le temps de la conversation, il garda son pistolet chargé à côté de lui sur le lit.

— Je mens à ma mère, dit-il, je ne peux pas lui dire la vérité. Quelle raison aurais-je de continuer à vivre ? Même si je ne me tue pas, je serai condamné à mort, alors à quoi bon ? Autant me flinguer tout de suite, ça me fera gagner du temps et ça fera faire des économies à ma mère.

Eric, un adolescent mélancolique, avait lui-même envisagé le suicide à une époque. Il avait même écrit un poème à ce sujet, qu'il avait montré à Chris.

— Tu te souviens de mon poème ? demanda-t-il. Quand

tu l'as lu, tu m'as dit que rien n'était plus débile qu'un suicide. Alors, pourquoi y penser maintenant ?

– Tu te rends pas compte, Eric. C'est ce connard d'avocat. Il veut pas que je dise la vérité à ma mère. Et ça peut plus durer comme ça. Cet enfoiré ne me laisse pas le choix.

Le jeudi, Chris eut sa séance habituelle à 19 heures avec le Dr Royal. Il lui dit qu'il avait avoué sa faute à son meilleur ami puis, plus tard, à une de ses anciennes copines.

Le Dr Royal lui demanda si le fait de s'être « confessé » l'avait soulagé.

– Non, répondit Chris. Les autres fois non plus.

– Les autres fois ?

Il expliqua alors qu'il avait déjà fait la même confession à trois autres patients lors de son séjour à l'hôpital.

« Eh bien, au moins, je les aurai prévenus, songea le psychiatre. Je leur ai dit que la pression allait faire sauter le couvercle. »

Après le départ de Chris, Billy Royal appela Bill Osteen. Leur obstination à laisser Bonnie dans l'ignorance, lui dit-il, les avait menés à ceci : Chris avait déjà avoué son rôle dans le meurtre à cinq personnes au moins, dont trois étaient des malades mentaux.

Osteen accusa le coup. L'affaire s'annonçait de plus en plus mal. D'abord, il avait obtenu de son client un aveu de culpabilité qui limitait sérieusement sa marge de manœuvre ; puis, afin de préserver ses chances de construire une défense cohérente, il s'était placé dans une situation compromettante en dissimulant la vérité à Bonnie ; et voilà maintenant que ce petit crétin se mettait à faire des confessions à qui voulait l'entendre, y compris à de parfaits inconnus d'un asile d'aliénés !

N'importe laquelle de ces personnes pouvait, à tout moment, téléphoner au S.B.I. ou à la police de Washington pour faire une déposition. Osteen ne dormit pas beaucoup de la nuit. A son réveil, il envisageait sérieusement de se retirer de l'affaire. Il y avait déjà eu assez de dégâts. A d'autres de prendre le relais. Il avait fait de son mieux mais, vu les circonstances et la personnalité de son client, il n'était peut-être pas l'homme de la situation.

Il téléphona à Jim Vosburgh.

– Vous êtes bien assis, Vos ? lui demanda-t-il.

Et il l'informa des cinq confessions de Chris.

– Et ce ne sont que les cinq que nous connaissions, poursuivit-il. Il peut y en avoir eu d'autres. Le jour du procès, il est capable de tout avouer aux jurés pendant que nous nous échinerons à démontrer que le ministère public n'a aucune preuve.

– Vous savez, Bill, répondit Vosburgh, il n'y a que deux choses qui clochent chez ce garçon. Il a un boulon desserré et une langue trop bien pendue.

Cependant, après une longue et angoissante conversation, ils décidèrent de ne pas se retirer de l'affaire. Pour des raisons morales. Tant envers Chris qu'envers Bonnie. Ils n'étaient pas des lâcheurs.

Chris dit à Billy Royal que, s'il avait commencé cette série d'aveux, c'était pour mesurer l'effet produit par ses révélations sur les gens qu'il aimait. Il voulait savoir si ceux-ci lui tourneraient le dos ou continueraient à l'accepter tel qu'il était, malgré son crime. Selon l'interprétation du Dr Royal, c'était en fait une manière de répéter son rôle avant « la grande scène des aveux » à Bonnie.

Le médecin estima que ce jeu de dupes avait assez duré. Il s'en ouvrit à Bill Osteen. Sa déontologie, lui dit-il, ne lui permettait pas d'entretenir plus longtemps une telle pression sur son patient et il était déterminé à organiser une rencontre entre Chris et sa mère.

Au dire du Dr Royal, l'avocat le rappela dans l'après-midi du mercredi 6 septembre, à 15 h 15, pour lui donner son accord. Il ne fit qu'une seule réserve : il voulait être le premier à dévoiler la vérité à Bonnie et se proposait de le faire dès le lendemain matin dans son bureau.

Le Dr Royal prit donc des dispositions pour voir Bonnie et Chris, séparément d'abord, puis ensemble, le lendemain soir. Il voulait, dans un premier temps, jauger la réaction de Bonnie aux révélations d'Osteen et préparer Chris psychologiquement avant la confrontation.

Alors qu'on attendait une clarification, la journée du 7 septembre fut en réalité une source de confusion.

Les souvenirs divergent. D'après le Dr Royal, Osteen lui avait affirmé la veille qu'il voulait « répéter à Bonnie tout ce que Chris lui avait dit ». Osteen conteste : il prétend lui avoir dit simplement que « le moment était venu de faire comprendre à Bonnie que les choses n'étaient pas telles qu'elle les espérait » et que, en aucune manière, il n'avait prévu d'être explicite.

Quoi qu'il en soit, explicites ou non, les propos qu'il tint à Bonnie eurent sur elle un fort impact.

« Il n'a rien spécifié, racontera Bonnie, mais il m'a dit avoir le sentiment très net que Chris était impliqué. Il a ajouté qu'il ne pouvait pas me dire exactement tout ce qu'il savait et m'a répété qu'il était important pour moi de ne jamais parler directement de l'affaire avec Chris. Il m'a dit que ça valait aussi pour le Dr Royal : je ne devais en aucun cas lui parler de la journée du 25 juillet. »

Dans toute cette confusion, une chose au moins était claire : le 7 septembre fut « une sale journée », pour reprendre les termes de Bonnie. « Je sentais que l'attitude de M. Osteen avait changé, dira-t-elle. Jusqu'alors, il m'avait semblé qu'il ne croyait pas à l'implication de Chris. Maintenant, j'avais l'impression qu'il renversait la vapeur, pour des raisons qui m'étaient inconnues. Et cela me faisait peur. »

C'est dans ce nouvel état d'esprit que Bonnie se rendit à Chapel Hill pour son rendez-vous de 16 heures avec Billy Royal. Dès qu'elle entra dans le cabinet du psychiatre, elle devina que quelque chose n'allait pas : « Au moment où je me suis assise, j'ai compris qu'il s'apprêtait à aborder avec moi des questions que M. Osteen m'avait demandé d'éviter. Je l'ai interrompu tout de suite. Quand je lui ai dit que je refusais de parler du week-end du meurtre avec lui, il a semblé désemparé. Il m'a dit qu'il aurait beaucoup de mal à soigner Chris si celui-ci ne pouvait pas avoir une conversation définitive avec moi. Mais je suis restée sur mes positions et j'ai aussitôt mis fin à l'entretien en lui expliquant que je reviendrais plus tard, à 20 heures, pour rencontrer Chris en sa présence, comme convenu. Et je suis allée faire du shopping à Chapel Hill en attendant. »

Ici encore, les souvenirs diffèrent. Le Dr Royal eut une tout autre interprétation de leur entretien. Selon lui, Bonnie avait commencé par lui dire que son expérience professionnelle en informatique lui avait appris à sérier les problèmes. Il en avait déduit qu'elle savait la vérité, puisque Osteen était censé la lui avoir dite, mais qu'elle préférait ne pas mélanger les choses et attendait le moment opportun pour traiter de cette question. Il pensait tout simplement qu'elle voulait aborder son entretien avec Chris sans préparation pour préserver sa spontanéité.

Dans ces circonstances, le Dr Royal fut agréablement surpris par le calme apparent de Bonnie et le jugea de bon augure. Il était à cent lieues de se douter que, en réalité, ce calme s'expliquait par le fait que Bonnie ne savait rien encore.

Quand Chris arriva, à 19 heures, ses premiers mots furent : « Je vais jamais pouvoir regarder ma mère en face. » Comment le pourrait-il, maintenant qu'elle savait qu'il avait fait tuer son mari, qu'il avait tenté de la faire tuer elle-même et qu'il lui avait menti depuis le début ? demanda-t-il.

D'ailleurs, il se mit à tourner autour du pot. Il était prêt à parler de n'importe quoi, sauf de ses aveux à Bonnie. Il dit qu'il aimait s'asseoir dans les bois et jouer avec des chats, qu'il voulait se marier et avoir un enfant. « A quoi bon continuer à vivre, fit-il, si c'est pour rester en prison jusqu'à soixante-dix ans ? » Il était dans un état d'hyperémotivité, sanglotait et changeait constamment de sujet, sans logique.

A un moment donné, il eut une crise de larmes proche de l'hystérie et le docteur dut lui prescrire du Sérentil, un médicament destiné à réduire son angoisse et à minimiser les symptômes de la dépression.

– J'ai toujours eu de l'ambition, disait Chris avec une élocution extrêmement rapide. Je vois loin. Je pourrais vraiment devenir quelqu'un si j'avais pas tous ces problèmes. Je suis doué pour la musique, pour la conduite, pour la cuisine... Et j'apprends vite. J'ai lu vingt-neuf livres pendant que j'étais en prison et, en ce moment, je lis un livre sur le cerveau.

« C'était un drôle de type, commentera plus tard Billy Royal. Il était très ouvert à certaines choses et complètement fermé à d'autres. »

Bonnie revint à 20 heures. Chris semblait terrifié. Pour la première fois, sa mère allait l'affronter en toute connaissance de cause, consciente des désirs meurtriers qu'il avait nourris en son sein et de sa responsabilité dans le drame qui s'était abattu sur eux.

Quand elle entra dans le cabinet, Chris se replia sur lui-même dans une position fœtale, le visage enfoui dans ses mains. Des sanglots convulsifs secouaient ses épaules.

« Il était, dira le Dr Royal, en état de régression infantile. Je croyais qu'elle savait tout et qu'elle le voyait pour la première fois tel qu'il était. C'était le moment crucial, que Chris avait appelé de ses vœux et redouté en même temps. Il était comme un gosse attendant le châtiment maternel. »

Bonnie avança de deux pas, regarda son fils et tomba en arrêt, muette. Elle ne s'était pas attendue à cela. L'état de

Chris l'effrayait autant que sa propre apparition effrayait Chris.

« J'ai compris qu'il souffrait, dira-t-elle, qu'il souffrait énormément. Mais j'étais dépassée par la situation. Jamais je ne l'avais vu dans un tel état. »

Alors, sous le regard de Billy Royal, elle s'approcha lentement de lui.

Il se força à lever la tête vers elle et, les joues ruisselantes de larmes, lui dit :

– Pardon, maman. Pardonne-moi, pardonne-moi.

Et, à nouveau, il se cacha le visage dans le sanctuaire de ses bras.

– Chris, répondit Bonnie en l'enlaçant, je ne sais pas ce qui t'arrive, mais sache que je suis près de toi et que je t'aime.

Pour Billy Royal, ce fut un sublime acte de pardon – capable, par son abnégation, de sauver la vie de Chris.

Pour Chris, c'était l'absolution qu'il attendait. Fort du pardon maternel, il se sentait prêt à affronter le monde entier.

Mais pour Bonnie, tout cela n'était que la réaction normale d'une mère face à la douleur de son enfant. Elle ne savait pas pourquoi il lui avait demandé pardon et ne s'était même pas posé la question.

« Il y avait de nombreuses raisons qui pouvaient justifier son état, expliquera-t-elle. Il pouvait m'avoir demandé pardon pour ses tendances suicidaires, pour les soucis que m'avait causés son hospitalisation ou encore, d'après ce que m'avait dit M. Osteen, pour avoir peut-être commis quelque imprudence qui avait pu, malgré lui, donner lieu aux terribles événements du 25 juillet. Je l'ai donc consolé du mieux que je pouvais, mais sans me douter de la vraie raison pour laquelle il avait tant besoin d'être consolé. »

Peu à peu, Chris retrouva son calme. Alors, sentant qu'il allait lui dire des choses qu'elle ne devait pas entendre – dans le cadre des interdits fixés par Bill Osteen –, elle coupa court en lui faisant savoir qu'elle avait rencontré son avocat dans l'après-midi et que celui-ci avait insisté sur la nécessité de passer sous silence les détails du week-end meurtrier, ajoutant que les révélations qu'il avait pu faire au Dr Royal devaient rester strictement confidentielles. Ils devaient faire confiance à M. Osteen, lui dit-elle, et ne devaient sous aucun prétexte discuter ensemble des circonstances du drame.

Billy Royal se méprit sur le sens de ces paroles. Il crut que Bonnie poussait à l'extrême sa volonté de « sérier les problèmes », comme elle le lui avait dit plus tôt. Pour le moment, elle se bornait à pardonner, afin de respecter les instructions (étranges) de son avocat.

Le psychiatre fut si impressionné par la force de caractère de Bonnie qu'il ne put s'empêcher d'en parler à son épouse le soir même.

– Une femme remarquable, lui dit-il. Elle savait tout et elle lui a tout pardonné sans sourciller.

Le malentendu était à son paroxysme. Après les confidences voilées de l'avocat, Bonnie avait bien compris que la situation était moins claire qu'elle ne l'avait cru, mais rien de ce qu'on lui avait dit n'avait ébranlé sa foi en l'innocence de son fils. Seuls les *faits* auraient pu lui dessiller les yeux, mais personne ne lui avait encore présenté le moindre fait.

« On était arrivé à un degré d'incommunicabilité terrifiant, confiera plus tard le Dr Royal. Personne ne pouvait parler à personne. C'était comme une partie d'échecs dans laquelle il eût été interdit de regarder les coups de l'adversaire. C'était de la pure folie. »

Eric Caldwell et John Hubard vinrent à la maison le samedi soir, 9 septembre. Depuis cinq jours, Eric vivait dans une angoisse muette : d'un côté, il connaissait un secret qui pouvait envoyer son meilleur ami à la mort et qu'il ne devait par conséquent dévoiler à personne ; d'un autre côté, il croyait de son devoir de tout dire à Bonnie, qui était devenue une seconde mère pour lui.

Depuis que Chris lui avait avoué son crime, il avait des insomnies. Il était tenaillé par la peur et un sentiment de culpabilité. Il ne cessait de se demander : « Que faire s'ils viennent me trouver ? » Chaque jour, il redoutait un appel du S.B.I., de la police de Washington ou du district attorney. Après tout, il était normal qu'ils cherchent à interroger les amis de Chris dans le cours de l'instruction.

Mais devait-il se contenter d'attendre que la police vienne à lui ? Le civisme ne l'obligeait-il pas à la contacter de sa propre initiative ? Jusqu'ici, l'amitié l'avait emporté. Mais pour combien de temps encore ?

Ce 9 septembre, c'était la première fois qu'il revoyait Bonnie depuis les confidences de Chris. Soudain, tandis que John Hubard et Chris fumaient des cigarettes dans la cour, il se retrouva seul avec elle.

Il se sentit empoté, gêné, il devint presque fuyant. Bonnie remarqua tout de suite son changement d'attitude.

– Qu'est-ce que tu as ? demanda-t-elle. Tu me fais penser au psychiatre de Chris. Tu as l'air de croire comme lui que je sais des choses qu'on ne m'a pas dites. Et j'ai idée que tu en sais beaucoup plus que tu ne veux l'admettre.

– Eh bien..., commença-t-il.

Puis, il détourna les yeux. Il était incapable de lui mentir... et tout aussi incapable de lui dire la vérité. Il aurait voulu la lui dire pourtant. Mais comment trahir son ami ? Le plus troublant, c'était qu'il avait l'impression qu'elle savait qu'il savait.

– Eh bien..., répéta-t-il.

Il n'alla pas plus loin. Bonnie l'interrompit :

– Chris a beaucoup de problèmes, dit-elle. Des problèmes de culpabilité.

– C'est le mot, en effet.

– Eric, je crois que la police et les avocats sont convaincus que Chris est mêlé à cette histoire, alors qu'il n'y est pour rien, évidemment. Je ne comprends pas pourquoi tous ces gens le traitent comme un coupable, puisqu'il n'a rien fait.

Eric ne sut quoi répondre. Il n'eut pas le temps de trouver les mots, de toute façon, car au même moment Chris et John Hubard revenaient dans le living-room, mettant fin à sa conversation privée avec Bonnie.

26

Une audience préliminaire se déroula à Little Washington, le 18 septembre, à la demande du district attorney et des avocats de Chris et James Upchurch. Chris, comme les autres accusés, fut assigné à comparaître.

Si l'audience fut marquante, ce fut moins à cause du contenu des débats qu'à cause de deux aspects secondaires : elle donna à Mitchell Norton un avant-goût de ce que c'était que d'avoir Bill Osteen pour adversaire dans un procès et à Bonnie un premier aperçu de Neal Henderson.

Depuis des semaines, Jim Vosburgh menait une guerre psychologique contre Norton. Chaque fois qu'il voyait le district attorney du comté de Beaufort, il faisait allusion à la sagesse légendaire et aux succès retentissants d'Osteen. Il lui disait des gentillesses comme : « Vous savez, Mitchell, Bill est vraiment impatient de venir plaider cette cause ici. Ce n'est pas souvent qu'il a l'occasion d'affronter des adversaires aussi peu expérimentés que vous. »

Mitchell Norton pinçait les lèvres et fronçait les sourcils en hochant la tête. C'était avec ce genre de railleries que Vosburgh s'était rendu si impopulaire dans certains milieux, mais force était de reconnaître que la manœuvre produisait ses effets. La renommée qui auréolait Bill Osteen et que Vosburgh colportait avec un malin plaisir avait fini par convaincre le district attorney que l'avocat de Pritchard était non seulement un homme à respecter mais aussi, et peut-être même surtout, un homme à craindre.

La crainte, ce jour-là, ce fut Bonnie qui l'éprouva. La présence des trois accusés, Upchurch, Henderson et Chris, était requise pendant les débats. Bonnie avait déjà vu Upchurch et ça ne lui avait rien fait. Mais maintenant, en voyant Henderson, elle fut prise d'une panique comparable à celle qu'elle avait éprouvée dernièrement au tribunal, en remarquant un homme « sans cou » qui la regardait.

Neal Henderson avait exactement la même silhouette. Il avait un torse musculeux et des épaules qui semblaient rejoindre directement la base de son crâne comme si lui non plus n'avait pas de cou. C'était le souvenir qu'elle gardait de l'homme qui l'avait attaquée, qu'elle avait vu se dresser devant elle et la frapper avec un gourdin.

Se sentant à nouveau sur le point de défaillir de peur, Bonnie se leva et quitta la salle. Elle se rendit directement dans le bureau de Jim Vosburgh et y resta jusqu'à la fin de l'audience. C'était l'homme qu'elle avait vu dans sa chambre ! C'était l'homme qui avait essayé de la tuer !

Mitchell Norton et le S.B.I. prétendaient que Henderson s'était contenté de conduire la voiture et que seul James Upchurch avait commis le crime.

Bien sûr ! se dit Bonnie. Ils ne pouvaient pas prétendre autre chose, puisque c'était Henderson qui avait fait la première déposition et qui s'apprêtait à témoigner contre Upchurch et Chris. Dans ces conditions, Lewis Young, John Crone et John Taylor étaient tout disposés à le croire sur parole. Ça les arrangeait !

Pour Bonnie, toute tremblante, tout devenait clair : c'était une conspiration.

Selon son habitude, elle décida de noter ses impressions. Elle écrivit :

« Les trois accusés étaient présents. J'ai cherché des yeux

Neal Henderson. Ma réaction physique fut inattendue. Tout se compliquait, parce que les lignes de la partie supérieure de son corps étaient identiques à celles de la personne que j'avais vue dans ma chambre le 25 juillet. J'ai terriblement peur de cette personne. La courbe des épaules, la quasi-absence de cou... tout cela me glace les os.

» Je suis allée dans la salle d'attente pour reprendre mes esprits. Je voulais mettre M. Osteen au courant, mais je ne savais pas si c'était la meilleure chose à faire. En réalité, c'est à Wade Smith que j'aurais voulu parler.

» M. Osteen me conseilla de ne pas retourner dans la salle d'audience. J'ai donc regagné le bureau de M. Vosburgh. Je suis arrivée à 12 h 19... »

A 14 heures, elle était suffisamment remise de ses émotions pour assister à la séance de l'après-midi.

Deux jours plus tard, le 20 septembre, Osteen et Vosburgh rencontrèrent Billy Royal dans son cabinet de Chapel Hill pour discuter de l'état psychique de Chris et étudier les possibilités de plaider l'irresponsabilité mentale.

Billy Royal leur répondit qu'un tel système de défense était absolument hors de question. Chris était peut-être actuellement dans un état affectif instable, mais il n'existait aucun document attestant une quelconque maladie mentale avant le crime. Le maximum que le psychiatre acceptait de faire pour aider les avocats était de venir dire à la barre que les problèmes émotionnels de Chris précédaient la préméditation du crime. Ce fait, ajouta-t-il, pourrait être considéré comme une circonstance atténuante.

— Si vous êtes appelé à la barre, intervint Vosburgh, le juge vous posera une autre question. Il voudra savoir si, d'après vous, Chris est susceptible de récidiver.

— Je ne peux pas le dire, répondit le psychiatre. C'est dans le domaine du possible.

— Hé là, minute ! s'exclama Vosburgh. C'est la réponse que vous donnerez au tribunal ?

– Si le procès avait lieu demain, c'est en effet la seule réponse que je pourrais faire sous serment.

« J'en suis resté comme deux ronds de flan, racontera plus tard Vosburgh. On avait payé ce type pour qu'il examine Chris et la seule réponse qu'il nous sortait était : "Je ne sais pas s'il ne va pas essayer à nouveau de tuer sa mère." Nous sommes, tous les trois, tombés sur le cul, Osteen, Bill Junior et moi. "Messieurs, a dit Osteen, voilà qui est admirable. D'un côté, nous avons un client qui ne peut pas témoigner, de l'autre, cinq personnes qui peuvent tomber du ciel pour raconter au D.A. que Chris a avoué et, comme si ça ne suffisait pas, notre propre psychiatre qui se propose d'expliquer au juge que Chris n'est pas fou mais qu'il peut éventuellement commettre un nouveau meurtre." »

Ici encore, Billy Royal a un souvenir différent de l'entretien. Il n'avait jamais pensé qu'Osteen envisageait sérieusement de plaider la folie. A son avis, les avocats n'avaient pas complètement exploré toutes les possibilités. Il leur avait dit que, si Chris suivait un traitement, il ne représenterait aucun danger pour la collectivité, mais les avocats n'avaient pas voulu l'entendre.

A 7 heures du soir, Billy Royal reçut Chris. Au cours de cette séance, Chris mit l'accent sur les frayeurs que lui avait causées sa comparution devant le tribunal. La triste réalité qui menaçait son avenir avait commencé à prendre forme.

– Même si je ne suis pas condamné à mort, dit-il, j'en prendrai pour vingt ans. A quoi ressemble la vie à quarante et un ans ?

Il ajouta que la journée avait été très pénible et que la vue de Neal Henderson avait énormément troublé sa mère.

Il changea de sujet pour parler des filles.

– Je leur raconte n'importe quoi pour me retrouver dans leur lit. Mais ce que je voudrais vraiment, c'est un enfant à moi. Quelqu'un à aimer. Quelqu'un qui fasse partie de moi.

Deux jours plus tard, le 22 septembre, il était de retour. Billy Royal était très inquiet à son sujet et voulait le surveiller de près.

Chris dit qu'il n'avait pas de souvenirs d'enfance avec sa sœur, qu'il ne se rappelait pas avoir été corrigé par sa mère, qu'il avait toujours été le plus petit de sa classe, qu'il avait commencé à regarder des magazines cochons avant l'âge de sept ans, qu'il s'était souvent masturbé quand il était enfant et qu'il avait eu une expérience de fellation avec un cousin plus âgé que lui.

– Qu'est-ce qui te met en colère ? demanda le psychiatre.

– Quand je n'arrive pas à mes fins. J'aime faire ce que les autres ne font pas, pour pouvoir m'en vanter.

– Quand tu étais petit, comment te jugeais-tu par rapport aux autres enfants ?

– J'étais plus malin. Je ne me battais pas, j'étais un cérébral. Je n'évolue pas dans la même catégorie que les autres gens. Je peux me concentrer sur deux choses à la fois.

Le mercredi suivant, quand Chris revit le Dr Royal, son état semblait avoir empiré. Dès qu'il s'assit, il se lova dans une position fœtale et dit qu'il avait oublié ce dont il voulait parler.

– J'ai envie de me lever et de balancer des trucs par terre, fit-il.

L'idée de la prison l'angoissait. Il avait peur d'être violé, battu, volé.

– Je serai un vieux schnock de quarante et un ans quand je sortirai de là.

Puis, il se remit à délirer sur l'avenir qu'il aurait pu avoir si on ne lui avait pas mis de bâtons dans les roues. Il aurait eu une grande maison, avec une écurie pour Angela et pour ses propres enfants.

– Je pourrais être un excellent père, vous savez... J'aime encore mieux me tuer que d'être violé... Avant, j'étais un imbécile, mais c'est fini. Maintenant, je me conduis comme il faut avec les filles, je leur offre des roses, je parle avec elles. Avant, je voulais seulement me retrouver dans leur lit.

Il répéta qu'il ne voulait pas aller en prison. Il préférait être interné à l'hôpital psychiatrique.

– Je ne suis pas très équilibré en ce moment, expliqua-t-il, et ce n'est pas la prison qui arrangera les choses.

Le 2 octobre, il annonça à Billy Royal que son procès était fixé au 2 janvier 1990.

– Maintenant je sais combien de temps il me reste. Il faut que je profite de la vie tant que je suis encore libre. Mais je ne sais plus où j'en suis. Mes rêves sont interrompus. Je suis doué pour l'écriture. Je pourrais écrire un bouquin génial. Et c'est d'ailleurs ce que je vais faire. Je vais écrire un roman. Mon premier livre sera sur ma vie et mon procès. Le second sera plus journalistique, il sera sur l'enfer de la drogue.

Il ajouta qu'il avait une énorme énergie et un appétit sexuel constant. Il dit aussi que sa mère était « convaincue » que Neal Henderson était son agresseur.

Le Dr Royal trouva qu'il devenait plus tendu, plus nerveux, plus déprimé à mesure qu'il voyait approcher le jour fatidique du 2 janvier où il serait livré à ses juges, sachant que même son avocat ne croyait déjà plus à son acquittement.

« Pendant toute cette période, dira Eric Caldwell, il buvait comme un trou et ça le déprimait encore plus. Il me répétait qu'il voulait tout avouer à sa mère mais qu'il ne le pouvait pas. Bizarrement, il ne m'a jamais dit qu'il voulait révéler la vérité à Angela. »

27

Chaque jour davantage, Bill Osteen éprouvait le désir d'abandonner la défense de Chris Pritchard. Le procès aurait lieu dans six semaines et son client avait déjà avoué sa culpabilité à cinq personnes au moins, qui pouvaient à tout moment alerter les autorités.

Mais, même sans cette menace, Osteen aurait été tenté de renoncer. Dès le jour de leur première rencontre, il avait instantanément détesté Chris Pritchard, qu'il avait trouvé mal élevé et insolent. Aujourd'hui, il savait que ce n'était pas seulement un « sale gosse », mais un assassin.

Pour certains avocats, la culpabilité de leur client n'est qu'un détail, un inconvénient technique qu'il faut s'efforcer de pallier le mieux possible, même au prix d'un faux témoignage. En revanche, pour des hommes d'honneur comme Osteen, c'est un problème d'éthique autant que de tactique.

Maintenant qu'il connaissait la vérité, il avait deux raisons de ne pas vouloir défendre Chris : la première était qu'il risquait de perdre (ce qui pouvait se traduire par la peine de mort pour son client), la seconde, qu'il « risquait » aussi de gagner (ce qui signifiait l'acquittement d'un assassin).

En juillet, il avait pris connaissance de la déposition de

Neal Henderson, par l'intermédiaire de Bonnie, que John Taylor avait invitée à déjeuner pour lui en donner les grandes lignes dans l'espoir d'apaiser son hostilité à l'égard des enquêteurs.

Osteen savait cependant que le dossier d'accusation comportait de nombreuses failles : l'absence de preuve matérielle, l'altération des lieux du crime, l'impossibilité de prouver (autrement que par trois ou quatre spécimens d'écriture) que Chris était bien l'auteur du plan et enfin le fait que le récit de Neal Henderson n'était étayé par aucun autre témoignage.

« Si nous utilisons ces failles pour gagner le procès, qu'arrivera-t-il à Chris ? » Telle était la question qu'il se posait, ainsi qu'il l'expliquerait plus tard.

A première vue, la réponse était simple : Chris serait libre et, alors seulement, Bonnie apprendrait que son fils était responsable de la mort de son mari et avait tenté de la faire tuer elle aussi. Mais comment mesurer les conséquences de cette révélation sur le reste de leur vie ?

Il y avait malheureusement deux autres cas de figure possibles. D'une part, Bonnie pouvait rester dans l'ignorance de la vérité, car Osteen avait remarqué que, plus la date du procès approchait, moins Chris semblait désireux de se confesser à sa mère – ce qui laisserait à Osteen, Bill Junior, Tom Brereton, Jim Vosburgh, Billy Royal et Wade Smith des remords de conscience jusqu'à la fin de leur vie. D'autre part, se sachant impuni et voyant que sa mère constituait toujours une barrière entre lui et la moitié d'une fortune de deux millions de dollars, Chris pouvait se mettre en tête de recommencer son coup.

Pour toutes ces raisons, Osteen était de plus en plus persuadé que le meilleur service qu'il pût rendre à son client et, incidemment, à sa mère, était de négocier un arrangement avec le procureur afin de pouvoir plaider coupable en échange d'une peine allégée. Mais il n'était pas sûr de pouvoir convaincre Mitchell Norton qu'un tel arrangement serait également dans l'intérêt du ministère public.

Si Bill Osteen et les personnes auxquelles Chris s'était confessé savaient qu'il était coupable, d'autres, au sein même de la famille de Bonnie, s'en doutaient. Parmi celles-ci, il n'y avait pas seulement l'oncle de Chris, qui avait fait part de ses soupçons à Lewis Young dès le début de l'enquête, mais aussi son grand-père.

La plus jeune sœur de Bonnie, Ramona, se souvenait d'un dîner à Little Washington – pendant que Bonnie était à l'hôpital – au cours duquel George Bates père lui avait dit d'un air abattu :

– Je suis prêt à parier que les jeunes sont dans le coup.

Ramona se rappelait aussi un autre épisode. « C'était en été, dit-elle, mais avant l'arrestation de Chris. Nous étions à la pêche et, soudain, papa s'est couché par terre. J'ai d'abord cru qu'il avait une attaque, mais il m'a dit : ''Non, j'ai seulement besoin de me reposer. J'en ai gros sur le cœur... Ça me fait mal de l'avouer, mais je suis sûr, en mon âme et conscience, que Chris est coupable.'' »

Connaissant la force de conviction de Bonnie à l'égard de l'innocence de son fils, il n'avait pas voulu jeter le doute dans son esprit. Il n'en avait surtout pas eu le courage. Il avait préféré conserver l'attitude qui avait été la sienne depuis le lendemain du meurtre : il lui offrit soutien, amour et réconfort.

Le jour de Thanksgiving, il alla même plus loin.

Bonnie avait préparé une dinde. Elle voulait que la fête soit une réunion de famille, intime et traditionnelle. Elle en avait besoin, le procès était dans moins de six semaines et, en dépit des efforts d'Osteen et de Vosburgh, elle avait peur que Chris ne soit plus là pour le prochain Thanksgiving. Sa mère et son père vinrent spécialement de Welcome. Chris et Angela étaient présents aussi. La dinde était dodue, tendre et appétissante. Il y avait de la farce, des pommes de terre, des légumes à la crème, de la sauce aux canneberges et deux tartes. Un repas idéal.

Chris parut nerveux toute la journée et ne s'attarda pas à table à la fin du repas. Il se leva et disparut.

George Bates confia à Bonnie, assise à côté de lui, qu'il était très inquiet pour elle et son petit-fils. Afin d'éviter une publicité préjudiciable à la sérénité du procès, celui-ci avait été transféré à Elizabeth City, une ville de pêcheurs et de fermiers proche de la frontière de Virginie, au nord-est de l'Etat.

Mais, même loin de l'atmosphère envenimée de Little Washington, ce procès s'annonçait comme une terrible épreuve pour Bonnie et Chris. Bonnie avait déjà décidé que, pendant ce temps, Angela resterait le plus loin possible d'Elizabeth City, c'est-à-dire dans sa nouvelle école pour poursuivre ses études dans de bonnes conditions psychologiques. Elle avait aussi demandé aux autres membres de sa famille de se tenir à l'écart, disant qu'elle n'avait pas besoin de « baby-sitters » et qu'elle était assez grande pour s'occuper d'elle-même.

Son père, toutefois, voyait les choses différemment. Oubliant ses présomptions de culpabilité à l'encontre de Chris – ou peut-être justement à cause d'elles –, George Bates se refusait à laisser sa fille endurer seule cette épreuve. Il était déterminé à l'accompagner à Elizabeth City et à suivre intégralement le déroulement du procès à ses côtés.

Elle essaya de l'en dissuader. En vain. Pour la première fois, Bonnie céda. En vérité, même si elle ne l'admettait pas, la décision de son père était pour elle un énorme réconfort !

Le 30 novembre, la mère et le père de Bonnie arrivèrent de Welcome de bon matin. Mme Bates devait se rendre avec sa fille à Elizabeth City afin de l'aider à chercher un hôtel. En attendant, M. Bates resterait à Welcome, où les deux femmes le retrouveraient le lendemain.

Le trajet dura six heures. Elizabeth City, moins bien desservie en autoroutes que Little Washington, avait une population de seize mille cinq cents âmes et se trouvait au centre d'une région marécageuse connue sous le nom de Grand Marais de la Désolation. La ville n'était pas très accueillante, mais c'était le lieu de résidence du juge Thomas Watts de la Cour supérieure, qui devait présider le procès.

Comme à Little Washington, le meilleur hôtel semblait être le *Holiday Inn*. Le juge Watts s'était d'ailleurs proposé de procéder à toutes les réservations nécessaires pour l'hébergement des acteurs du procès. Mais Bonnie ne voulut rien entendre : c'était au *Holiday Inn* que séjourneraient Mitchell Norton, Lewis Young, John Taylor et même Neal Henderson, toujours en liberté provisoire. Elle ne voulait pas descendre dans le même hôtel qu'eux. Elle opta donc pour un petit motel appelé *Goodnite Inn*, situé à deux kilomètres du tribunal et moins onéreux que le *Holiday*.

Bonnie et sa mère y passèrent la nuit, le jugèrent à leur convenance et réservèrent les chambres pour la durée du procès.

Sur le chemin du retour, le lendemain, elles s'arrêtèrent à Burlington pour faire du shopping et rompre l'austérité du voyage. Compte tenu du retard pris, la nuit était déjà tombée quand elles arrivèrent sur la petite route bordée de fermes qui menait à la maison d'enfance de Bonnie.

Elle sentit tout de suite qu'il s'était passé quelque chose.

L'allée devant la maison était pleine de voitures.

C'était anormal.

Il aurait dû n'y avoir qu'une seule voiture, celle de ses parents.

Or, il y avait aussi celles de son frère, George Bates fils, de sa sœur Kitty, de Sylvia et même le break de Ramona.

Etrange.

D'instinct, elle comprit qu'il y avait « du malheur dans l'air ».

Chris ! Ô mon Dieu ! c'en était fait, il n'avait pas supporté le stress et s'était tué.

Bonnie se gara en hâte et courut aux nouvelles avec sa mère.

La porte d'entrée s'ouvrit. Son frère vint vers elles.

– Que se passe-t-il ? demanda la mère de Bonnie.

– Entrez, je vous expliquerai.

– Non, dis-le-moi tout de suite, ici.

Bonnie n'attendit pas. Elle avait deviné la réponse dès qu'elle avait vu son frère sortir de la maison. En temps normal, c'était toujours George Bates père qui venait accueillir les visiteurs sur le perron.

Bonnie s'engouffra dans la maison en criant :

– Où est papa ? Où est papa ?

Il n'était pas là. Dans l'après-midi, il était allé dans les bois derrière la maison pour abattre un arbre mort, une activité qu'il pratiquait depuis un demi-siècle.

Mais ce jour-là, le 1er décembre 1989, exactement un mois avant l'ouverture du procès de son petit-fils à Elizabeth City, il avait coupé le tronc du mauvais côté et l'arbre était retombé sur lui.

Il était mort dans la forêt – à quatre cents mètres de l'endroit où, le jour de Pearl Harbor, il avait gravé un poème de Joyce Kilmer –, la tête dans les bras de son dernier frère.

Plus tard, Bonnie dira : « Tout ça, c'était à cause de ce procès qu'il redoutait tant. » Puis, elle expliquera à son frère que « c'est Chris et ce qu'il a fait qui ont causé sa mort ».

28

La dernière audience préliminaire eut lieu à Greenville, le 14 décembre.

Tandis qu'il attendait le commencement de la procédure, Bill Osteen entendit Mitchell Norton lui dire quelque chose.

– Pardon ?

– Votre client est une lavette, répéta Norton.

A la surprise de Norton, Osteen ne parut pas offensé par cette remarque. Au contraire, il approuva d'un hochement de tête.

– Je crois que vous avez mis le doigt sur le cœur du problème, répondit-il. Chris est effectivement une lavette.

Osteen qui, depuis longtemps déjà, cherchait un moyen de négocier avec le district attorney sans savoir par quel bout le prendre, vit une ouverture possible dans cette remarque.

– Oui, Mitchell, reprit-il, nous sommes en parfait accord sur ce point. Et c'est justement parce que Chris est une lavette qu'il n'a pas pu jouer un rôle déterminant dans cette affaire. Il n'est pas comme ceux qui ont mené le meurtre à son terme. Eux ne sont pas des lavettes. Ce sont des durs.

Le D.A. ne l'interrompit pas.

– Vous savez, continua Osteen, quand cette audience sera terminée, nous pourrons peut-être nous asseoir autour d'une table tous les deux pour avoir une petite discussion.

228

Norton n'en crut pas ses oreilles. Le grand Bill Osteen était prêt à négocier. Il voulait plaider coupable. Pour Norton, c'était presque trop beau pour être vrai. Car, contrairement à ce que croyait Osteen, il était très désireux lui aussi d'arriver à un arrangement.

Mitchell Norton était en effet confronté à certains problèmes. Surtout avec Neal Henderson. Il croyait son histoire, là n'était pas la question, mais il commençait à se rendre compte que ce jeune homme de Caswell County, avec son Q.I. de cent soixante, sa note de mille cinq cents au test d'aptitude universitaire, sa passion pour Donjons & Dragons, ses goûts pour des groupes de rock tels que Blue Oyster Cult (« cette musique de drogués », comme il disait), ses yeux froids, son visage sans expression et sa voix monocorde feraient un témoin peu crédible.

Or, Henderson était son seul argument. Il ne possédait pas l'ombre d'une preuve matérielle. Pour établir la culpabilité de James Upchurch, il n'avait que la parole de Henderson. Pour établir celle de Chris Pritchard, il n'avait que Henderson et le plan.

Il avait passé des nuits sans sommeil, lui aussi, et avait souvent rêvé d'un arrangement avec Osteen. Seulement, il n'avait jamais osé aborder la question devant lui. Pour diverses raisons. D'abord, parce que Osteen avait la réputation d'être un battant, sûr de son fait, qui ne cédait jamais un pouce de terrain avant l'issue du combat. Ensuite, parce que la chose risquait d'être interprétée, à juste titre, comme un signe de faiblesse laissant entendre que l'accusation n'était pas aussi solide qu'on le prétendait. Enfin, parce qu'une proposition d'arrangement pouvait être mal prise par l'avocat, en ce sens qu'elle sous-entendait par avance la culpabilité de son client.

Mais maintenant... maintenant... tout était différent, puisque c'était Osteen lui-même qui soulevait le problème.

Ils se rencontrèrent dans une petite pièce aussitôt après l'audience. Etaient présents Osteen, Norton et son aimable jeune assistant, Keith Mason.

— Si je n'ai pas encore abordé cette question, commença Osteen, c'est parce que mon client et moi sommes tout à fait prêts pour affronter le procès. Cela dit, je pense que le Code d'éthique m'impose d'explorer toutes les possibilités et, par conséquent, si l'un de vous a une suggestion à me faire, je suis disposé à l'entendre. Dans le cas contraire, ce sera le *statu quo*.

Keith Mason répondit le premier :

— En quoi pouvez-vous nous aider ?

— Le problème n'est pas là, dit Osteen. Vous savez comme moi que nous avons une grande chance de gagner à cause des lacunes de votre dossier. Mais je ne veux écarter aucune hypothèse et, si vous pensez que certains points peuvent être discutés, faites-le-moi savoir. Par ailleurs, je tiens à préciser que mon client n'est pas au courant de ma démarche. Il ne s'agit donc pas d'un entretien officiel. C'est une simple prise de contact.

Norton, qui mâchonnait sa moustache, fit semblant d'hésiter. Alors, pour achever de le convaincre sans en avoir l'air, Osteen lui rappela que Mme Von Stein venait de perdre tragiquement son père et que, ce drame s'ajoutant à celui qu'elle avait déjà vécu, elle gagnerait sans doute la sympathie du jury. En outre, lorsqu'elle se présenterait sur le banc des témoins, elle affirmerait que la silhouette qu'elle avait aperçue dans sa chambre était celle de Henderson et non d'Upchurch. Les jurés en conclueraient probablement que Henderson essayait de charger son complice pour se tirer d'affaire et n'auraient sûrement pas le cœur à accabler davantage la pauvre Mme Von Stein, qui avait déjà tant souffert, en accusant son fils d'un crime aussi odieux.

— Ma foi, répondit Norton, ça ne fait jamais de mal de discuter. A condition, bien sûr, que tout ceci reste dans les limites juridiques permises.

– En théorie... simple hypothèse d'école, bien sûr..., quel genre de sentence réclameriez-vous ? demanda Osteen.

Norton fut estomaqué. Là, il trouvait que l'avocat allait un peu loin. Ce n'était plus du domaine de la théorie, mais de la réalité

– Eh bien, je ne sais pas, dit-il. Je ne suis pas encore fixé.

– Voici ce que je vous propose. Ne réclamez aucune peine particulière dans votre réquisitoire. Laissez-moi plaider la clémence et laissez le juge Watts décider de lui-même, sans intervention de votre part.

– Ecoutez, je veux bien passer un marché, mais je ne peux pas savoir quelles concessions sont possibles tant que j'ignore le contenu du témoignage de Pritchard.

– En cas d'accord, Pritchard corroborera les déclarations de Neal Henderson.

Là-dessus, Bill Osteen repartit pour Greensboro, laissant Mitchell Norton complètement éberlué.

« L'idée de négocier ne me plaisait pas, avouera plus tard Norton, mais le danger de tout gâcher était trop important. Les enjeux étaient élevés. Et je représentais le ministère public. J'étais responsable devant cinq comtés. Je vous assure que je n'ai pas dormi de la nuit. J'ai regardé de nouveau les photos des lieux du crime. J'ai vu la brutalité avec laquelle Lieth avait été tué. Et je me suis demandé qui était le pire des deux moralement : le gars qui avait dessiné le plan ou celui qui avait manié la batte.

» J'étais sincèrement convaincu que ce plan, qui confirmait le témoignage de Henderson, nous permettrait de faire condamner Pritchard. Mais, en ce qui concernait Upchurch, j'en étais moins sûr. Et c'était lui le gros poisson. C'était lui le vrai criminel. Et il était capable de recommencer. »

La pièce à conviction qui manquait apparut le 20 novembre, sous la forme d'une lettre envoyée par Upchurch à un ami, qui aboutit entre les mains de Lewis Young.

Upchurch s'était trompé d'adresse. Il avait envoyé cette lettre à un magasin de sport de Raleigh. Le hasard avait voulu que ce magasin fût cambriolé. Mais la marchandise volée avait été retrouvée et, lorsque le shérif adjoint était venu la restituer au gérant, celui-ci lui avait remis une enveloppe contenant des coupures de journaux sur le meurtre de Lieth Von Stein et une lettre destinée à un inconnu.

Le shérif fit parvenir ces documents au S.B.I. Un des articles était une estimation des biens de Lieth, dont la valeur était fixée autour de deux millions de dollars. Upchurch avait écrit dans la marge : « Il pesait certainement dix fois plus que ça. »

Dans la lettre, il demandait à son ami de lui envoyer des doses de L.S.D. en prison, en lui conseillant de les dissimuler sous les timbres de ses enveloppes. Se référant apparemment à une conversation précédente, il lui recommandait instamment de ne jamais souffler mot de la batte et du couteau dont il lui avait parlé. Il était essentiel, précisait-il, que Henderson passe pour un menteur.

Upchurch ajoutait qu'il était assez satisfait d'être au centre de toutes les attentions. *C'est le jeu ultime entre moi et EUX. Le gagnant empoche tout. Je gagne des millions de dollars ou je perds la vie... Rien de tout ceci n'est réel, ça fait partie du JEU DE LA VIE. Les paris montent et j'ai idée que, d'ici un an, je serai un mec très riche.*

Ayant lu cela, Norton se sentit obligé de faire l'impossible pour obtenir la condamnation d'Upchurch – même au prix d'un arrangement avec Chris Pritchard.

De retour à Greenville, Bill Osteen appela Bonnie pour lui dire qu'il voulait la rencontrer avec Chris à 17 h 30, le dimanche 17 décembre.

Elle trouva insolite qu'Osteen lui fixe rendez-vous un dimanche soir et fut encore plus surprise d'apprendre que Jim Vosburgh viendrait spécialement de Little Washington pour y assister.

Le temps était froid et il faisait déjà noir quand l'entretien commença. Bonnie et Chris prirent place dans la pièce même où ce dernier avait, au mois d'août, avoué un crime dont Bonnie le croyait toujours innocent. Vosburgh et Bill Osteen Junior étaient également présents.

Bill Senior commença par dire :

– Dans la présentation d'un procès de cette nature, nous devons explorer toutes les possibilités pour servir au mieux les intérêts de notre client.

Il continua en expliquant que Chris allait devoir prendre de grandes décisions. Il y avait du nouveau : depuis quelques jours, Mitchell Norton s'était montré favorable à un arrangement. Si Chris plaidait coupable et promettait de témoigner sans mentir, il serait condamné à une peine plus légère.

Bonnie se demanda si elle avait bien entendu. Plaider coupable ? Etait-ce bien là ce qu'Osteen était en train de suggérer ?

Alors, ils la prièrent d'aller les attendre dans l'antichambre, car ils voulaient parler à Chris en privé.

Dès qu'elle fut partie, Osteen abattit ses cartes : le temps pressait, Norton était prêt à négocier mais il fallait faire vite parce que les avocats d'Upchurch pouvaient essayer, eux aussi, de passer un marché avec le D.A., auquel cas Chris serait bon pour la chambre à gaz.

– Notre devoir est de te présenter les choses telles qu'elles sont, dit Osteen. Dans le meilleur des cas, tu peux repartir libre, c'est vrai. Mais dans le pire, tu peux être condamné à mort.

Et il lui expliqua que le « meilleur des cas » était aussi le plus improbable, pour trois raisons au moins : premièrement, parce qu'il ne permettrait pas à Chris de témoigner pour sa propre défense ; deuxièmement, parce qu'un arrangement pouvait être conclu avec Upchurch ; troisièmement, parce que le S.B.I. ou la police de Washington pouvaient mettre la main sur une des nombreuses personnes auxquelles Chris avait avoué son crime.

– Tu es très jeune, continua Osteen, et il s'agit là d'une décision qui affectera ta vie entière – et qui peut même y mettre fin. Il faut que tu y réfléchisses sérieusement, mais en sachant que le temps est compté.

Pour une fois, Chris oublia son arrogance et fit preuve d'une certaine maturité. Les estimations des trois avocats étaient peu encourageantes. Ses chances d'acquittement s'échelonnaient, selon eux, entre dix et vingt-cinq pour cent. Ses chances d'échapper à la peine de mort en cas de condamnation, entre trente et cinquante pour cent. Chris avait suffisamment joué aux dés dans des parties de Donjons & Dragons pour comprendre que l'optimisme n'était plus de mise.

Bonnie fut autorisée à revenir dans la pièce au moment où Chris interrogeait Osteen sur la durée éventuelle de sa peine. Elle entendit l'avocat répondre qu'une condamnation pour complicité de meurtre au second degré entraînerait une peine allant de cinquante ans à la perpétuité.

– Ça ferait combien en temps réel ? demanda Chris.

– Difficile à dire, répondit Osteen. La procédure des remises de peines est imprévisible. Mais, même avec un bon arrangement, il faut compter au moins vingt ans de prison.

Bonnie fut sidérée. Qu'est-ce qu'il chantait là ? Temps réel ?... Vingt ans de prison ?

Osteen se tourna vers elle pour lui dire que, bien qu'il leur fût toujours impossible de lui communiquer les détails qui avaient conduit à cette situation, il était nécessaire que Chris prenne une décision sans tarder au sujet de l'arrangement qu'il venait d'exposer, en gardant toujours à l'esprit que la peine de mort était une éventualité sérieuse.

« C'était un moment très délicat, racontera Vosburgh. Nous nous faisions beaucoup de souci pour Bonnie. Nous ne lui avions rien dit de neuf mais nous sentions bien, tous, qu'elle était de plus en plus anxieuse. Et ce qui nous mettait surtout mal à l'aise, c'était qu'elle soit la seule personne présente à ne pas savoir ce qui se passait. Nous savions tous que nous entrions dans la zone limite. »

– Chris ? fit-elle d'une voix hésitante. Comment peux-tu envisager un seul instant un arrangement de ce genre ?

– Je sais pas, répondit-il sans la regarder. Faut négliger aucune possibilité, c'est tout.

– Je pense, Chris, intervint Osteen pour couper court à leur dialogue – car il ne voulait toujours pas que Bonnie pose des questions trop directes à son fils –, je pense que tu devrais rentrer chez toi et réfléchir posément à tout ceci. Je ne te garantis pas que j'arriverai à un arrangement mais, de toute façon, je ne peux entamer aucun pourparler tant que tu ne m'auras pas donné ton accord.

– Je m'en remettrai à votre avis, dit Chris.

Alors, Osteen lui conseilla de ne pas précipiter les choses. Il avait tout le temps de peser sa décision jusqu'au lendemain. Il n'aurait qu'à l'appeler à son bureau dès que son choix serait fait. S'il voulait plaider coupable, Osteen contacterait immédiatement Mitchell Norton. Dans le cas contraire, il s'inclinerait et se préparerait à affronter le jury.

Mais personne, dans la pièce, n'eut le moindre doute sur l'option que Bill Osteen préférait.

Comme Bonnie et Chris s'en allaient en silence dans la nuit froide, Osteen murmura à Jim Vosburgh :

– Je crois que nous avons gâché leur Noël.

– Leur Noël ? S'il n'y avait que ça ! fit Vosburgh. Vous pouvez dire leur vie entière.

En voiture, Bonnie demanda :

– Est-ce que quelqu'un exerce des pressions sur toi, Chris ? On t'a menacé ?

Il répondit par la négative.

– Je ne comprends vraiment pas comment tu peux songer à ce genre d'arrangement.

Il resta muet.

– Je ne peux pas t'aider si je ne sais pas tout.

Il ne dit toujours rien.

– Je veux que tu saches une chose, Chris : même si je ne comprends pas, je te soutiendrai, quelle que soit ta décision.

Le lendemain matin, Chris avait rendez-vous avec Billy Royal.

– Je leur ai dit de tuer ma sœur aussi, avoua-t-il. Mais en s'assurant que ce soit sans douleur.

S'ils avaient tous succombé, expliqua-t-il au psychiatre, aucun d'eux n'aurait su à quel point il était nul pour les études. S'ils étaient morts, alors il ne risquait plus de les décevoir. Et ils ne pourraient jamais le quitter. Il n'aurait jamais à craindre d'être rejeté un jour.

L'après-midi, Chris appela Osteen pour lui faire part de sa décision : il voulait plaider coupable.

Il en informa Bonnie le soir.

– Pourquoi... pourquoi... pourquoi ? répéta-t-elle.

Sa seule réponse fut :

– Parce que c'est la meilleure chose à faire.

Dans le courant de la semaine, Osteen annonça qu'il s'était entendu avec Norton pour organiser une rencontre le 26 décembre, à Little Washington. Il souhaitait aussi la présence de Bonnie et d'Angela. Si tout se passait bien, Chris pourrait signer l'accord et, dès que ce serait fait, Bonnie pourrait poser toutes les questions qu'elle désirait.

Le jour dit, en début de soirée, Osteen parvint à un accord avec Norton. Mais le texte ne serait dactylographié et prêt pour la signature que le lendemain.

L'arrangement stipulait que Chris ferait une déposition complète au S.B.I., fournirait des réponses détaillées à toutes les questions qui lui seraient posées et accepterait ensuite de témoigner au procès.

En échange, l'inculpation d'homicide volontaire avec préméditation serait retirée et Chris serait autorisé à plaider coupable de simple complicité passive de meurtre et de coups et blessures.

De plus, Mitchell Norton accepta de ne pas requérir de peine spécifique. Il fut entendu que la peine maximale serait la réclusion criminelle à perpétuité, c'est-à-dire en « temps réel » un emprisonnement de vingt ans environ.

Telle fut la bonne nouvelle qu'Osteen apprit à Chris, Bonnie et Angela lors de leur arrivée à Little Washington, le soir même. Dès que Chris aurait signé l'accord le lendemain, dit-il, ils pourraient tous se retrouver chez Jim Vosburgh et Chris pourrait enfin dévoiler toute la vérité à sa mère et à sa sœur.

29

Le bureau privé de Jim Vosburgh était comme l'homme lui-même : grand, confortable, légèrement désordonné. En fait, il ressemblait moins à un bureau d'avocat qu'à un magasin de souvenirs. Bref, c'était un endroit trop chaleureux et trop intime pour l'affaire qu'ils avaient à régler. Vosburgh préféra donc installer Chris, Bonnie et Angela, qui arrivèrent à 9 h 30 du matin, dans son austère salle de conférences, strictement utilitaire.

Bill Osteen semblait particulièrement tendu et maussade. Chacun prit place autour de la table : Chris à un bout, Bonnie à l'autre et Angela d'un côté, avec les deux avocats en face d'elle.

– Chris, commença Osteen, le moment est enfin venu pour toi de dire ce que tu as fait à ta mère et à ta sœur.

Mais, après ces longs mois d'attente, Chris paniqua. Il se figea, puis hocha lentement la tête en murmurant :

– Je peux pas.

Bill Osteen n'éleva pas la voix. Il n'en avait pas besoin. Pendant des mois, il avait été tourmenté par l'obligation de cacher la vérité à Bonnie. A présent, c'était presque une chance de rédemption qui s'offrait à lui et il ne tolérerait pas de délai supplémentaire.

– Chris, dit-il, je ne te laisserai pas sortir de cette pièce tant que tu n'auras pas dit à ta mère ce qui s'est vraiment passé.

Chris regarda Osteen, puis Vosburgh, et baissa les yeux. Il se mit à respirer par saccades, comme s'il étouffait.

– Bon sang, Chris ! lança Vosburgh, dis la vérité à ta mère !

Alors Chris commença un long récit entrecoupé de sanglots, en avalant la moitié de ses mots : « Ce fut la journée la plus déchirante de ma carrière », confiera Vosburgh.

Voici l'histoire qu'il leur raconta :

Tout avait commencé pendant la première session d'été, lorsqu'il avait répondu à une annonce demandant des joueurs de D & D. C'était à cette occasion qu'il avait rencontré Upchurch et Henderson, qui se connaissaient déjà.

Ils avaient joué avec passion. Ils s'étaient drogués aussi. Beaucoup drogués. Marijuana, L.S.D. Chris avait pris plus de dix-huit doses d'acide dans le mois qui avait précédé le meurtre.

Il raconta à Moog et aux autres joueurs que son beau-père avait hérité de millions de dollars. Il leur expliqua que sa famille possédait sept voitures, trois maisons et deux millions en liquide. Parfois, il grossissait la somme et parlait de cinq, voire dix millions.

Il dit à Moog, Henderson, Daniel, Vince et à tous les autres joueurs occasionnels que, lorsque ses parents mourraient, il hériterait de leur argent. Alors, il achèterait une grande maison dans les bois au nord de Raleigh et tous ses amis pourraient venir y vivre avec lui. Ils auraient des Ferrari, une sono dernier cri et des ordinateurs ultramodernes qui leur permettraient de pratiquer les jeux les plus sophistiqués.

Ils cessèrent tous d'aller en cours avant la fin de la session. Il ne fit que boire, se droguer et jouer à D & D en rêvant au jour où l'argent de Lieth serait à lui.

Moog devint son mentor, son meilleur ami. Moog était le

maître du Donjon. Ils allèrent ensemble chez Ramona le 4 juillet et firent la bombe. Moog l'incitait de plus en plus à se droguer.

La nuit du mercredi 20 juillet, on passa aux choses sérieuses. Moog, Daniel, Vince et lui dînaient au *Golden Corral*, dans Western Boulevard, non loin du campus. Daniel et Vince allèrent se servir des salades au comptoir, le laissant seul avec Moog.

— Qu'est-ce que tu penses du parricide ? lui demanda-t-il de but en blanc.

— Disons que... il vaut mieux ne pas croire en Dieu, répondit Moog.

Il ne savait pas ce qui lui était passé par la tête en posant cette question. Mais il se souvenait de s'être demandé, l'esprit embrumé par la drogue, combien de « points d'expérience » le meurtre de ses parents lui rapporterait dans une partie de D & D.

Dans la nuit, il alla trouver Moog dans sa chambre pour bavarder.

— Imagine que mes vieux meurent. Bientôt. Si quelqu'un les tuait.

— Comment ?

— Je sais pas.

— Un incendie ferait l'affaire ?

— Ouais.

Le lendemain, Moog lui demanda :

— Comment le feu se déclarerait ?

— On l'allumerait.

— Ce serait suspect. Mais si un fusible sautait, ce serait différent.

Chris lui demanda comment on pouvait faire ça. Simple. Tu verses de l'essence sur le compteur et tu fous une allumette. Le fusible pète et déclenche un feu électrique qui fait cramer toute la baraque.

— On pourrait tenter le coup, dit Chris. Mais suppose qu'ils se réveillent.

240

– Des somnifères. T'as qu'à écraser en douce des comprimés dans leur bouffe.

Chris relança Moog dans la soirée.

– Pourquoi pas ce week-end ?

Il lui promit cinquante mille dollars, à valoir sur l'héritage, plus une voiture de son choix. Moog répondit qu'il voulait une Porsche. D'accord, va pour une Porsche, dit Chris. Moog lui donna rendez-vous à 13 heures, samedi, derrière la Sav-A-Center Store, à la sortie du campus.

Chris rentra chez lui le vendredi soir. Dans la cuisine, il vola une clé de la porte de derrière pour que Moog et lui puissent s'introduire en silence dans la maison la nuit suivante. Le samedi, après avoir dit à Bonnie qu'il allait voir des copains, il fonça à Raleigh pour rejoindre Moog. Là, ils achetèrent une boîte de fusibles, qu'ils avaient l'intention de broyer et de répandre près du compteur pour simuler une explosion. Puis, ils revinrent à Little Washington.

Ils empruntèrent une petite route pour éviter de se faire remarquer. A 15 heures, il déposa Moog devant une vieille sécherie de tabac désaffectée, à un kilomètre et demi environ de la maison. Moog devait l'attendre là jusqu'à ce que Chris revienne le chercher après le dîner, quand toute la maisonnée serait censée dormir.

Moog lui donna un sac plastique rempli de poudre bleue, sans doute du Sominex écrasé. Chris mélangea le produit à la viande hachée dont il fit des hamburgers, qu'il passa au gril. Ils en mangèrent tous, même Donna Brady qui se trouvait là, en regardant la télé. Lieth aimait regarder la télé le week-end. Dès la fin du repas, Chris s'éclipsa en prétendant qu'il avait un mémoire à terminer pour la fac. En vérité, il alla retrouver Moog à la sécherie de tabac. Ils essayèrent de casser les fusibles, sans y parvenir, en fumant des joints. Moog trouva que leur idée n'était pas si bonne que ça. D'une part, Chris n'avait même pas sommeil, alors qu'il avait mangé un hamburger ; d'autre part, il était préférable qu'il soit sur le campus à l'heure du crime, afin d'écarter les soupçons. Ils retournèrent donc à Raleigh, au lieu de mettre le feu à la maison comme prévu.

En chemin, Moog estima que leur plan était mauvais. Un incendie volontaire était trop compliqué à réaliser, trop risqué et trop facile à détecter après coup. Chris suggéra une fausse effraction : Moog tuerait de sa main Bonnie et Lieth, faisant croire à un cambriolage qui aurait mal tourné.

L'idée séduisit Moog. Il dit qu'une machette serait l'arme idéale. Avec ça, il pourrait leur trancher la tête pendant leur sommeil. Ce serait sans douleur. Personne ne sentirait rien. Cela plaisait à Chris : il ne voulait pas qu'ils souffrent.

Quand ils arrivèrent à Raleigh, le magasin de surplus militaire qui vendait des machettes était fermé. Alors, ils se replièrent sur la *Wildflour* pour boire des bières.

Moog se proposa de faire le coup le lendemain dans la nuit. Chris resterait au campus et veillerait très tard, devant témoins, pour s'assurer un alibi. Mais, comme Moog n'avait pas de voiture, il faudrait que Chris lui prête sa Mustang, ce qui posait un problème car le permis de Moog avait été suspendu. S'il était arrêté par la police de la route, sans permis, tout leur plan s'effondrait.

Il fallait que quelqu'un d'autre conduise la voiture. Facile, dit Moog. Neal Henderson pourrait lui servir de chauffeur. Alors Chris souleva un autre problème : Angela. Une agression à la machette pouvait faire du bruit. Sa sœur pouvait entendre. Si elle se réveillait, Chris conseillait de la tuer aussi.

Le magasin militaire était fermé le dimanche. Ils ne trouvèrent à acheter qu'un couteau de chasse. Moog estima que ça augmentait la difficulté mais qu'il ferait de son mieux.

Puis, ils allèrent chez Henderson. Moog lui expliqua la situation et Henderson accepta de conduire la voiture. Chris leur dessina un plan et leur recommanda de se dépêcher parce qu'il avait réellement un mémoire d'anglais à finir pour le lendemain et que le meurtre de ses parents serait sa seule excuse pour ne pas le rendre à temps.

Vers 11 heures du soir, Chris rentra de la *Wildflour Pizza* avec Vince, Karen et Kirsten et donna les clés de sa voiture à Moog. Il joua aux cartes jusqu'à 3 heures pour avoir un alibi. Moog lui avait promis que sa voiture serait de retour sur le parking avant l'aube. Avant de le quitter, Chris lui avait dit de quel côté dormait Lieth en lui recommandant de s'attaquer à lui en premier.

La dernière chose dont il se souvînt ensuite, c'était du coup de téléphone d'Angela lui demandant de rentrer d'urgence à la maison.

Il n'avait pas revu Henderson depuis le meurtre, et Moog une fois seulement. C'était à N.C. State, à la fin de l'été. Moog lui avait dit : « Tu ne m'avais pas prévenu que la porte de derrière était en plexiglas. » Et plus tard : « J'avais jamais vu autant de sang de toute ma vie. » Chris lui avait crié de la fermer. C'était la nuit où il avait fait ce mauvais trip au L.S.D. Moog était resté auprès de lui, de peur qu'il ne se mette à tout raconter à la police.

Chris avait fini son récit. Il regarda sa mère et sa sœur. Elles restèrent muettes. Ce fut Osteen qui rompit le silence, en demandant :

– Avez-vous des questions à poser ?

Bonnie répondit simplement qu'elle espérait que Chris se sentirait mieux, maintenant qu'il leur avait enfin dit la vérité. Angela garda le silence.

– Chris, reprit Osteen, est-ce que tu te rends compte, au moins, que ta mère est une personne exceptionnelle ? Malgré les aveux que tu viens de lui faire, c'est encore et toujours de toi qu'elle se soucie en premier.

30

L'interrogatoire officiel de Chris dura de 13 h 25 à 22 h 10. Etaient présents Lewis Young, John Taylor, Mitchell Norton, Keith Mason et Bill Osteen. L'avocat nota les réponses de son client et Young rédigea par la suite un rapport de trente-quatre pages.

Plusieurs déclarations de Chris allaient plus tard soulever quelques questions troublantes. Ce sont les suivantes :

• Il avait rencontré Moog pour la première fois durant la session d'été.

• Il ne savait pas si Moog avait déjà rencontré Angela.

• En rentrant à Washington, le vendredi soir précédant le meurtre, il était sorti avec ses amis Jonathan Wagoner, Steven Outlaw et Tiffany Heady.

• A la maison, il avait volé une clé. Les notes de Young disaient que cette clé était pour « la nouvelle porte de derrière. » Les notes d'Osteen le confirment, citant Chris : « Je m'étais procuré une clé pour la nouvelle porte de derrière. » Au printemps, Bonnie et Lieth avaient fait installer une nouvelle porte, pour remplacer le paravent qui fermait la véranda derrière la cuisine. La porte d'origine était devenue une porte intérieure de communication entre la véranda et la cuisine.

• Moog devait laisser les clés de voiture de Chris sur une chaise dans sa chambre en revenant au campus. Si elles ne s'y trouvaient pas au moment où Chris serait informé du meurtre, cela signifierait que la Mustang n'avait pas encore regagné le parking. Chris devrait alors faire semblant de les avoir égarées.

• Angela devait être une victime. Il ne savait pas pourquoi elle avait été épargnée.

• Il n'avait jamais lu ni entendu parler du livre *Une rose en hiver*.

• A part son mauvais « trip » du mois d'août, il n'avait revu Moog que brièvement après le meurtre, n'en avait pas discuté avec lui et n'avait jamais rejoué à D & D avec Moog ou Neal Henderson.

Sur le moment, aucune de ces déclarations ne provoqua de réaction particulière. Mais, rétrospectivement, on allait découvrir qu'elles avaient des implications dérangeantes.

Bonnie, Chris et Angela reprirent la route du Winston-Salem le lendemain. Ils ne parlèrent pas de ce que Chris avait fait.

« Je ne suis pas du genre à me lancer dans une grande discussion sur un sujet déplaisant en sachant que j'ai quatre heures de route devant moi », dira curieusement Bonnie pour toute explication. Et Angela : « Moi, je ne lui ai pas posé de questions parce que je ne voulais pas le mettre mal à l'aise. C'est comme ça que j'ai été élevée. »

Et, dès qu'ils arrivèrent à Winston-Salem, ils se séparèrent.

Le soir, Eric Caldwell vint à la maison. Il avait déjà croisé Chris et savait que celui-ci avait tout avoué à Bonnie. Il voulait voir comment elle supportait le choc. Il savait, depuis le début, que Bonnie apprendrait fatalement la vérité un jour ou l'autre et il voulait lui demander pardon de s'être rendu complice d'un mensonge nécessaire.

– Comment avez-vous réagi ? lui demanda-t-il.

– J'ai été très surprise.

– Vous ne vous en étiez jamais doutée ? Vraiment jamais ?

– Non, ça ne m'avait jamais traversé l'esprit.

Eric lui confia qu'il avait eu beaucoup de mal à garder le secret. Elle lui répondit qu'il avait bien fait. Il était resté loyal envers Chris et elle admirait cette attitude. Il n'avait pas besoin de son pardon et Chris avait beaucoup de chance de le compter parmi ses amis.

Son plus grand souci pour le moment, lui dit-elle, était sa famille. Comment allait-elle leur apprendre la nouvelle ?

– Ils m'ont annoncé la mort de mon père, fit-elle. A moi maintenant de leur annoncer le dernier décès dans la famille. Car il s'agit bien de ça. Un autre décès dans la famille.

Sa seule consolation était que, même s'il lui avait fallu longtemps pour en avoir le courage, Chris s'était finalement comporté en homme d'honneur.

– S'il a choisi de plaider coupable, dit-elle, c'est parce qu'il ne pouvait plus vivre avec ces remords. Ce n'est pas seulement pour éviter la peine de mort. Il voulait que nous sachions. Il ne pouvait pas supporter l'idée d'être acquitté pour un crime qu'il avait réellement commis. Il a au moins sauvé son honneur.

Telles étaient les dernières illusions auxquelles elle s'accrochait.

Eric se garda de la contrarier, mais il avait eu le temps de se former une opinion toute différente sur les véritables motifs de Chris : « Il m'a dit qu'Osteen estimait ses chances d'acquittement à trente pour cent. "S'ils m'avaient parlé de quarante ou cinquante pour cent, m'a-t-il expliqué, j'aurais foncé." Il abordait le problème comme une partie de

D & D, où on joue avec deux dés à dix faces. Bonnie soutenait qu'il avait plaidé coupable par scrupule, mais en fait c'était seulement une question de pourcentage. En vérité, je crois malheureusement que Chris ne regrettait pas réellement son acte. »

Bonnie trouva la force d'apprendre la nouvelle à son frère et à ses sœurs. « Ils ont été aussi atterrés que moi », dira-t-elle.

Puis, seule, le jour de l'an, elle se rendit à Elizabeth City, bien que le procès ne fût plus celui de Chris.

QUATRIÈME PARTIE

LES TROIS D

JANVIER 1990

31

Jusqu'alors, la date du 2 janvier avait été gravée dans l'esprit de Bonnie comme celle du jour où la justice, si longtemps entravée, allait enfin se mettre en marche. Finies les tactiques fumeuses du S.B.I. et de la police de Washington, finies les intimidations, finis les mensonges. On allait enfin cesser de traiter les victimes en criminels.

Dans la salle d'audience, devant l'austère mais loyal juge Thomas Watts, avec Bill Osteen et Jim Vosburgh pour défenseurs, Chris aurait enfin une chance de démontrer son innocence. Et Bonnie, en prenant connaissance de *toutes* les pièces du dossier qu'on lui avait cachées, pourrait enfin savoir ce qui s'était vraiment passé.

Mais ce bel espoir s'était effondré. Les choses ne se présentaient plus comme ça. Chris ne serait pas sur le banc des accusés – pour cette fois. Il serait là seulement comme témoin à charge, convoqué par l'accusation pour accabler James Upchurch.

Et l'accusation – contre laquelle Bonnie s'était si longtemps révoltée – représentait maintenant *ses* intérêts. Bonnie se retrouvait tout à coup dans son camp.

Ce n'était pas du tout ce qu'elle avait prévu, mais rien ne pouvait désormais remettre en cause sa décision d'assister à toutes les audiences. Même si le sort de Chris ne pesait plus dans la balance, ce procès restait celui de l'homme qui avait assassiné son mari et tenté de la tuer.

Et, bien que Bonnie fût toujours convaincue que c'était Henderson, et non Upchurch, qu'elle avait vu dans sa chambre la nuit du drame, elle était désormais contredite par Chris lui-même, affirmant que c'était bien avec Upchurch qu'il avait comploté l'assassinat.

Certains furent surpris que Bonnie tienne à assister à l'ensemble du procès. Bien sûr, elle serait appelée à la barre des témoins ; bien sûr, elle voulait entendre la déposition de son fils ; mais pourquoi s'infliger la douleur de tout écouter du premier au dernier jour ? Pourquoi ne pas se contenter d'un coup de téléphone, fin janvier ou début février, l'informant du verdict ?

Puisqu'elle savait maintenant que son fils serait de toute manière emprisonné pour de longues années, pourquoi ne pas profiter des derniers instants de liberté qui lui restaient et les partager avec lui ?

La réponse était simple : elle ne le voulait pas. Et le procès lui fournissait une échappatoire idéale. Maintenant qu'elle connaissait la vérité, elle préférait éviter Chris, même si ce choix n'était pas tout à fait conscient de sa part.

Le juge Thomas Watts n'avait que cinquante ans, mais il en paraissait bien dix de plus. Il avait le crâne dégarni et des lunettes. Il souffrait d'hémophilie depuis sa naissance, marchait avec une canne et portait un appareil auditif. Petit-fils de pasteur baptiste, il avait grandi en Caroline du Nord, au pied des montagnes Bleues.

Il avait du sang écossais et possédait même un kilt, qu'il portait dans les fêtes folkloriques. Mais sa grande passion était et demeurait le droit. Les livres juridiques étaient pour lui comme des missels.

Sa cravate favorite avait pour motifs des images de la statue de la Justice d'Old Bailey, à Londres. « Cette statue, expliquait-il, a trois caractéristiques fondamentales. La balance, bien sûr, car la justice doit peser le pour et le contre afin d'être équitable, et le glaive, car elle doit aussi punir. Mais ce qui différencie la statue britannique de celles qu'on voit aux Etats-Unis, c'est qu'elle n'a pas les yeux bandés. Ils sont ouverts, pour qu'elle puisse voir la vérité. Et cela résume toute ma philosophie : la justice doit toujours avoir les yeux ouverts pour rechercher la vérité. »

Ce fut devant le juge Watts que Jim Vosburgh se présenta le 2 janvier, à 10 heures du matin, pour dire :

– Votre Honneur, nous avons passé un accord avec le district attorney. Nous désirons plaider coupable conformément à l'agrément écrit, daté et signé qui sera remis à la Cour.

Le juge Watts, d'une voix grave et légèrement rocailleuse, demanda à Chris Pritchard de s'avancer, de mettre la main droite sur la Bible et de jurer de dire la vérité.

Chris, pâle, nerveux et mal à l'aise dans son complet-veston, s'exécuta. Alors, le juge le regarda dans le blanc des yeux et, sans le moindre accent de compassion, lui dit :

– Répondez à mes questions à haute et intelligible voix afin que le greffier et toute l'assemblée puissent vous entendre distinctement. D'abord, êtes-vous capable de comprendre mes paroles ?

– Oui, répondit Chris d'une voix plutôt basse et guère intelligible.

– Savez-vous que vous avez le droit de garder le silence et que tout ce que vous direz pourra être retenu contre vous ?

– Oui.

– Etes-vous sous l'influence d'alcool, de narcotique, de médicament ou de toute autre substance toxique ?

– Non.

– Quand avez-vous absorbé pour la dernière fois une substance toxique ?

– J'ai bu une bière hier soir.

– Est-elle toujours dans votre organisme ?

– Non.

– En ressentez-vous les effets ?

– Non. Je l'ai bue pendant le repas.

– Décidez-vous librement, en toute connaissance de cause et sachant que le crime ci-après nommé est passible d'une peine maximale de réclusion à perpétuité, de plaider coupable de complicité passive dans le meurtre de Lieth Von Stein ?

– Oui.

– Etes-vous effectivement coupable de ce crime ?

– Oui.

– Décidez-vous librement, en toute connaissance de cause et sachant que le crime ci-après nommé est passible d'une peine maximale de quinze ans de prison, de plaider coupable de complicité passive dans la tentative de meurtre perpétrée contre Bonnie Von Stein ?

– Oui.

– Et êtes-vous effectivement coupable de ce crime ?

– Oui.

Le juge accepta alors le changement de système de défense et prolongea la liberté provisoire de Chris jusqu'à sa condamnation.

Et ainsi une nouvelle vie commença pour Bonnie. Chris, Angela et Jim Vosburgh quittèrent Elizabeth City. Bonnie resta.

Seule dans la salle d'audience, elle fut abordée par John Taylor. Maintenant que Chris plaidait coupable, lui dit-il, Mitchell Norton souhaitait que, malgré leur différend passé, elle vienne s'installer sur le banc de l'accusation. Après tout, c'était elle la partie civile et le jury pourrait trouver étrange qu'elle reste assise du « mauvais » côté de la salle, avec la défense.

Elle avait toujours quelque difficulté à se convaincre qu'elle n'était plus du côté de la « défense », mais elle se rangea aux raisons de Taylor. Elle prit son calepin, son portefeuille, son manteau et alla prendre place derrière la table où se tenaient Mitchell Norton et Keith Mason.

En fait, cette redistribution des places ne fut simple ni pour elle ni pour eux. Les vieilles rancœurs n'étaient pas complètement éteintes et il était difficile pour une mère de siéger dans le camp des accusateurs de son fils, surtout avec un district attorney qui continuait à croire en son for intérieur que cette soi-disant victime n'était pas aussi blanche qu'elle voulait le laisser paraître.

En fin de semaine, après la désignation du jury et avant la réouverture de la séance le lundi suivant, Wade demanda à Bonnie de venir dans son bureau. Comme Lewis Young avant lui, Norton s'était tourné vers Wade pour qu'il l'aide à résoudre un problème qui pouvait s'avérer sérieux.

Wade expliqua à Bonnie que Norton l'appellerait comme premier témoin et qu'il voulait savoir ce qu'elle dirait au sujet de la silhouette aperçue par elle dans la pénombre de sa chambre. Si elle continuait à affirmer que ce n'était pas Upchurch, l'accusation serait minée dès le départ.

Elle arriva dans le bureau de Wade à 9 heures du matin, le vendredi 5 janvier. A sa surprise, Mitchell Norton, Lewis Young et John Taylor étaient déjà là.

Wade lui expliqua qu'il était en réunion avec eux depuis 8 h 30 et qu'il la recevrait dès qu'il en aurait terminé. Elle s'assit dans la salle d'attente et se mit à prendre des notes. Elle n'aimait pas ça. Même si le trio de l'accusation était maintenant dans son camp, elle n'appréciait pas qu'ils parlent dans son dos à son avocat.

Elle écrivit :

« 9 h 10 : Il m'a demandé d'attendre dix minutes.

9 h 37 : La conférence continue sans moi.

9 h 50 : Même situation. Je fais antichambre. Ça ne me surprend pas de la part de l'équipe du D.A. Mais beaucoup de la part de M. Smith.

9 h 55 : Je commence à trouver le temps long.

10 h 00 : Tous quatre passent devant moi et montent dans l'ascenseur. M. Smith me dit : ''Bonnie, je suis à vous dans une minute. Ne vous endormez pas !''

10 h 05 : Je ressens le besoin de détendre l'atmosphère. Je demande une tasse de thé chaud à la secrétaire de M. Smith pour m'aider à passer le temps et à calmer mes nerfs.

10 h 20 : La situation n'a pas évolué. A 7 h 45, Wade Smith m'avait dit que M. Norton voulait nous voir, lui d'abord, à 9 heures et ensuite moi, à 9 h 30. Je lui avais répondu que ça ne me convenait pas parce que c'était moi qui payais et que M. Norton n'avait rien à me cacher. Nous sommes tombés d'accord (M. Smith et moi) pour nous rencontrer tous ensemble à 9 heures.

10 h 35 : Même situation.

10 h 40. Pas de changement. L'heure tourne. Je ne vois pas quelle excuse valable ils pourront me fournir. Notre arrangement prévoyait que je serais présente à cette conférence puisque c'est moi qui la paie.

10 h 45 : Je vais aux toilettes.

10 h 50 : Toujours pas de changement.

10 h 55 : M. Smith m'appelle enfin dans son bureau. »

« J'avais l'impression que c'était une conspiration, dira Bonnie. Ils allaient me demander de faire quelque chose dont je serais incapable. Je me sentais trahie et, en même temps, je continuais à faire confiance à M. Smith. »

De son côté, Wade était dans une position délicate : pour servir au mieux les intérêts de sa cliente, il était obligé de lui donner tort. En effet, si elle persistait à nier que l'accusé fût l'homme qu'elle avait vu dans sa chambre, celui-ci risquait d'être acquitté et Bonnie risquait, elle, d'être rongée de remords jusqu'à la fin de ses jours.

Elle savait, de la bouche même de Chris, qu'Upchurch avait préparé le coup avec lui. En outre, alors qu'Upchurch avait passé son temps à fuir la police, Henderson était spontanément passé aux aveux.

Tout bien considéré, même en l'absence de preuves matérielles, Wade était persuadé que le dossier d'accusation contre Upchurch était très solide, surtout depuis que le propre fils de Bonnie avait décidé de corroborer la déposition de Henderson. Le seul obstacle sérieux à sa condamnation était l'obstination de Bonnie à affirmer que l'homme qu'elle avait vu ne pouvait pas être Upchurch.

C'est pourquoi Wade avait souhaité avoir un entretien avec Norton et Bonnie.

Pendant les deux heures durant lesquelles Bonnie avait rongé son frein dans la salle d'attente, Norton, Taylor et Young avaient exposé leur dossier à Wade dans les moindres détails.

Il y avait un facteur nouveau particulièrement troublant, dirent-ils. Le récit de Chris différait de celui de Henderson en plusieurs points significatifs. Ils en venaient presque à se demander s'ils n'avaient pas été dupés. Les éléments de base étaient semblables dans les deux versions, mais il y avait d'énormes contradictions sur l'horaire.

Norton craignait que les aveux de Chris ne fassent naître plus de problèmes qu'ils n'en résoudraient. C'est pourquoi il était urgent, dit-il, que Bonnie cesse de répéter qu'Upchurch ne pouvait pas être son agresseur.

Lewis Young affirma que l'hostilité de Bonnie contre Henderson était dictée par un esprit de vengeance, conscient ou inconscient. Selon lui, elle n'avait jamais pardonné à Neal Henderson d'avoir été le premier à impliquer Chris. En fait, elle voulait le charger pour le punir d'avoir collaboré avec la police et d'avoir ainsi été à l'origine de l'arrestation de son fils.

— Quand je suis allé l'interroger à l'hôpital pour la première fois, elle a été incapable de me donner la moindre indication sur la taille et l'aspect de son agresseur. C'est bien plus tard qu'elle nous a servi son histoire d'«homme sans cou», en fait après la déposition de Henderson et l'arrestation de son fils. Elle se fiche totalement du sort d'Upchurch. Elle ne voit qu'une chose : son fils s'est fait prendre, le reste lui est égal.

Mais Bonnie n'était pas le genre de personne à céder à la pression. C'est ce que Wade Smith s'efforça de faire comprendre à Norton, Taylor et Young. Plus on essayait de la contraindre, plus elle résistait.

Finalement, ils tombèrent d'accord pour que Wade, et Wade seul, tente de la convaincre de mettre de l'eau dans son vin.

C'est ce qu'il entreprit de faire lorsque, après lui avoir imposé deux heures d'attente, il la fit entrer dans son bureau et referma la porte.

Ce fut peut-être l'entretien le plus étrange qu'il eût jamais eu avec un client. Après s'être excusé de son retard, il lui expliqua qu'il voulait reconstituer, le plus fidèlement possible, les circonstances du drame.

Il lui demanda de se coucher sur le sol. Il tira ensuite les rideaux, éteignit la lumière et pria Bonnie, qui était très myope, de retirer ses lunettes. Puis il s'avança vers elle, comme l'homme qui avait tenté de la tuer.

– Qu'est-ce qu'il me manque pour ressembler à la personne que vous avez vue dans votre chambre cette nuit-là ? dit-il.

Elle répondit qu'il n'avait pas «la poitrine assez rebondie» et un cou trop long. Il recula d'un pas, en bombant le torse.

– Et maintenant ?

Non, rien à faire, insista-t-elle, il ne lui ressemblait pas. Il recula encore. Et encore.

– Non, non, répéta-t-elle, vous n'avez pas assez de «coffre» et trop de cou.

Il alla prendre son pardessus dans la penderie, l'enfila,

rentra la tête dans les épaules et leva les bras en joignant les mains, comme pour la frapper.

– Et comme ça ?

– Moui, si on veut, c'est plus approchant.

– Parfait. Ceci est la preuve, Bonnie, que vous ne pouvez pas avoir de certitude sur ce que vous avez réellement vu cette nuit-là. Rendez-vous compte : même moi, j'arrive à ressembler à votre agresseur.

– C'est vrai, je dois avouer que, avec toute votre gymnastique, vous finissez par lui ressembler. Je ne peux être sûre de rien.

– Excellent, conclut Wade. Tout ce qu'on vous demandera au procès, c'est de répondre en toute honnêteté et de ne rien affirmer dont vous ne puissiez être sûre.

Alors, il fit entrer Norton et réitéra devant lui sa petite démonstration. Quand ce fut fait, Bonnie fut autorisée à se relever et à remettre ses lunettes. Wade retira son pardessus, avec la lenteur d'un chirurgien ôtant sa blouse après une difficile opération, ouvrit les rideaux et le bureau fut à nouveau baigné de lumière.

Puis, il demanda à Bonnie de bien vouloir, une dernière fois, le laisser seul avec Mitchell Norton pour quelques minutes. Il voulait simplement – sans le dire à sa cliente, bien sûr – recommander au procureur de s'en tenir à des questions extrêmement précises lors de son futur interrogatoire. Au moindre faux pas, le château de cartes pouvait s'effondrer.

Dans la salle d'attente, Bonnie se remit à écrire.

« 11 h 55 : De nouveau dans le vestibule. Je me demande si cette entrevue n'a pas pour seul but d'orienter mon témoignage. Ils veulent m'empêcher de dire que la silhouette ne pouvait pas être celle d'Upchurch.

12 h 05 : Toujours dans le vestibule. J'ai le sentiment qu'il y a une conspiration pour infléchir mon témoignage dans le sens qui convient au procureur. (En parlant avec

M. Smith, je lui ai dit que, d'après moi, les preuves matérielles de l'accusation devaient suffire à établir la présence d'Upchurch dans ma chambre dans la nuit du 25. Il m'a répondu qu'ils ne disposaient peut-être pas de cette preuve matérielle. C'est bien ce que je crains.)

12 h 10 : Toujours dans le vestibule. Je m'en remets au jugement de M. Smith, mais il me semble que les *preuves seules* devraient confirmer/infirmer l'accusation. Qu'une chose soit bien claire : *PERSONNE PLUS QUE MOI* NE SOUHAITE VOIR LE/LES COUPABLES PUNIS. JE CONTINUE À AIMER LIETH, LES MOIS ET LES ANNÉES NE PEUVENT DIMINUER LA PERTE QUE JE RESSENS *À TOUT POINT DE VUE.* »

De 12 h 20 à 3 heures de l'après-midi, dans une salle de conférences sans fenêtres, Bonnie discuta de son témoignage avec Norton, Young et Taylor. L'atmosphère était tendue.

« Ils ont passé en revue les questions qu'ils étaient susceptibles de me poser au procès, dira Bonnie. Ils voulaient voir quel genre de réponses je donnerais. Nous avons fini par nous disputer. Je voulais donner des réponses complètes, mais M. Norton voulait que je réponde par oui ou par non à des questions interminables et compliquées.

» Je lui ai dit : ''Monsieur Norton, si vous me posiez une question simple et courte, je pourrais vous donner une réponse simple et courte.'' Mais il voulait orienter mes réponses. Il voulait que je lui dise ce qui l'arrangeait. Son intention était de faire croire au jury qu'un conflit permanent opposait Chris à Lieth, parce que, dans son idée, la haine était un mobile plus crédible que la drogue. Mais c'était faux.

» Chaque fois que je répondais dans un sens qui ne lui convenait pas, il me disait des choses comme : ''Vous cherchez à protéger votre fils. Cela ne fera que lui attirer l'hostilité des jurés. Ils vont se méfier de vous et se demander : A qui le crime profite-t-il le plus ? Toujours et encore la même rengaine : A qui le crime profite-t-il le plus ? Et pourquoi pas : A qui le crime a-t-il causé le plus de souffrances ?" »

Bonnie avait l'impression d'être revenue au point de départ. Pourquoi Mitchell Norton continuait-il à la traiter en ennemie, alors qu'ils étaient désormais censés être du même bord ?

– Vous savez, dit Norton, il y a des tas de gens à Washington qui pensent toujours qu'Angela et vous êtes impliquées.

– Je me fiche de ce qu'ils pensent, répondit-elle.

– Pourtant, certains doutes subsistent dans les esprits. Les circonstances...

– Ecoutez, monsieur Norton, depuis le début de cette affaire, vous ne parlez que de « circonstances ». Je vais finir par croire que vous n'avez jamais eu aucun *fait*.

– Et vous, vous parlez plus comme une mère que comme une victime.

– Malheureusement, je suis les deux.

Bonnie en voulut énormément à Norton. Elle n'avait pas de présent, pratiquement pas d'avenir, et voilà qu'il voulait en plus lui ravir son passé.

32

Le lundi 8 janvier au matin, Mitchell Norton, dont les paroles tombaient aussi lentement que des gouttes de ketchup grumeleux, s'avança devant le jury pour exposer ses remarques préalables.

Il annonça que certaines incohérences devaient être portées à la connaissance des jurés.

– Ces incohérences se rapportent au temps et aux lieux. Mais que cela ne vous inquiète pas. Cela fait partie du cours normal des choses, non seulement en matière juridique, mais également dans la vie de tous les jours. Les gens ne voient pas toujours les choses de la même manière et n'en gardent pas toujours le même souvenir. N'oubliez pas que, dans cette affaire, la première arrestation est intervenue presque un an après les faits. Je vous invite donc à ne pas vous attarder sur les détails, mais à regarder le tableau dans son ensemble.

» Vous allez entendre parler de drogue – acide, marijuana, cocaïne. Mais tout indique que nous sommes en présence d'un meurtre brutal, calculé et exécuté de sang-froid. Le seul mobile est l'appât du gain. Au centre de cette affaire, il n'y a que l'argent, l'argent facile.

» Imaginez l'existence de la famille Von Stein-Pritchard au moment du meurtre. Lieth, stressé par la mort de ses parents, était un homme parfois colérique. Son beau-fils, Chris, était étudiant à la North Carolina State University. Lieth payait les factures, mais les notes étaient mauvaises et Chris jetait l'argent par les fenêtres. Des problèmes survinrent. Les relations étaient tendues. »

L'intention du procureur était limpide : ce tableau pitoyable de la vie familiale incitait à conclure à la préméditation. Cette tragédie ne pouvait pas être le résultat accidentel d'un jeu de société qui eût mal tourné.

Norton décrivit alors le meurtre, évoquant un « Lieth hurlant à fendre l'âme », une « silhouette surgissant de l'ombre, large d'épaules, inquiétante et méthodique dans l'horreur ».

– Mais revenons à ce fameux jeu, poursuivit-il. Donjons & Dragons. Il est indubitable qu'il a eu un rôle dans ce drame, mais indirectement, de façon souterraine. L'univers de Donjons a influencé les modes de vie et de pensée de Chris, Neal Henderson et James Upchurch. C'est ce qui les a rapprochés, ce jeu basé sur un décor médiéval, avec des gourdins, des poignards et des couteaux, avant l'invention des pistolets. Et l'esprit de ces adolescents était habitué à penser et à vivre dans le monde du « moi ». « Que vais-je faire ? » Réponse : l'argent facile et rapide. Comment ? Chris avait une solution toute trouvée : l'héritage.

» Certes, Chris a fourni la voiture... fourni la clé qui a permis à Upchurch d'entrer dans la maison pour attaquer son beau-père et sa mère. Mais c'est Upchurch, et Upchurch seul, qui a trempé ses mains dans le sang. Le pauvre Neal Henderson n'a fait que conduire une voiture, sans savoir vraiment ce qui allait se passer. Penchons-nous un instant sur la personnalité de ce garçon. Il était si intelligent que, au sortir de la maternelle, on lui a fait sauter tout de suite deux classes. Résultat : les autres enfants étaient plus grands, plus forts que lui. Ils se moquaient de lui. Il avait besoin d'être reconnu, il voulait se faire des amis. Alors, il s'est tourné vers la musique, les fantasmes et Donjons & Dragons.

Et c'est pour cette raison, affirma Norton, pour se sentir accepté par les autres, qu'il avait consenti à conduire la voiture et à attendre « pendant que James Upchurch commettait son horrible forfait dans la maison des Von Stein ».

Quand Jim Vosburgh avait expliqué qu'il ne pouvait pas être commis d'office pour représenter Upchurch, le nom suivant sur la liste était celui de Wayland Sermons, un bel homme de trente-quatre ans, bien habillé, bon orateur, diplômé de Chapel Hill et de l'école de droit de Wake Forest. Son adjoint était Frank Johnston, un avocat d'assises expérimenté, de dix ans son aîné, doté d'une voix sonore qui contrastait plaisamment avec le timbre fluet de Sermons.

Comme on pouvait s'y attendre, Johnston prit tout de suite le contre-pied de Norton et suggéra au jury de se pencher avec la plus grande attention sur les incohérences de l'accusation.

– Examinez-les soigneusement, dit-il, retournez-les dans tous les sens, décortiquez-les et tirez-en les conséquences.

Il affirma – et, en cela, Bonnie ne pouvait pas lui donner tort – que le ministère public « n'avait aucune preuve véritable, mais seulement un faisceau de présomptions ».

Puis, il posa aux jurés la question que Bonnie s'était si souvent posée à elle-même au sujet de Neal Henderson :

– Pourquoi a-t-il fallu attendre onze longs mois avant que ne se déclare sa grande crise de conscience qui l'a subitement poussé à se mettre à table ? Nous avons peut-être une explication. Permettez-moi de la soumettre à votre jugement : pendant ces onze mois, il a eu tout le temps de peser le pour et le contre, d'analyser la situation et de mijoter le témoignage qu'il allait nous servir afin de se donner le meilleur rôle possible.

Johnston se déclara convaincu que, au bout du compte, le jury découvrirait qu'un doute raisonnable pesait sur la culpabilité d'Upchurch.

33

Bonnie fut appelée à la barre l'après-midi même, et le lendemain. Elle portait une robe de lin noir avec un grand col blanc. Elle avait acheté cette robe pour l'enterrement du père de Lieth et ne l'avait mise que quatre fois depuis : pour l'enterrement de la mère de Lieth, de l'oncle de Lieth, de Lieth lui-même et enfin, moins de six semaines plus tôt, pour l'enterrement de son propre père.

« Ce n'était pas un choix conscient, dira-t-elle plus tard, mais c'est peut-être révélateur de l'état d'esprit qui était le mien au moment de témoigner. »

La première journée fut confuse. Mitchell Norton essaya de l'entraîner sur le terrain des relations entre Chris et Lieth. Comme on pouvait s'y attendre, elle résista et répéta avec insistance que, malgré quelques ombres passagères, le climat familial était serein. Bien sûr, il y avait eu quelques tensions entre son mari et ses enfants, surtout Chris, mais dans l'ensemble tout le monde s'entendait assez bien.

Ce n'est que le lendemain qu'on entra dans le vif du sujet et qu'elle fut interrogée en détail sur le week-end tragique et le meurtre proprement dit.

Elle déclara que Chris s'était absenté de la maison le samedi « pour rendre visite à des amis » et était revenu pour préparer les hamburgers du dîner. Quant à Angela, elle avait passé la journée en compagnie de Donna Brady.

Le dimanche, Lieth et elle étaient allés prendre le petit déjeuner à Greenville et avaient consacré leur après-midi à « travailler sur l'ordinateur en consultant le *Wall Street Journal* », après quoi ils avaient « partagé quelques moments d'intimité dans [leur] chambre ».

Puis, ils étaient retournés à Greenville pour le dîner, au restaurant *Sweet Carolina*, où Lieth avait commandé le fameux « poulet spécial au riz ». Ils avaient quitté le restaurant, où ils étaient arrivés vers 19 h 30, à 21 heures environ pour que Bonnie puisse regarder la série télévisée sur Ted Bundy. Lieth était allé « directement se coucher », ce qui, dit-elle, était habituel.

Angela était rentrée à 22 h 30, une heure plus tôt que prévu (puisqu'elle avait « la permission de 23 h 30 »), ce qui n'était pas habituel. Elle aussi était allée directement se coucher.

Bonnie regarda la fin de son émission et le début du bulletin d'information de 23 heures.

– Ensuite, dit-elle, je suis allée dans la cuisine et je suis montée réveiller Lieth pour lui demander s'il voulait un verre de thé glacé. Il m'a répondu non et il s'est rendormi. Je me suis mise au lit et j'ai lu.

Tout cela faisait partie de la routine, précisa-t-elle. Presque tous les soirs, Lieth allait se coucher avant elle. Il se réveillait quand elle le rejoignait dans la chambre et, généralement, désirait boire du thé glacé. Parfois, il allumait la télévision pour regarder Johnny Carson pendant qu'elle lisait. Mais, ce soir-là, il s'était simplement rendormi.

– Angela était dans son lit. Elle écoutait la radio en lisant. Elle avait branché son ventilateur, comme elle en avait l'habitude depuis qu'elle était petite. Elle disait toujours qu'elle aimait le ronron de l'appareil et la sensation de l'air sur son visage. Comme le son de sa radio me gênait, je me suis levée pour fermer la porte de ma chambre.

– Avez-vous entendu quelque chose d'autre ensuite ? demanda Norton.

– Non. Rien. J'ai dû m'endormir vers minuit. J'ai été réveillée en sursaut par les cris de Lieth. Tout était très confus. Il y avait quelqu'un debout au pied du lit.

Pour Norton, on arrivait là au moment crucial de la déposition de Bonnie, et peut-être de tout le procès : la description de l'agresseur.

Il fit remarquer qu'elle portait « d'épaisses lunettes », qu'elle était « très myope », qu'elle avait retiré ses lunettes pour dormir et que la lumière était éteinte. Mais cela ne lui suffisait pas encore. Il se méfiait toujours d'elle. Alors, il la pria d'ôter ses lunettes, ici même dans la salle d'audience, et, tandis qu'il se tenait à six ou sept mètres d'elle, lui demanda :

– Pouvez-vous me voir ? Me reconnaissez-vous de l'endroit où vous êtes ?

– Je peux dire que vous avez les cheveux bruns, un costume gris, une cravate rouge et une chemise blanche.

– A part ça, que voyez-vous ?

– Vos yeux, votre bouche, mais je ne pourrais pas les décrire avec précision.

– Et ma moustache ? Est-ce que vous voyez ma moustache ?

– Non.

– Vous ne la voyez pas ?

– Non.

– Bon. Vous pouvez remettre vos lunettes.

Il estima que la démonstration était concluante : peu importait ce qu'elle pourrait dire par la suite sur la silhouette de son agresseur aperçue dans la pénombre, puisque la preuve était faite, désormais, que la pauvre femme ne voyait rien sans lunettes.

– Qu'est-ce qui vous a réveillée ? reprit-il.

Jusqu'alors, Bonnie était restée tellement maîtresse d'elle-même que maints observateurs eurent l'impression qu'elle n'éprouvait aucune émotion. Mais là, elle commença à se mordre la lèvre.

– Les cris de Leith, répondit-elle.

– Pourriez-vous nous les décrire ?

– C'était bref. Mais strident. Ça m'a transpercé les oreilles. Une série de cris brefs, très, très forts.

Elle se mordit de nouveau la lèvre. Mais Mitchell Norton insista.

– Pourriez-vous reproduire dans cette salle les cris qui vous ont réveillée ?

Elle essaya mais là, en plein tribunal, sous les yeux du juge, des jurés et des journalistes, la discrète Bonnie ne put crier très fort. Mitchell Norton ne fut pas satisfait.

– Non, non, dit-il. Plus fort, aussi fort que ce que vous avez entendu cette nuit-là.

– Je ne sais pas si je vais pouvoir.

– Essayez. Y a-t-il une raison qui vous empêche d'essayer, madame Von Stein ?

– Oui... C'est un instant que je n'arrive pas à... fixer dans mon esprit.

– Pourquoi ? Pouvez-vous nous expliquer pourquoi ?

Finalement, le juge intervint pour mettre un terme à cette catégorie de questions, autorisant Bonnie à dire simplement qu'elle ne savait pas combien de cris elle avait entendus.

– Mais, quand je les ai entendus, je me suis réveillée et j'ai vu qu'il se passait quelque chose. Lieth était assis. Je crois que j'ai tendu le bras vers lui.

– Que s'est-il passé alors ?

– J'ai été frappée par une sorte d'instrument. A la main, il me semble. Oui, c'est ça, j'ai eu le pouce cassé. C'est en tapant Lieth que la personne debout devant le lit m'a touchée. Puis, j'ai été frappée sur la tête. Et Lieth a encore reçu un coup. Je ne sais pas où. Puis moi aussi. Après, je ne me rappelle plus.

– Lieth criait toujours ?

– Oui.

– Pendant que l'individu le frappait ?

– Oui.

Bonnie déclara qu'elle avait reçu deux coups sur le côté droit et un sur le côté gauche du front. Elle dit que la chambre était sombre, mais qu'une faible lumière provenait du couloir.

Norton revint à ce qui était, pour lui, le cœur du sujet.

– Pouvez-vous dire quel type de vêtements portait l'individu ?

– Non. Il faisait trop sombre. Tout était noir.

– Avez-vous pu discerner les traits de son visage ?

– Pas du tout. Il avait l'air costaud, large d'ici. (Elle joignit le geste à la parole en désignant ses épaules et sa poitrine.) On avait l'impression qu'il n'avait pas de cou, comme si sa tête était posée directement sur ses épaules.

Norton coupa court. Il ne voulait pas entendre parler d'épaules et de cou. Il préférait s'attarder sur ce qu'elle n'avait pas vu.

– Avez-vous pu distinguer une particularité quelconque de son visage ? Son nez, sa bouche ?

– Non.

– Parfait. Donc, vous nous dites que, après avoir été frappée sur la main et la tête, vous ne vous souvenez plus de rien. Quelle est la dernière chose que vous vous rappeliez ? Lieth crie. Votre pouce est cassé. On vous frappe sur la tête.

– J'étais toujours consciente. J'étais couchée par terre. Il y avait quelqu'un debout à mes pieds. J'ai supposé que c'était la même personne. Elle avait les bras levés et tenait quelque chose dans les mains. Et j'ai été de nouveau frappée.

– A quel endroit, cette fois ?

– Je ne sais pas.

– Vous ne savez pas où vous avez été frappée ?

– Non.

– Où étiez-vous ?

– Je crois que j'étais couchée près du lit, à droite, avec la tête près du mur.

– Savez-vous comment vous vous êtes retrouvée par terre, madame Von Stein ?

– Non.

– Vous rappelez-vous avoir été frappée à la poitrine ?

– Non, monsieur, non, je ne me rappelle plus.

– Mais vous avez bien été blessée à la poitrine ?

– Oui, j'ai reçu plusieurs coups de couteau. J'ai eu une hémorragie interne et une lésion pulmonaire.

– Avez-vous été hospitalisée ?

– Oui, pendant sept jours, je crois.

– Et votre blessure à la tête ?

– J'avais de longues plaies ouvertes. Sur le côté droit, de l'arcade sourcilière à la racine des cheveux.

– Bien, maintenant pouvez-vous nous dire combien de fois vous avez vu, ou regardé, cet individu dans votre chambre ?

– Deux fois, pour autant que je m'en souviens. Quand je me suis réveillée, il était au bord du lit et quand j'ai repris connaissance, il était debout à mes pieds.

– Que s'est-il passé ensuite, pendant que vous étiez étendue sur le sol ?

– J'ai entendu un bruit comme « ziououf ! ».

– Combien de fois avez-vous entendu ce bruit ?

– Avant chaque coup que Lieth ou moi recevions.

– Et combien de fois avez-vous été frappés, Lieth et vous ?

– Quatre ou cinq fois.

– Savez-vous pendant combien de temps vous êtes restée inconsciente ?

– Non.

– Quelle est la dernière chose dont vous vous souveniez ?

– J'ai entendu la porte se refermer très doucement. Puis j'ai entendu de nouveau le même bruit, « ziouf », et des

chocs sourds, derrière la porte. A ce moment-là, j'ai pensé :
« C'est Angela qui se fait attaquer, maintenant. »

– Que faisait Lieth ? Saviez-vous où il se trouvait à cet
instant ?

– Non.

– L'entendiez-vous encore ?

– A cet instant, non.

– Et plus tard ?

– Oui.

– Quand, s'il vous plaît ?

– J'ai perdu connaissance après avoir entendu les bruits
derrière la porte. Quand j'ai repris mes esprits, je ne savais
plus où j'étais. Je ne comprenais pas pourquoi j'étais par
terre. J'ai cru que j'avais fait un cauchemar et que j'étais
tombée. J'ai essayé de remonter sur le lit et j'ai senti la
main de Lieth. Elle était gluante et ses doigts pendaient.

– Avez-vous entendu Lieth dire quelque chose ?

– Je l'ai entendu respirer.

– Avez-vous conscience d'avoir été vous-même frappée ?

– A ce moment-là, non.

– Et votre blessure à la poitrine ?

– Je n'arrivais presque pas à bouger. J'avais une sensation de chaleur et de vide sur mon cou. J'ai mis la main sur
ma tête et j'ai senti un grand trou. J'ai compris que... que
c'était grave et qu'il fallait que je téléphone. J'ai essayé de
m'approcher du téléphone, mais j'étais incapable de me lever. J'arrivais seulement à ramper en poussant sur mes ta-
lons.

– Comment avez-vous fait pour atteindre finalement
l'appareil ?

– Je ne sais plus. Il était sur un petit meuble métallique
près du bureau. J'étais tout près. J'ai pu attraper le cordon,
j'ai tiré dessus et le téléphone est tombé sur moi. Je retrou-
vais peu à peu mes esprits. J'ai essayé de composer le 911,
mais je n'arrivais pas à trouver les touches. Alors, je me

suis mise à les compter du bout des doigts et j'ai appuyé sur le zéro pour avoir l'opératrice.

– Dans quel état émotionnel étiez-vous ?

– Je n'avais qu'une chose en tête : obtenir de l'aide.

– Pendant l'agression, avez-vous vu plus d'une personne ?

– Non.

– Etes-vous en mesure d'identifier la personne que vous avez vue, madame Stein ?

Elle attendit puis, d'une voix très basse, donna la seule réponse qu'elle crût pouvoir donner en son âme et conscience :

– Non.

Norton pensa que le moment le plus difficile était maintenant passé. Le reste, de son point de vue, n'était que des détails. Mais, pour Bonnie, ce fut atroce : elle dut, pour la première fois, évoquer publiquement l'épisode le plus noir de sa vie.

– Je me rappelle que quelqu'un a frappé à la porte, dit-elle. J'ai supposé que c'étaient les policiers, parce que la dame au téléphone m'avait avertie qu'ils étaient en route. J'ai dit : « Entrez. » Mais ils ne m'entendaient pas. Ils continuaient à frapper. Finalement, quelqu'un a ouvert la porte et a allumé. Il a dit quelque chose comme : « Ô mon Dieu, je n'ai jamais vu ça ! » Tout était rouge. La pièce tout entière était rouge pour moi. J'ai demandé comment allait Lieth. Quelqu'un m'a répondu qu'on ne pouvait plus rien pour lui. J'ai demandé des nouvelles d'Angela. Et j'ai entendu le son de sa voix. Le plus beau son du monde...

Elle s'interrompit. Elle ne pouvait plus continuer. Elle n'en avait plus la force. C'était un moment « atroce », dira-t-elle.

Mais elle n'était pas au bout de ses peines. Le procureur avait décidé de ne rien lui épargner. Sans raison apparente – sinon pour apitoyer le jury –, Mitchell Norton lui montra l'une des photos les plus horribles que John Taylor eût prises sur le lieu du crime : on y voyait le corps meurtri et sanguinolent de Lieth, en couleurs.

– Qui est cet individu ? demanda Norton.

Alors, Bonnie se mit à pleurer.

– *C'était* mon mari, dit-elle.

Elle se cacha le visage dans les mains et sanglota en silence. Elle s'était promis de ne pas pleurer, mais quand on se fait autant de promesses que Bonnie, il n'est pas toujours possible de les tenir toutes.

Quand Bonnie eut retrouvé une contenance, Norton « relança la machine » :

– Pensiez-vous que votre fils pouvait avoir fait une chose pareille ?

– Non.

– Pensiez-vous qu'il était innocent ?

– Oui.

– Lui avez-vous parlé ?

– Oui.

– Vous a-t-il dit, alors, qu'il n'avait rien fait ?

– Oui.

– Lui avez-vous reparlé plus tard de ce qui s'était passé cette nuit-là ?

– Oui.

– Vous a-t-il avoué personnellement qu'il avait comploté, avec d'autres, votre mort et celle de Lieth Von Stein ?

– Oui.

– Vous a-t-il dit qui était impliqué dans ce complot avec lui ?

– Oui.

– Quels noms vous a-t-il donnés ?

– James Upchurch et Neal Henderson.

– Vous a-t-il dit quel était son plan ? Et qui devait l'exécuter ?

– Oui.

– Précisez.

– M. Henderson devait conduire la voiture de Chris à Washington et M. Upchurch devait entrer dans la maison pour nous tuer. En attendant, Chris devait rester à N.C. State.

– Quand Chris vous a-t-il fait ces aveux, madame Von Stein ?

– Le 27 décembre 1989.

– Autrement dit, il y a moins de deux semaines. Et, entre juillet 88 et décembre 89, il ne vous avait jamais laissé entendre qu'il était impliqué ?

– Non.

– Pendant tout ce temps, vous êtes restée convaincue qu'il était innocent ?

– Oui.

Mitchell Norton en avait fini.

Ce fut Wayland Sermons, le plus jeune des deux défenseurs d'Upchurch, qui conduisit le contre-interrogatoire. Il commença par la questionner sur leur vie de famille.

Bonnie répondit que l'héritage de Lieth n'avait rien changé dans leur mode de vie. Sermons insista sur les différends qui opposaient Lieth à Chris. Elle reconnut qu'ils s'étaient disputés, un soir, à table, et que « occasionnellement », Chris et Angela traitaient Lieth de « connard ». Elle reconnut également que son mari avait décidé de ne plus s'occuper de l'éducation de ses enfants et lui avait demandé de se charger elle-même de leur discipline, non parce qu'il s'en désintéressait, mais parce qu'il la jugeait plus diplomate que lui.

Puis, Sermons revint à la nuit du meurtre :

– Vous avez parlé à Angela dans sa chambre. Elle avait branché son ventilateur et sa radio, alors vous avez fermé sa porte et vous êtes retournée dans votre chambre. En laissant votre propre porte ouverte, est-ce exact ?

– Oui.

– Ensuite, quand vous avez commencé à lire, vous vous êtes aperçue que vous entendiez sa radio depuis votre lit et vous vous êtes levée pour fermer aussi votre porte.

– Oui.

– Est-ce une porte très épaisse ?

– Non.

– Et celle d'Angela non plus ?

– Non plus.

– Je crois savoir que vous avez treize chats et un coq, est-ce exact ?

– En effet.

– Ce coq est un animal de compagnie ?

– Oui. Je le faisais entrer de temps en temps. Il restait environ une heure avec moi chaque soir pendant que je regardais la télé.

– Bien. Savez-vous si Chris avait une clé de la porte de derrière ?

– La porte qui donne dans la véranda ? Non.

Craignant de s'écarter du sujet, Sermons insista à nouveau sur les souvenirs de Bonnie touchant au meurtre proprement dit. Comment Angela avait-elle pu ne rien entendre, alors que, d'après le premier témoignage de Bonnie à l'hôpital, Lieth avait crié « au moins quinze fois à tue-tête » ? Par ailleurs, Bonnie avait décrit son agresseur comme un homme « très large d'épaules et dépourvu de cou ». Il lui montra une photo de Henderson.

– Avez-vous déjà vu cet homme ?

– Oui. Je l'ai vu lors d'une audience préliminaire. Je le reconnais.

– Pouvez-vous nous dire avec précision à quel moment vous l'avez vu pour la première fois ?

– Je viens de vous répondre : lors d'une audience préliminaire. Au tribunal du comté de Beaufort.

– C'est la première fois que vous l'avez vu en pleine lumière ?

– Oui.

– Madame Von Stein, avez-vous eu l'impression de le reconnaître, à ce moment-là ?

Mitchell Norton sauta sur ses pieds pour faire objection. Mais le juge Watts estima que Bonnie pouvait répondre.

– Je n'ai pas reconnu M. Henderson, dit-elle. Mais j'avoue que sa silhouette m'a effrayée, à tel point que j'ai quitté la salle et n'y suis revenue qu'après la pause du déjeuner.

Elle ajouta qu'elle avait déjà éprouvé la même sensation quelques semaines plus tôt, en voyant un autre homme de constitution semblable.

Sermons lui demanda si la vue de James Upchurch avait provoqué chez elle le même type de réaction.

– Non.

– Vous n'avez pas été effrayée ?

– Non. Pas par son apparence.

– A votre avis, madame Von Stein, est-ce que l'accusé, James Upchurch, ressemble à la silhouette que vous avez vue dans votre chambre ?

– Tel que je le vois là, non.

Sermons jeta alors le doute sur la crédibilité de Chris, en rappelant aux jurés qu'il avait menti lors de quatre interrogatoires au moins dans le cours de l'enquête.

– C'est seulement le 27 décembre que Chris a changé sa version des faits, exact ?

– C'est exact.

– Saviez-vous, alors, que Chris avait menti à quatre reprises ?

– Non.

– Jusque-là, si je ne me trompe, vous refusiez même de croire qu'il ait pu tremper de près ou de loin dans ce meurtre. Exact ?

– C'est exact.

– Et après avoir entendu ses déclarations du 27 décembre ?

– Là, j'étais bien obligée de le croire.

Norton reprit l'interrogatoire. Ce qui l'inquiétait, c'était ce qu'elle avait dit au sujet de l'apparence d'Upchurch, qui, d'une part, ne l'avait pas effrayée et, d'autre part, ne ressemblait pas à la silhouette qu'elle avait vue dans sa chambre. Tous ses efforts précédents risquaient de se révéler vains.

– Lorsque vous avez vu M. Upchurch, c'était dans une salle d'audience, n'est-ce pas ?

– Oui.

– Une salle bien éclairée, comme celle-ci ?

– Oui.

– Portiez-vous vos lunettes ?

– Oui.

– Comment était-il habillé ?

– En costume-cravate.

– Chemise blanche ?

– Je ne sais plus si elle était blanche. Elle était claire, en tout cas.

– Très bien. Maintenant, madame Von Stein, avez-vous déjà vu M. Upchurch dans une pièce sombre, avec les rideaux tirés et éclairée uniquement par une lumière indirecte provenant de la porte ?

– Pas que je sache.

– Pensez-vous que, si on vous le montrait vêtu de sombre dans une pièce sombre, vous auriez plus de mal à le reconnaître ?

– Je suppose.

– Et si vous n'aviez pas vos lunettes, ne serait-ce pas encore plus difficile ?

– Evidemment. Je dirais même impossible.

– Lorsque vous avez vu M. Upchurch au tribunal, brandissait-il une batte de base-ball ou toute autre espèce de bâton au-dessus de votre tête ?

– Non.

– Bien. Vous dites que l'individu avait de larges épaules et semblait dépourvu de cou. (Il parlait si lentement, si laborieusement, que Bonnie se demanda sérieusement si les

277

jurés se rappelleraient la première partie de sa question quand il arriverait à la dernière.) Alors, reprenons depuis le début. Si vous étiez couchée par terre, blessée à la tête, saignant abondamment de la poitrine, à côté de votre mari poussant des cris déchirants, mal réveillée d'un profond sommeil, et que vous aperceviez un individu vêtu de sombre, dans une pièce mal éclairée, avec une batte de base-ball dans les mains, les bras levés au-dessus de sa tête comme ceci (il imita l'attitude de Wade Smith lors de la reconstitution dans son bureau), que diriez-vous de la forme de ses épaules et de son cou ?

— Objection, Votre Honneur ! Même question.

— Objection retenue.

— Les vôtres, répondit tout de même Bonnie, ont l'air de se fondre ensemble.

Ce fut à nouveau au tour de Wayland Sermons.

— M. Henderson vous a effrayée, oui ou non ?

— Oui.

— Et M. Upchurch ne vous a pas du tout effrayée, n'est-ce pas ?

— Non.

Mitchell Norton revint à la charge :

— Mais, madame Von Stein, lorsque vous avez vu M. Upchurch au tribunal vous n'étiez pas couchée par terre ?

— Objection !

— Retenue. Je crois que nous avons épuisé ce sujet, trancha le juge.

— La vérité, insista Norton, c'est que vous ne pouvez pas dire qui était l'homme que vous avez vu dans votre chambre.

— Objection !

— Retenue.

— Je ne peux identifier personne, dit Bonnie d'une voix faible. Croyez que je le regrette.

34

Il y eut le témoignage d'un des premiers policiers arrivés sur les lieux. Il déclara que le sang de Lieth avait déjà commencé à « cailler », ce qui supposait que l'heure de la mort était antérieure à ce que suggérait la déposition de Bonnie.

Cette question revint sur le tapis lorsque Page Hudson, le médecin légiste à la voix grave qui avait effectué l'autopsie, fut appelé à la barre. Norton redoutait ce moment parce que le problème du riz non digéré, en faisant naître un doute sur l'heure de la mort, changeait la chronologie des événements présentée par l'accusation.

Norton lui demanda d'abord si l'on avait procédé à des tests pour déceler la présence d'alcool dans le sang. Le médecin répondit par l'affirmative : aucune trace d'alcool n'avait été décelée.

– Avez-vous également analysé le contenu de l'estomac, docteur ?

– Oui.

– Qu'avez-vous trouvé ?

– Une assez grande quantité de nourriture, principalement du riz mal digéré et de la viande qui m'a semblé être du poulet.

Alors, Norton fut obligé de lui poser la question qu'il redoutait :

– Avez-vous remarqué quoi que ce soit d'anormal à ce propos ?

– En effet. Le fait que le riz ne soit pas digéré laissait supposer qu'il avait été ingurgité environ une heure plus tôt.

– Ce qui vous semble anormal, si je vous ai bien compris, c'est que l'ingestion de ce riz remonte à 20 heures environ alors que l'agression est survenue vers 4 heures du matin ?

– Exactement. Le riz aurait dû être déjà digéré et évacué de l'estomac.

– Cependant, vous avez écrit dans votre rapport : « Un stress important peut paralyser ou ''geler'' la digestion pendant plusieurs heures. »

– C'est vrai. Un choc émotionnel peut stopper le processus un certain temps. Mais il faut que ce soit un stress considérable.

– Des soucis familiaux, par exemple ? Des problèmes d'argent ?

Norton était confiant : la réponse affirmative du Dr Hudson lèverait les doutes du jury, déjà informé des tensions qui régnaient dans la famille et des convoitises qu'avait fait naître la récente fortune de Lieth. Mais il en fut pour ses frais. La réponse du médecin ne fut pas du tout celle qu'il avait prévue :

– En l'occurrence, je ne pense pas, dit le Dr Hudson. Il s'agit là d'une forme de stress trop faible pour ralentir la digestion d'une manière aussi décisive. Je n'en connais aucun exemple dans toute la littérature médicale.

Norton était trop abasourdi pour contre-attaquer et déclara qu'il n'avait plus d'autres questions.

Frank Johnston, évidemment, ne fut que trop heureux de reprendre la balle au bond.

– Iriez-vous jusqu'à dire, docteur, demanda-t-il, qu'il est

très improbable qu'un homme ayant dîné de poulet et de riz à 20 heures ou 20 h 30 garde encore ces aliments dans son estomac à 3 ou 4 heures du matin ?

– Tout à fait improbable, en effet. Cet état de fait suggère que l'heure de la mort est très antérieure. Les aliments auraient dû se trouver dans l'intestin grêle une ou deux heures après le repas.

Une ou deux heures ! Johnston n'en demandait pas tant. C'était pain bénit.

Si Page Hudson avait raison – et aucune des personnes présentes n'aurait osé mettre en doute l'autorité du chef du service de la médecine légale –, Lieth Von Stein était mort vers minuit au plus tard. A présent, les défenseurs d'Upchurch avaient un avis d'expert pour corroborer le témoignage visuel du policier qui avait parlé de sang « caillé ».

Si le jury acceptait cette donnée, James Upchurch ne pourrait pas être condamné : d'après les dépositions concordantes de Chris Pritchard et de Neal Henderson lui-même, Moog avait quitté N.C. State bien après 11 heures du soir.

Tandis que Page Hudson sortait de la salle d'audience, Bill Osteen, qui venait juste d'arriver à Elizabeth City, l'aborda dans le couloir et lui posa une question qui n'était apparemment venue à l'idée de personne lorsqu'il était à la barre.

Il lui demanda si, d'après lui, les blessures infligées à Lieth et à Bonnie pouvaient laisser supposer qu'il y avait eu deux agresseurs et non un seul.

Le médecin répondit que c'était tout à fait envisageable. Il était même prêt à l'affirmer devant le tribunal et l'aurait fait sans aucun doute si quelqu'un lui avait posé la question.

Chris fut appelé à témoigner le lendemain.

Il expliqua que le complot avait été conçu « environ cinq

jours avant le 25 juillet », lorsqu'il avait interrogé Upchurch sur le « parricide », au *Golden Corral*. Il lui avait alors dit que ses parents « pesaient cinq millions de dollars ».

— Depuis longtemps déjà, dit-il, on parlait entre nous de ce qu'on ferait si on était riches. Daniel voulait être écrivain. Moi aussi. Upchurch voulait tenir un restaurant. Je leur ai dit : « S'il arrivait quelque chose à mes parents, je pourrais installer James dans son restaurant et on pourrait vivre tous les trois dans une grande maison au nord de Raleigh, dans les beaux quartiers. On aurait une super-sono et des super-bagnoles... » Enfin, tout ça, quoi. Mais on ne parlait pas sérieusement. C'étaient des rêves.

Mais il reconnut que, peu à peu, ces projets insensés avaient pris corps. Il répéta ce qu'il avait dit dans le bureau de Vosburgh à propos du vol de la clé de derrière, de la poudre de Sominex, de la sécherie de tabac, etc.

— Avez-vous parlé avec Upchurch du sort de votre sœur Angela ? demanda Norton.

— On en a discuté. James m'a dit : « Qu'est-ce qu'on fait de ta sœur ? » Et je lui ai répondu : « Si elle est là, je pense qu'elle devra y passer aussi. Si elle est pas là, tant mieux. »

— Comment avez-vous réagi quand il a parlé d'acheter une machette ?

— Je lui ai dit : « Je crois que le magasin de surplus militaire est fermé. » Au début, je voulais que ce soit sans douleur, vous comprenez. Mais le magasin était fermé. Alors, on a acheté un couteau de chasse, puis on est allés trouver Neal Henderson pour qu'il conduise la voiture parce que James n'avait pas de permis et je leur ai dessiné un plan du quartier.

— Quel était votre but ? Quel bénéfice comptiez-vous retirer de la mort de vos parents ?

— L'héritage.

— Et vous en aviez parlé à James ?

— Oui, monsieur, je lui ai promis une voiture neuve et

cinquante mille dollars. Pareil pour Henderson. Cinquante mille dollars et une Ferrari.

– A l'origine, qui a eu l'idée de ce meurtre ?

– Moi.

– Et quel rôle a joué James Upchurch ensuite ?

– Une fois que je lui ai présenté mon idée, il a mis le projet au point avec moi.

Il expliqua ensuite qu'il avait dessiné des chiens sur le plan pour inciter Upchurch à la prudence en traversant le quartier, un aboiement inopiné risquant de réveiller les voisins. Ils avaient prévu le meurtre pour 2 heures du matin, « parce que mes parents vont généralement se coucher avant minuit ».

Le dimanche soir, il était allé à la *Wildflour*, où il avait bu « beaucoup de bière » et avait mangé de la pizza. A 23 heures, il était dans sa chambre avec Vince Hamrick. Upchurch était passé les voir et leur avait dit qu'il ne pouvait pas rester avec eux parce qu'il avait un devoir à finir.

– Maintenant, répondez-moi franchement, Chris, reprit Norton. Je vais vous reposer la question : Pourquoi avez-vous fait ça ?

– Je ne sais pas. Il y a des tas de raisons qui me sont passées par la tête, mais je ne sais pas comment j'ai pu avoir une idée pareille.

– Des tas de raisons, dites-vous ?

– Eh bien oui, l'argent, pour commencer. J'aurais fait un énorme héritage. Je n'aurais pas eu besoin de retourner à la fac. J'aurais pu me croiser les bras, acheter une maison, me droguer tant que je voulais et jouer à D & D. Et puis, j'avais un devoir d'anglais à finir, que je n'avais même pas commencé.

Il avoua s'être énormément drogué durant les semaines qui avaient précédé le meurtre. De la marijuana, de la cocaïne, de l'ecstasy et surtout du L.S.D.

– Quels effets le L.S.D. produisait-il sur vous ?

– Je voyais des couleurs. Je me sentais invincible. Mon

cerveau fonctionnait vite. Avec la marijuana, c'était différent. Ça rendait les choses plus intéressantes. La musique,
les séries télé. Avec l'ecstasy, j'étais sur un nuage. Je m'as-
seyais et je contemplais le monde. Surtout la politique. Oui,
c'est ça : je contemplais le monde sous l'angle politique.

– Bon. Mais vous n'allez tout de même pas nous faire
croire que vous avez tué votre beau-père afin d'avoir une
excuse pour ne pas rendre votre devoir d'anglais ?

– Non. Enfin, si... C'est-à-dire, j'étais paniqué à l'idée
d'avoir un zéro. J'avais déjà eu deux disputes avec mon
père et ma mère à cause de mes notes. Je savais que, la
troisième fois, ce serait fini pour moi et que je ne pourrais
sûrement plus retourner à la fac.

Après avoir reçu le coup de téléphone d'Angela, il était
« en état de choc », dit-il.

– En état de choc ? C'était pourtant ce que vous aviez
voulu ?

– Oui et non. Je ne croyais pas vraiment que ça arriverait.

– Mais vous aviez tout comploté. Vous aviez tout mis au
point. Vous aviez fourni la clé. Vous aviez fourni l'automo-
bile. Et même le couteau de chasse.

– Oui, monsieur. Mais c'était comme dans le jeu. Pendant une partie de D & D, on met au point toutes sortes de
tactiques. Si vous voulez, je savais que ça arriverait mais,
au fond de moi, je n'y croyais pas.

Les choses avaient changé quand il avait vu Bonnie à
l'hôpital.

– Elle allait très mal. Elle était blessée. Elle avait un... un
tube dans la poitrine.

– Vous l'avez embrassée ?

– J'étais heureux qu'elle soit toujours en vie.

– Mais vous aviez projeté de la tuer ?

– Oui.

Alors, pour la première fois, Chris parut déstabilisé. Il

bougea sur son siège, se mit à transpirer, tourna la tête de droite et de gauche comme pour éviter les regards.

– Vous êtes allé à l'enterrement ?

– Oui, monsieur.

– Avez-vous éprouvé une émotion quelconque ?

– Oui, une énorme émotion.

Là, Chris se voila la face et des larmes se formèrent dans ses yeux.

– Quel genre d'émotion ?

– Des remords, des remords affreux. J'étais... dégoûté.

– Vous avez pensé à la police ?

– Oui. Je me suis dit qu'il fallait que je l'évite. Je ne voulais pas être arrêté et jeté en prison. Je ne voulais pas que maman apprenne ce que j'avais fait. Alors, j'ai trompé la police du mieux que je pouvais. J'ai menti à ma famille et à mes amis.

En août, il était retourné à N.C. State mais n'avait eu aucun contact avec Neal Henderson et avait essayé d'éviter Upchurch, parce que « j'avais peur de lui et il me dégoûtait ».

Il l'avait cependant revu une fois. C'était en août. Chris avait rencontré Upchurch dans une boum et avait demandé à lui parler en particulier.

– On est montés dans une chambre. Je ne sais plus où exactement. C'était à la résidence. Il m'a dit : « Tu m'avais pas prévenu que la fenêtre de derrière était en plexiglas. » Et puis, sans me laisser le temps de répondre : « Il y avait du sang partout. » Alors, je lui ai dit de la fermer. Je ne voulais plus entendre parler de ça. Je lui ai dit de tout oublier et de s'assurer que Henderson se tairait. Et je suis sorti de la chambre.

– Pourquoi ne vouliez-vous pas savoir ce qui s'était passé dans la maison ? Pourquoi lui avez-vous demandé de se taire ?

– Parce que j'étais écœuré. Je ne voulais plus en entendre parler, c'est tout. Et j'avais peur de lui.

– Pourquoi ?

– Parce qu'il avait tué mes parents.

Le lendemain matin, Mitchell Norton l'interrogea sur Angela.

– Vous avez déclaré que, dans le projet initial, le projet d'incendie, vous n'aviez pas parlé spécifiquement d'Angela, c'est exact ?

– Oui, monsieur.

– Et dans le projet de fausse effraction ?

– Là, oui, on en a parlé.

– Qu'aviez-vous décidé ?

– De la tuer aussi.

– Y avait-il une raison particulière pour cela ?

– Non. Pas de raison particulière.

– Alors pourquoi ? Quel profit comptiez-vous tirer de la mort de votre sœur ?

– La totalité de l'assurance, répondit Chris.

Lors du contre-interrogatoire, Wayland Sermons insista sur les mensonges de Chris, à commencer par sa première entrevue avec Lewis Young.

– Le 25 juillet 1988, à 22 h 45, vous avez menti, n'est-ce pas ?

– Oui, monsieur, j'ai menti.

– Le 1er août 1988, à 17 h 50, au poste de police de Little Washington, vous avez menti ?

– Oui, monsieur.

– Le 24 août 1988, à 11 h 40, au poste de police de Little Washington, vous avez encore menti ?

– Oui, monsieur.

Alors, Sermons repassa les dépositions incriminées en détail. Et, sur chaque point, Chris reconnut qu'il avait « menti... menti... menti ».

– Est-il vrai que, avant votre déposition du 27 décembre,

vous saviez que Neal Henderson s'apprêtait à témoigner contre vous ?

– Oui.

– Et saviez-vous que M. Henderson affirmait que M. Upchurch était l'unique assassin ?

– Oui.

– Saviez-vous à ce moment-là que vous risquiez la chambre à gaz ?

– Oui.

– Vous deviez savoir aussi que, en plaidant coupable, vous échappiez à cette peine ?

– Oui.

– Autrement dit, en chargeant M. Upchurch, vous sauviez votre vie ? C'est bien le sens de votre arrangement avec le procureur ?

– Oui, monsieur.

Le but de cette série de questions était clair. Puisque Chris avait menti si souvent pour se tirer d'affaire, pourquoi ne continuerait-il pas ? Un mensonge, maintenant, lui permettrait de se soustraire à la peine de mort.

A la fin de l'audience, dans les couloirs, Wayland Sermons ne mâcha pas ses mots devant la presse.

– Chris a tout intérêt à mentir, dit-il. Ce n'est pas la première fois qu'on voit quelqu'un faire un faux témoignage pour sauver sa vie. Je suis certain que le jury verra clair dans son jeu et ne se laissera pas abuser. Soyons sérieux : après quatre jours de procès, le seul argument de l'accusation est le témoignage d'un type qui s'est envoyé dix-sept doses de L.S.D. en un mois.

35

Le jeudi 16 février, Neal Henderson fut appelé à la barre. Il était bien habillé, calme et réservé. Même Bonnie nota qu'il « donnait l'impression d'être respectable ».

– Parlez aussi fort que vous pourrez, monsieur Henderson, dit le juge Watts. Il est essentiel que toutes les personnes présentes vous entendent. Et moi aussi, bien sûr. Or, j'ai un terrible rhume.

Henderson déclara qu'il avait vingt et un ans, vivait avec sa mère divorcée et sa sœur à Danville, Virginie, où il travaillait comme directeur adjoint d'un *Wendy's*. Avant cela, il avait travaillé au *Wendy's* de Raleigh.

A la fin de sa première année d'études à N.C. State, il avait quitté la faculté par la petite porte et dans l'indifférence générale, alors qu'il avait un Q.I. de cent soixante et avait obtenu la note de mille cinq cents au test d'aptitude universitaire (sept cent soixante en maths et sept cent quarante en expression verbale, la plus haute note jamais enregistrée dans l'histoire du comté de Caswell).

Il avait cependant continué à habiter aux environs du campus, afin de pouvoir jouer à Donjons & Dragons. Dans le courant de l'été 1988, son camarade du comté de Caswell, James Upchurch, lui avait fait savoir que leur nouveau partenaire de jeu, Chris Pritchard, était l'héritier virtuel d'une fortune de dix millions de dollars.

Puis, « environ deux semaines, peut-être trois » avant le 25 juillet, Upchurch et Chris lui avaient rendu visite. C'était là la première incohérence dans les témoignages sur le plan de la chronologie, Chris ayant déclaré, quant à lui, que Henderson n'avait été mis au courant du complot que la veille du meurtre.

– James et Chris sont entrés, raconta-t-il, et nous avons parlé de D & D pendant quelques minutes. Puis, James m'a dit que Chris avait un plan pour anticiper son héritage. Je lui ai répondu : « Ah bon ? Vous allez faire un casse ? » Et James m'a dit : « Non, on va assassiner ses parents pour qu'il hérite. »

– Comment avez-vous réagi ?

– Je leur ai dit : « Vous ne trouvez pas que vous y allez un peu fort ? » Chris a ri et James a répondu : « Non, non, je déconne pas, c'est sérieux. Je vais te montrer. » Et ils m'ont dévoilé les grandes lignes de leur projet.

Dans le projet en question, Upchurch devait entrer dans la maison, voler divers objets pour faire croire à un casse et « monter à l'étage pour tuer les parents de Chris ».

Ce premier entretien avait duré environ une heure, estima Henderson. Chris avait dessiné un plan, qu'ils avaient étudié en détail, en repérant soigneusement l'endroit où Henderson devrait déposer Upchurch et la route que celui-ci devrait faire à pied pour atteindre la maison Von Stein. Mais aucune date n'était fixée.

– Ils m'ont simplement demandé de conduire la voiture, de déposer James, de l'attendre et de le ramener ensuite. Ils m'ont dit qu'ils me donneraient deux mille ou vingt mille dollars, je ne sais plus exactement. De toute manière, j'étais prêt à accepter.

Deux ou trois jours plus tard, il avait fait un saut dans la chambre d'étudiant d'Upchurch et y avait trouvé Chris.

– Ils étaient assis en rond et discutaient. Si je me souviens bien, ils parlaient de D & D. Quand je suis arrivé, la conversation a de nouveau porté sur le complot. Surtout

sur ce qui devait se passer ensuite. Chris a dit qu'il s'appli-
querait à paraître très déprimé après le meurtre. Alors,
quelqu'un, James par exemple, lui suggérerait d'aller passer
quelques jours à la plage pour se remonter le moral. Il devrait inviter tous ses amis. Finalement, se sentant mieux, il
achèterait une voiture à tout le monde.

» C'était plus ou moins une idée de James, parce qu'il
avait peur d'éveiller les soupçons en se faisant offrir une
voiture par Chris aussitôt après les faits. Si Chris en offrait
une à tout le monde, c'était différent.

» Trois ou quatre jours plus tard, en fin de soirée, je suis
allé voir James dans sa chambre. Il était seul et nous avons
reparlé du projet. Il a sorti une batte de son placard et l'a
posée sur un des lits. Il m'a expliqué qu'il avait réfléchi à la
manière de procéder et qu'il comptait utiliser la batte
comme première arme. Il m'a aussi montré un couteau
qu'il s'était procuré.

Ce dernier point était également en contradiction avec le
témoignage de Chris, qui disait avoir acheté le couteau à
Upchurch la veille du meurtre.

– Il désirait une arme capable d'assommer quelqu'un
d'un seul coup, parce qu'il n'était pas sûr d'être assez rapide et efficace avec le couteau. Il voulait immobiliser sa
cible avant. Ensuite, il a pris une paire de gants dans un
tiroir. Des gants de base-ball, noir et blanc. Il a noirci les
parties blanches avec du cirage.

» Et puis, il a dit qu'on passerait sûrement à l'action la
semaine suivante. Chris devait rentrer chez lui pour se procurer une clé et se renseigner sur les projets de sa famille
pour le week-end. De mon côté, j'avais mon dimanche soir
de libre.

Henderson ne fit aucun allusion à un quelconque projet
d'incendie. Upchurch était venu le voir dans son appartement le dimanche matin, 24 juillet, pour lui remettre le
plan que Chris avait dessiné deux ou trois semaines plus
tôt.

– Il m'a donné rendez-vous dans la soirée, vers 23 h 30, minuit, et m'a indiqué où serait garée la voiture.

Henderson était resté chez lui jusqu'à la fin de la journée, avec son amie Kenyatta, la cousine de James Upchurch. Afin d'avoir une excuse pour passer la nuit dehors, il avait dit à Kenyatta qu'il venait de prendre une dose de L.S.D., connaissant d'avance sa réaction : elle l'avait aussitôt prié de sortir en lui demandant de ne pas revenir avant que les effets de la drogue ne se soient dissipés.

Vers 23 h 30, comme prévu, il avait retrouvé Upchurch devant la voiture de Chris. Upchurch portait un havresac en toile verte et une batte de base-ball. Le sac « contenait des habits de rechange, un pull noir, des chaussures de sport noires et une cagoule noire », qu'Upchurch avait enfilés dans la voiture, pendant que Henderson conduisait.

– On est arrivés à Washington par une petite route, parce que la Mustang de Chris était bruyante et un peu trop voyante. James m'a demandé de faire un tour dans Lawson Road pour repérer les lieux. Il a compté cinq maisons et a dit : « C'est celle-là. »

« A ce moment-là, dit Henderson, il devait être environ 2 h 30. »

Mais, dans la salle d'audience, il était 17 h 20 et le juge Watts décréta que la séance était levée jusqu'au lendemain matin.

36

A la reprise de l'audience, le lendemain, Neal Henderson raconta la fin de son histoire.

Ils garèrent la voiture sur une route sale et plus ou moins désaffectée, appelée Legion Road, qui se terminait en cul-de-sac, derrière la maison des Von Stein.

– On est descendus ensemble, dit-il. Il m'a demandé de l'attendre sur place une demi-heure. Il a mis le pull, mais pas la cagoule. Il a enfilé ses gants et allumé sa torche électrique. Elle ne marchait pas bien. Les piles étaient usées.

Mitchell Norton lui présenta la photo d'une batte de base-ball.

– Oui, dit Henderson, c'est la batte qu'avait James cette nuit-là. Je me rappelle qu'il avait mis de l'adhésif autour de la poignée. Et il y a un cercle de triangles noirs qu'il avait tracés au marqueur. Je m'en souviens.

Alors, Norton lui montra la batte elle-même. Pour le procureur, c'était l'un des moments les plus délicats du procès. En effet, lorsque cette batte – que Crone avait retrouvée approximativement à l'endroit où Henderson pensait qu'Upchurch l'avait jetée de la voiture en marche après son forfait – avait été envoyée au laboratoire, le rapport d'analyse avait été négatif : aucune trace de sang, de poils ou de fibres ne permettait d'attester qu'elle avait servi à un meurtre.

Seul Henderson pouvait le faire. Et il le fit, en l'identifiant formellement grâce aux traces délavées de marqueur noir, bien que l'adhésif eût disparu.

Il identifia également les restes d'habits trouvés dans les cendres comme ayant appartenu à Upchurch.

Mais, encore une fois, tout reposait sur la parole de Henderson. Aucune preuve matérielle n'établissait que cette batte et ces habits étaient effectivement ceux d'Upchurch. Idem pour le havresac. Henderson l'avait reconnu (« Il avait toujours un sac comme ça pour transporter ses livres de cours ou de D & D ») mais, pour l'instant, rien ne corroborait son témoignage.

– Combien de temps êtes-vous resté sur cette route ? demanda Norton.

– Je ne sais plus au juste. Une demi-heure, sans doute. J'étais censé attendre son retour, mais je ne l'ai pas fait.

– Pourquoi ?

– Jusque-là, j'avais été... comment dire ? insouciant. Mais, pendant que j'étais assis dans la voiture, j'ai commencé à prendre conscience de la réalité et je me suis inquiété. Je me suis dit que les choses pouvaient soit mal tourner... soit se dérouler comme prévu. Et, dans les deux cas, ça me faisait peur.

– Qu'avez-vous fait alors ?

– J'ai décidé de ne pas attendre plus longtemps. J'ai marché vers la maison. Je n'ai pas vu James. Je suis revenu à la voiture et j'ai roulé sur une centaine de mètres.

Car Henderson venait de repérer une *autre* route, appelée Airport Road, qui traversait les champs et menait à un petit terrain d'atterrissage – d'où son nom. Elle était plus proche de la maison que Legion Road, mais située *de l'autre côté* de Market Street Extension. Là, il coupa le moteur et attendit.

Ça n'avait pas de sens. C'était aberrant. Pourquoi un chauffeur, dont le rôle était d'assurer la fuite de son complice, serait-il allé attendre le tueur à un endroit inconnu de celui-ci ? Ça n'avait pas de sens, mais c'était l'histoire que Henderson avait racontée depuis le début et Norton était bien obligé de s'y tenir.

— Pourquoi vous êtes-vous posté sur Airport Road au lieu de retourner sur Legion Road ?

— Parce que j'avais un meilleur angle de vision. Et je pensais qu'il me verrait, lui aussi, je ne sais pas.

— A quoi songiez-vous ?

— J'espérais qu'il ne se ferait pas prendre. Je crois que j'espérais aussi qu'il se dégonflerait au dernier moment et reviendrait sans avoir rien fait.

— Vous l'avez vu sortir de la maison ?

— Oui. Enfin, je l'ai d'abord entendu. J'ai entendu quelqu'un courir. Je l'ai cherché des yeux et je l'ai vu qui venait vers moi. Il a sauté dans la voiture et il a dit : « Je l'ai fait ! Putain, j'arrive pas à le croire ! Je veux plus jamais revoir autant de sang ! Tirons-nous d'ici ! »

Cela aussi semblait assez improbable. Les premiers mots d'Upchurch auraient dû être : « Qu'est-ce que tu fous ici au lieu de m'attendre sur Legion Road ? » Par ailleurs, puisque toute l'agression s'était déroulée dans la semi-obscurité, comment avait-il pu *voir* du sang ?

— Quand on est arrivés sur la grand-route, James m'a dit de trouver un endroit sombre et de m'arrêter pour qu'il puisse se changer. Il avait du sang sur lui. J'ai bifurqué dans un chemin de campagne. Il a fourré ses vêtements tachés dans le coffre.

— Je suppose qu'il vous a parlé de ce qui s'était passé dans la maison ?

— Il a dit que quelqu'un avait poussé de grands cris et il avait eu peur que les voisins ne se réveillent.

En fait, même Angela, à vingt mètres de là, n'avait rien entendu.

— C'est tout ce qu'il vous a dit ?

— On n'avait pas tellement le cœur à bavarder. Moi, j'étais perdu dans mes pensées, et lui se taisait. Quand on est sortis du comté de Beaufort, il m'a demandé de trouver un autre endroit où s'arrêter.

– Comment saviez-vous que vous étiez sortis du comté de Beaufort ?

– J'avais dépassé un panneau annonçant : « Vous entrez dans le comté de Pitt ». Finalement, on a repéré un terrain vague. Il n'y avait qu'une maison au loin. Il faisait très sombre. James a ouvert le coffre. Il en a sorti le couteau, le pull, le jean, les chaussures et un bidon d'essence. Il a tout rassemblé en tas et il a mis le feu. Puis il a jeté le plan dans les flammes.

Plus loin, ils firent halte dans une station-service de Greenville pour faire le plein et laver la voiture, maculée de boue. Quand ils arrivèrent à Raleigh, le soleil se levait déjà.

– James a décidé de rentrer directement dans sa chambre et m'a dit d'aller déposer les clés de la voiture dans le placard de toilette de Chris, dans la salle de bains commune. C'est ce que j'ai fait, puis j'ai regagné mon appartement. Je me suis couché en disant à Kenyatta que j'avais passé la nuit dans les tunnels. J'ai dormi.

» Dans l'après-midi, James est passé. Kenyatta était présente. Il venait d'apprendre, nous a-t-il dit, que les parents de Chris avaient été attaqués dans la nuit. Son père avait été tué et sa mère, à ce qu'on racontait, était à l'hôpital, dans un état grave. Puis, il m'a proposé de le rejoindre dans sa chambre pour parler de D & D.

– Donjons & Dragons ?

– Oui, monsieur. Je l'ai donc suivi chez lui et je lui ai demandé s'il avait d'autres nouvelles. Il m'a répondu : « T'inquiète pas. Pour autant que je le sache, la police ne se doute de rien. J'ai tout maquillé en cambriolage manqué. »

– Avez-vous revu Chris Pritchard et James Upchurch par la suite ?

– Chris, non, jamais. James, oui, mais de moins en moins. On évitait de se fréquenter. Puis, un jour, vers la fin avril, je l'ai rencontré dans la rue. Il m'a dit qu'il était en panne de logement pour quelques semaines, alors je l'ai hébergé. Il habitait chez moi quand M. Taylor et le chef de la police sont passés. Ils étaient à sa recherche. C'est là que j'ai commencé à me faire du mauvais sang. Mais ce n'était qu'une première alerte. J'ai eu vraiment peur quand M. Taylor est revenu, début juin, et m'a montré le sac vert de James.

» J'en ai parlé à James. Il a reconnu qu'il avait oublié le sac sur place et m'a dit qu'il n'allait plus faire long feu chez moi parce que la police devenait trop insistante. Il voulait quitter la ville. Mais il m'a répété que je ne devais pas m'inquiéter. Il m'a dit exactement : "Ecoute, t'as rien à craindre. Tout ce que tu as fait, c'est de conduire la bagnole. Si ça tourne à l'aigre et que Chris se met à table, c'est ta parole contre la sienne et personne ne lui donnera raison contre toi. Alors, cool, mec."

— Bonnie Von Stein a-t-elle pris part, de près ou de loin, au projet d'assassinat de son mari, Lieth Von Stein ?

— Non. C'était juste entre James Upchurch, Christopher Pritchard et moi.

Ainsi se terminait son récit. Les improbabilités et les incohérences étaient légion.

Il avait déposé les clés dans un placard de la salle de bains. Chris avait déclaré à maintes reprises qu'elles avaient été retrouvées sous un coussin, dans sa chambre.

Ils avaient quitté le campus vers minuit et étaient revenus après le lever du soleil. Chris leur avait dit que les meurtres devaient être exécutés à 2 heures du matin, heure à laquelle ses parents étaient censés dormir profondément. Et il avait insisté pour que sa Mustang blanche, très voyante, soit de retour sur le parking avant l'aube.

Ils s'étaient arrêtés pour faire le plein et laver la voiture à Greenville. Chris avait affirmé avoir rempli le réservoir le dimanche soir, juste avant de remettre les clés à Moog. Et, de toute manière, un chauffeur aussi intelligent que Neal

Henderson aurait pensé à vérifier le niveau d'essence avant le crime.

Autre problème : la participation de Henderson dans le complot avait-elle duré plusieurs semaines, comme il le disait, ou vingt-quatre heures seulement, comme le prétendait Chris ?

Pour son contre-interrogatoire, Frank Johnston n'avait que l'embarras du choix. Il s'intéressa surtout au déplacement inopiné de la voiture :

– Vous dites que vous avez roulé une centaine de mètres sur Airport Road ?

– Oui, à peu près.

– Et vous vous êtes garé là ?

– Oui, monsieur.

– Tous phares allumés ?

– Non, éteints.

– Est-il vrai qu'il y a, à cet endroit-là, un champ de maïs ? Entre Airport Road et Smallwood ?

– Euh, oui, monsieur, je crois.

– Le maïs devait être haut, en cette saison ?

– Oui, je pense.

– Et vous espériez que James vous verrait, malgré le champ de maïs, en pleine nuit, tous phares éteints ?

– Je me disais qu'il m'avait peut-être vu passer devant la maison.

– Combien de fois êtes-vous passé devant ?

– Une seule fois... Mais ça pouvait suffire. Et, même s'il ne m'avait pas vu, il pouvait toujours me repérer.

– Allons, allons. Vous pensiez que James allait se promener tranquillement sur une route dégagée comme Airport Road après avoir commis un meurtre, au lieu de rejoindre Legion Road, où vous étiez censé l'attendre, en coupant à travers le champ de maïs qui lui procurait un camouflage tout trouvé ? Ça vous semblait logique ?

– Non, ce n'était pas une question de logique. Je n'ai pas

réfléchi. J'aurais mieux fait de l'attendre à l'endroit convenu...

– Mais vous ne l'avez pas fait.

– Non, parce que j'ai paniqué.

Bonnie écouta ces explications avec perplexité. Il avait peut-être « paniqué », mais cela ne répondait pas à la question principale, à savoir : Comment Upchurch, fuyant la maison après un meurtre, avait-il pu distinguer une voiture sans phares, garée sur une route où elle n'aurait pas dû se trouver et dissimulée par des maïs qui, à cette époque de l'année en Caroline du Nord, devaient bien mesurer deux mètres de haut ?

Deux autres détails l'intriguaient. Lors de son premier entretien avec Lewis Young, Henderson avait dit que la voiture de Chris était noire. Sur le moment, cela avait été mis sur le compte d'une erreur de mémoire sans conséquence. Mais si réellement il s'était arrêté en chemin pour la laver, comment avait-il pu ne pas remarquer qu'elle était blanche ?

D'autre part, dans sa première déposition à Taylor et à Crone, il avait dit qu'Upchurch et lui avaient écouté la radio dans la voiture en rentrant à Raleigh. Or, l'autoradio de Chris avait été volé quelques semaines plus tôt.

– Est-il vrai, monsieur Henderson, reprit Frank Johnston, que certaines personnes de votre entourage vous appelaient « le génie » ?

– Certaines, oui. Pas tout le monde.

– Et est-il vrai que vous ayez attendu onze mois avant d'exposer votre version des faits à la police ?

– Environ onze mois, en effet.

– Et six ou sept mois supplémentaires se sont écoulés depuis ?

– Oui, monsieur.

– Durant cette période, monsieur Henderson, vous avez eu tout le temps de réfléchir à votre situation et de voir où était votre intérêt, il me semble ?

298

– Oui.

– Est-il vrai que le ministère public vous a laissé entrevoir la clémence du juge si vous acceptiez de témoigner ?

– Oui, monsieur.

– En d'autres termes, le ministère public vous a promis une réduction de peine si vous acceptiez d'étayer l'accusation par votre témoignage, et dans le sens qui lui convenait. C'est bien cela ?

– Non, monsieur, pas du tout. Ils m'ont simplement demandé de témoigner loyalement et de dire la vérité. Et c'est ce que je fais.

Cette fois, ce fut Johnston qui brandit la sordide photo de Lieth Von Stein prise sur les lieux du crime.

– Regardez bien cet homme, dit-il. La dernière fois que vous avez vu Lieth Von Stein, le 25 juillet 1988, il était dans cet état, n'est-ce pas ? Parce que c'est *vous* qui l'aviez mis dans cet état.

– Non, monsieur, c'est faux. Je n'ai pas fait ça et je n'aurais jamais pu le faire.

– Reconnaissez que vous avez menti et que James Upchurch n'était même pas avec vous !

– Si, monsieur, il était avec moi. Et tout ce que j'ai dit concernant ses faits et gestes est vrai.

37

Les avocats de James Upchurch choisirent de ne pas le faire témoigner pour sa défense.

Deux raisons présidaient à ce choix. Premièrement, ils craignaient qu'Upchurch ne déplaise au jury. Certes, il s'était fait couper les cheveux et portait des vêtements très sobres mais, même en plein tribunal, il était incapable de se départir d'une sorte de sourire railleur perpétuel qui était chez lui comme une seconde nature. En fait, comme le disait Lewis Young, « c'était presque un rictus involontaire, qui faisait partie de sa physionomie ». Seulement voilà : un accusé qui ricane fait toujours mauvais genre, même s'il s'agit d'un tic.

La deuxième raison était également psychologique. Même si un accusé nie inlassablement les faits qui lui sont imputés, à force d'entendre le procureur répéter systématiquement « vous avez fait ceci, vous avez fait cela », le jury finit par être influencé malgré lui. « Que l'accusé dise ''oui'' ou ''non'', ça ne change rien, expliquera Wayland Sermons. A la longue, ce qui reste dans l'esprit des jurés, c'est l'énumération des faits et cela n'est jamais très bon pour la défense. »

Tous les témoignages étant épuisés, le 22 janvier fut donc la journée des plaidoiries et du réquisitoire. Les avocats d'Upchurch n'avaient pas trente-six façons d'aborder le problème : leur seul système de défense consistait à démontrer au jury qu'un doute subsistait.

Frank Johnston fut le premier à prendre la parole. Il n'avait pas rédigé sa plaidoirie à l'avance. Il ne le faisait jamais. Il préféra improviser, en insistant sur les invraisemblances qui grevaient le dossier d'accusation. Il eut beau jeu d'ironiser sur « le sommeil de plomb » d'Angela, que les « hurlements de Lieth évoqués par Mme Von Stein » n'avaient pas réveillée ; il rappela ensuite que Bonnie avait donné de son agresseur une description qui ne correspondait en rien à James Upchurch (« un homme large d'épaules et pratiquement dépourvu de cou »), que Henderson avait prétendu, lors d'une première déposition, avoir écouté la radio en rentrant à Raleigh, alors qu'il n'y avait pas d'autoradio dans la voiture de Chris, et enfin, il insista sur le compte rendu du Dr Page Hudson (« un expert respecté par toute la profession ») démontrant que l'heure de la mort ne pouvait pas être postérieure à minuit.

— Dans toute cette affaire, dit-il pour conclure, il n'y a que du flou. Rien de concret. La solution du mystère ? Je ne la connais pas. Mais je ne suis pas seul dans ce cas. Vous aurez beau éplucher tous les témoignages, repasser en revue tout ce qui a été dit au cours de ce procès, vous ne saurez toujours pas ce qui s'est vraiment passé. Je crois que personne ne le sait.

» Ou, plutôt, si : il y a forcément quelqu'un qui connaît le fin mot de l'histoire. Mais nous ignorons qui c'est. Je ne sais pas quelle est la vérité, mais je suis sûr d'une chose : nous ne l'avons pas entendue dans ce tribunal.

Sa plaidoirie avait duré près de deux heures. Wayland Sermons fut plus bref. Il mit l'accent, lui, sur les doutes concernant l'identité de l'assassin et sur le fait que les prétendues pièces à conviction, telles que la batte de base-ball ou le couteau de chasse, prouvaient certes qu'il y avait eu meurtre, mais non que le meurtrier fût James Upchurch.

– Le ministère public, dit-il, a mis deux semaines à établir que Lieth Von Stein était mort dans des conditions atroces, de la main d'un assassin sanguinaire. Mais cela, personne ne le nie. Vous avez vu des photos horribles. Et vous pouvez être certains que M. Norton vous les remontrera tout à l'heure. Mais, je vous le demande, en quoi ces images de cauchemar prouvent-elles la culpabilité de l'accusé ?

Pour enfoncer le clou, il s'attacha à démontrer que les mêmes indices, les mêmes présomptions pouvaient se retourner contre Neal Henderson.

– Je crois que M. Henderson a dit la vérité quand il a déclaré : « J'ai pris du L.S.D. » Je crois qu'il était sincère quand il a dit à Kenyatta : « J'ai pris du L.S.D. » Je crois effectivement qu'il a pris du L.S.D. et que, ensuite, il est sorti et s'en est allé commettre son meurtre sous l'effet de la drogue. Voyez-vous, je fais confiance à l'intuition féminine de Mme Von Stein. La vue de Neal Henderson, la première fois qu'il lui est apparu dans un tribunal, lui a glacé les os, à tel point qu'elle a dû fuir la salle d'audience pour se réfugier dans le bureau de son avocat. Mais, lorsqu'on lui a demandé si la vue de James Upchurch l'avait pareillement effrayée, elle a répondu spontanément : « Non, pas du tout. »

Selon lui, la conclusion s'imposait d'elle-même : il fallait au minimum accorder à l'accusé le bénéfice du doute. Pour appuyer son dire, il cita un article du règlement de la Cour suprême de Caroline du Nord : « Il existe un *doute raisonnable* lorsque, après avoir considéré, comparé et soupesé tous les arguments, les jurés sont dans une position telle qu'ils ne peuvent, en leur âme et conscience, avoir la certitude absolue que l'accusé est coupable. »

– Alors, je vous pose la question, reprit-il. Les arguments présentés par l'accusation vous ont-ils menés à la certitude absolue que James Upchurch était coupable ? Réfléchissez bien à l'expression « certitude absolue ». Ce qui est absolu est définitif. Il ne suffit pas que vous ayez la conscience tranquille en sortant du tribunal, il faudra que vous ayez toujours la même certitude demain, après-demain, la semaine prochaine, que vous ayez toujours l'âme en paix dans un mois, dans un an, dans dix ans ! Si vous craignez d'avoir un jour ou l'autre des remords, alors vous devez rendre un verdict de non-culpabilité.

Après la pause du déjeuner, les jurés revinrent pour entendre le réquisitoire de Mitchell Norton.

Son problème était double : d'une part, il manquait de preuves, d'autre part, il savait que sa lenteur d'élocution agaçait le juge Watts et, pire, le jury. Il commença donc son discours de façon très peu conventionnelle, par une excuse :

– Mon intention, depuis deux semaines, n'est pas de vous irriter. Je sais que vous n'appréciez pas ma façon de parler, je sais que vous n'aimez pas ma grosse moustache, mais ce n'est pas moi qui suis en cause ici, ne vous trompez pas d'adversaire. Si vous avez des griefs contre moi, ne les retournez pas contre Lieth Von Stein, qui n'y est pour rien. Il ne peut pas parler pour lui-même, alors je parle pour lui. C'est pour cela, et pour cela seulement, que je suis venu devant vous.

Puis, Norton attaqua la thèse du doute raisonnable, en expliquant aux jurés que Wayland Sermons avait essayé de leur faire peur en les menaçant de remords éternels.

– Je vais prendre un exemple, dit-il. Nous sommes ici dans une région de chasse, le comté de Pasquotank. On y chasse le daim, le canard. Supposons que je sois dans la campagne avec M. Sermons et M. Johnston. J'aperçois un daim magnifique droit devant moi. Je sors mon fusil, je vise, je tire et le daim tombe. Je me tourne vers nos deux avocats et leur dis : « Regardez la belle bête que j'ai tuée. »

Et ils me répondent : « Non, non, ce n'est pas vous qui l'avez tuée. Ce daim est mort de crise cardiaque. » Voilà ce qu'ils appellent le doute raisonnable.

» Oh, bien sûr, me direz-vous, je peux toujours me défendre en invoquant une preuve matérielle : la balle. Et tel est, d'ailleurs, le sens de leur plaidoirie. Où est votre preuve matérielle ? me demandent-ils. Mais je n'en ai pas besoin. Le sens commun est pour moi une preuve suffisante. Ne vous avais-je pas prévenus dès le début ? Vous saviez d'avance que, dans cette affaire, il n'y avait pas d'empreintes digitales pour identifier l'assassin. Et je vous ai dit tout de suite que les témoignages comportaient certaines incohérences. Mais cela n'empêche pas que ces témoignages existent.

Là, Norton reprit une à une ces fameuses incohérences que la défense avait mises en évidence au cours du procès et montra que, chaque fois, il s'agissait de points de détail. Les grandes lignes de l'affaire se recoupaient toujours.

— Au fond, dit-il, le seul point sur lequel ces deux garçons sont en désaccord, c'est la date à laquelle la conspiration s'est développée. Quelle importance ? N'oubliez pas qu'il s'est écoulé près d'un an entre les faits et le premier témoignage.

Pour finir le procureur devint presque mystique et fit référence, en termes à peine voilés, à une intervention divine.

— Par quelle coïncidence Noel Lee, l'éleveur de porcs, a-t-il quitté sa ferme justement ce jour-là et aperçu le feu dans la nuit ? Par quel miracle le plan a-t-il été épargné par les flammes ? Etait-ce un hasard ? Etait-ce le destin ? La découverte de ce plan a été la plaque tournante de toute l'enquête. Sans lui, la police n'aurait jamais pu établir de lien entre Pritchard, Henderson et Upchurch.

» Maintenant, regardez bien ce plan. Il a été partiellement calciné, mais l'essentiel a été conservé. Observez ces traces de brûlé. N'est-ce pas le visage de la mort que vous contemplez là ? Et, si je le retourne, n'est-ce pas quelque chose de plus sinistre encore que vous avez devant les yeux ?

En prononçant ces mots, Mitchell Norton retourna le plan et l'exposa devant son visage à la manière d'un masque, en regardant les jurés à travers deux trous découpés par les flammes.

Dans cette position, la feuille de papier roussi plaquée contre son visage formait deux pointes, qui se dressaient au-dessus de sa tête comme les cornes de Satan.

Bonnie essaya de deviner ce que pensaient les jurés en étudiant leur physionomie. Elle n'y parvint pas, mais se dit que, si elle était à leur place, elle se sentirait obligée de déclarer Upchurch non coupable.

Pour elle, seules les preuves comptaient. Et, dans son esprit, les seules preuves valables étaient des preuves matérielles, non les témoignages convergents de deux conspirateurs qui tentaient de sauver leur peau – même si l'un de ceux-ci était son fils.

En l'absence de toute pièce à conviction établissant de manière irréfutable la présence d'Upchurch dans la maison, elle aurait acquitté sans hésiter l'homme qu'on accusait d'avoir assassiné son mari et tenté de la tuer.

Les jurés se réunirent à 9 h 55 du matin, le mardi 23 janvier. A 17 heures, ils n'avaient toujours pas abouti à une conclusion et le juge Watts dut les renvoyer chez eux jusqu'au lendemain.

Ce n'est que le mercredi, à 16 heures, après dix heures et demie de délibération, qu'ils rendirent leur verdict.

James Upchurch fut reconnu coupable de toutes les charges pesant contre lui.

38

Deux jours plus tard, après qu'un professeur de lycée eut dit qu'il était intelligent, après qu'un psychologue commis par la cour eut dit qu'il n'était ni psychotique ni particulièrement enclin à la violence et après que sa mère éplorée eut dit que c'était un gentil garçon très pieux, les avocats de Moog se présentèrent devant le juge et annoncèrent qu'ils désiraient appeler comme prochain témoin, pour tenter de persuader le jury de ne pas condamner leur client à mort, Bonnie Von Stein en personne.

Le juge Watts demanda alors aux jurés de se retirer provisoirement. A nouveau, Bonnie vint à la barre. Ce fut lors de cette brève apparition qu'elle parut le plus émue.

Des larmes mouillaient ses yeux et sa voix était mal assurée. Elle déclara qu'elle ne souhaitait pas la mort d'Upchurch parce qu'elle ne croyait pas « que le fait de prendre la vie d'un autre pourrait réparer la perte de Lieth ».

Mitchell Norton, redevenant son adversaire, s'empressa de préciser que Bonnie était, de toute façon, hostile à la peine de mort depuis de nombreuses années.

Après avoir entendu les arguments juridiques concernant la recevabilité du témoignage de Bonnie, le juge Watts communiqua sa décision :

— Avant tout, je respecte les convictions de Mme Von

Stein. Il lui a fallu un énorme courage pour venir témoigner et pour accepter, maintenant, de dire ces choses. Cependant, messieurs les avocats, je crois qu'un tel témoignage, en l'occurrence, inciterait les jurés à prendre une décision fondée sur la passion, la sensibilité politique et le préjugé.

En conséquence, il n'autorisait pas Bonnie à témoigner. Ce n'était pas la première fois que le juge Watts s'opposait au témoignage d'un membre de la famille d'une victime en de telles circonstances, mais c'était la première fois que cette règle s'appliquait à une personne qui se disposait à plaider contre, et non pour, la peine de mort.

Le lundi 29 janvier au matin, ignorant les sentiments de Bonnie, le jury écouta les arguments pour et contre la condamnation d'Upchurch à la chambre à gaz.

Mitchell Norton se lança dans un discours de quatre-vingt-dix minutes, interrompu trente-quatre fois par des objections de Frank Johnston. Neuf de ces objections furent retenues.

Norton mit l'accent sur le fait que le meurtre avait été prémédité et commis par une personne dépravée dont l'unique mobile était l'appât du gain.

– Souvent, dit-il pour agrémenter son discours par une image comme il aimait le faire, les avocats se plaisent à raconter l'histoire du vieil homme sur la montagne. Ce vieil homme est un sage, une sorte d'oracle, qui connaît les réponses à toutes les questions. Et voilà deux hommes qui décident de lui jouer un tour. Pour prouver qu'il peut se tromper, ils capturent un petit oiseau et viennent trouver le vieux sage en disant : « Maître, j'ai dans la main un oiseau. Pouvez-vous me dire s'il est vivant ou mort ? » Leur ruse est la suivante : si le maître leur répond que l'oiseau est mort, alors ils ouvrent les mains et laissent l'oiseau s'envoler à tire-d'aile. Si le maître leur dit qu'il est vivant, alors ils écrasent le pauvre animal pour lui prouver qu'il s'est trompé.

» Généralement, lorsque les avocats racontent cette histoire, ils viennent se camper devant les jurés en disant que, cette fois, c'est l'accusé qui est entre leurs mains. Seulement, il y a une grande différence entre James Upchurch et ce petit oiseau, parce que l'oiseau, lui, est totalement innocent. Dans cette affaire, l'oiseau, c'est Lieth Von Stein, paisiblement endormi dans sa propre maison.

» Et James Upchurch est comme les deux hommes qui sont venus trouver l'oracle. Il a prémédité son coup. C'est lui qui avait le pouvoir de choisir si l'oiseau devait vivre ou mourir. Mais au lieu d'écraser un oiseau, il a pris une batte de base-ball et a écrasé la tête de Lieth Von Stein. Puis il a pris un couteau et a découpé sa victime comme on découpe une volaille.

– Objection !

– Rejetée. Euh non, retenue.

– Et si vous voulez vous assurer qu'il ne recommencera pas, vous ne pouvez que le condamner à mort.

Enfin, parce qu'il s'adressait à un jury du comté de Pasquotank, dans la Caroline du Nord chrétienne fondamentaliste, il crut de bon ton de se référer à la Bible :

– Si vous regardez l'Ancien Testament, et même certaines parties du Nouveau, vous constaterez que non seulement la peine de mort est appliquée par les autorités religieuses mais que, d'un point de vue spirituel, elle est même recommandée !

Ce fut Wayland Sermons qui parla le premier pour la défense.

– Vous avez prononcé votre verdict, dit-il aux jurés. Vous étiez libres de votre décision et mon rôle n'est pas de vous critiquer sur ce point. Mais est-il juste d'envoyer James Upchurch à la mort ?

» Chris Pritchard a dit qu'il voulait acheter une maison au nord de Raleigh pour pouvoir jouer tant qu'il voulait à Donjons & Dragons. Ils jouaient à ce jeu tous les jours. Voilà qui doit vous donner à réfléchir. Car cela montre bien l'irréalité de l'univers dans lequel vivaient ces jeunes gens. Non, l'argent n'est pas le seul mobile. C'est ce jeu, Donjons & Dragons, qui les a entraînés dans un monde d'épées et de gourdins, c'est ce jeu qui les a conduits à confondre la vie réelle et le fantasme. Rappelez-vous les paroles de Neal Henderson : ''C'était comme dans le jeu.'' Comme dans le jeu ! Oui, je prétends que cette puissante fantasmagorie explique en grande partie comment trois jeunes gens intelligents ont pu en arriver à cette sinistre affaire.

Puis, il demanda aux jurés de considérer la jeunesse de James Upchurch comme une circonstance atténuante :

– M. Norton voudrait vous faire croire que, à l'âge de dix-neuf ans, on est déjà suffisamment armé pour affronter le monde. Nous avons tous eu dix-neuf ans un jour. Et, même si nous ne nous droguions pas et si nous ne passions pas notre temps à jouer à Donjons & Dragons, nous avons probablement commis des erreurs. Nous étions forcément immatures.

» Imaginez : vous sortez à peine du lycée, vous venez de votre ferme et vous voilà projeté dans l'univers anonyme de la North Carolina State University avec ses dizaines de milliers d'étudiants. Du jour au lendemain, vous vous retrouvez comme un poisson rouge au milieu de l'océan. A dix-neuf ans, vous n'êtes pas assez fort mentalement. Vous n'êtes pas mûr. Vous êtes impressionnable.

Alors, Sermons déclara que, si quelqu'un méritait la peine de mort dans cette affaire, c'était Chris.

– Chris Pritchard est le plus coupable de la bande. Il est l'ayatollah. M. Upchurch n'est que le gardien des otages. Chris Pritchard est le Manuel Noriega. M. Upchurch n'est que le soldat à qui on a mis un fusil dans les mains. Je prétends que, sans l'initiative de Chris Pritchard, nous ne serions pas ici aujourd'hui. James Upchurch n'aurait jamais commis l'acte pour lequel vous l'avez condamné.

» N'avez-vous pas l'impression qu'il y a deux poids et deux mesures ? Est-il juste que Chris Pritchard, l'instigateur du crime, soit arrivé à ce procès avec la bénédiction du procureur, grâce à un arrangement conclu cinq jours avant, et que la peine de mort soit réservée à Upchurch ? Est-ce loyal ?

Frank Johnston prit le relais et en vint directement à ce qui, pour Bonnie, était le cœur du problème : Comment tout ceci avait-il pu arriver ?

– Vous regardez ces jeunes gens, commença Johnston, et vous vous dites : » Comment ont-ils pu en arriver là ? » Je ne sais pas. M. Norton vous a présenté le meurtre comme un acte froidement calculé. Oh, bien sûr, la situation est grave. Ça ne se discute pas. Nous n'avons jamais prétendu le contraire. Mais comment l'expliquez-vous ? Il doit y avoir une réponse. Nécessairement. Mais je ne la connais pas.

» Si ce n'est qu'une sombre histoire d'argent, comment se fait-il qu'il n'y ait pas eu de dispute, après coup, au sujet du butin ? Pritchard affirme n'avoir revu Upchurch que plus tard, exceptionnellement, à l'occasion d'une "boum". Mais, enfin, si Upchurch avait agi comme un tueur à gages stipendié par Pritchard, il serait venu le trouver ensuite en disant : "Où est mon argent ? J'ai fait le boulot, je veux ma part !" En vérité, et vous le savez bien, tout ceci est la conséquence de la drogue, de l'alcool et des influences sournoises d'un jeu étrange sur l'équilibre mental de trois adolescents.

» Voyez-vous, je trouve pour le moins curieux que M. Norton tienne tant à minimiser l'influence de Donjons & Dragons dans ce drame. Que sait-il sur la question ? Car, après tout, il n'y a jamais joué. Aucun d'entre nous n'y a jamais joué. Nous n'en connaissons pas toutes les ramifications, nous ne pouvons pas en mesurer véritablement les effets sur le psychisme. Ajoutez à cela l'alcool et la drogue et vous aurez l'explication profonde de cette tragédie.

Pour ne pas être en reste sur ce point, Johnston termina lui aussi son discours en invoquant la religion.

– J'étais hier à l'église et je repensais au masque diabolique de M. Norton, vous savez, ce plan qu'il a plaqué sur son visage. Pourquoi a-t-il fait ce geste ? Pour vous laisser entendre que c'était la main de Dieu qui avait sauvé des flammes cette feuille de papier, pour que reste lisible le fameux petit mot *Lawson* qui avait permis à l'enquête de progresser. Eh bien, savez-vous sur quoi portait le sermon du prêtre, hier ? Sur la miséricorde. Et je me suis pris à espérer, en l'écoutant, que la miséricorde de Dieu vous accompagnerait dans votre décision.

39

Quand le jury quitta la salle pour décider du sort de James Upchurch, le juge Watts commença l'audience qui devait statuer sur la peine des deux accusés ayant plaidé coupable.

On débuta par Henderson. Comme pour Upchurch, on
appela des témoins de moralité. Le premier fut le même
professeur de lycée du comté de Caswell qui avait déjà
parlé en faveur d'Upchurch. Il dit que le Q.I. de Henderson
était « le plus élevé que j'aie vu en vingt ans de carrière ». Il
ajouta que, dès l'école primaire, Henderson était un dévo-
reur de livres et répéta que son test d'aptitude scolaire, effectué lors de sa dernière année de secondaire lui avait valu
une note de mille cinq cents, soit la plus haute jamais obtenue dans tout le comté.

– Il ne travaillait peut-être pas toujours avec assez d'as-
siduité, mais c'était sans contexte l'élève le plus doué que
j'aie connu. Sur le plan relationnel, en revanche, Neal était
un cas à part. Il était très solitaire et souvent en butte aux
railleries de ses camarades, ce qui le rendait taciturne. Car
il ne se défendait jamais, il n'était jamais mêlé à aucune
bagarre. La violence physique lui faisait horreur.

Vint ensuite John Taylor. Il affirma que Henderson avait
loyalement collaboré avec les enquêteurs et leur avait été

d'un grand secours. Le juge Watts lui demanda pourquoi, d'après lui, Henderson avait décidé de parler.

— Il ne nous a jamais donné la raison de ses actes, mais j'ai eu le sentiment que ses aveux lui étaient dictés par le besoin de soulager sa conscience.

Le témoignage de Lewis Young abonda dans ce sens :

— Henderson a coopéré sans réserve tout au long de l'enquête. Il a fait tout ce que nous lui avons demandé.

— Je vous connais maintenant depuis une bonne quinzaine d'années, peut-être même vingt, lui dit le juge Watts, et j'ai le plus grand respect pour vos qualités de policier et d'enquêteur. Mais, en relisant vos notes sur vos conversations avec M. Henderson, j'ai été frappé par le flou artistique, pour employer un euphémisme, qui entourait certaines de ses réponses. N'avez-vous pas eu le même sentiment ?

— En effet, Votre Honneur, je l'ai trouvé assez évasif sur certains détails. La couleur de la voiture, par exemple. Mais, devinant que j'avais affaire à un garçon d'une intelligence supérieure, j'ai compris qu'il avait une mémoire sélective, qui n'enregistrait pas les éléments secondaires.

— Vraiment ? N'avez-vous pas plutôt eu l'impression qu'il essayait de vous duper ?

— Non, monsieur, je pense qu'il a sincèrement voulu nous aider.

Le juge parut se satisfaire de cette réponse, en expliquant qu'il faisait entièrement confiance à « l'intégrité et à la compétence de Lewis Young ».

Il suspendit la liberté conditionnelle de Henderson et le plaça en garde à vue jusqu'au prononcé de la sentence, qui n'interviendrait qu'après le retour du jury.

Le lendemain, mardi 30 janvier, tandis que le jury délibérait toujours sur le sort d'Upchurch, l'audience de Chris commença. Billy Royal fut le premier témoin et ce fut Bill

Osteen qui, prenant la parole pour la première fois dans le tribunal d'Elizabeth City, se chargea de l'interroger.

— Docteur Royal, dit-il, au cours de vos entretiens avec Chris, avez-vous remarqué une inquiétude de sa part au sujet de la réaction éventuelle de sa mère ?

— C'était probablement sa principale inquiétude.

— A cette époque, je vous avais dit que je m'opposais à ce que Chris fasse des aveux à sa mère, n'est-ce pas ?

— Oui.

— Cela vous a-t-il posé un problème ?

— Absolument.

— Pouvez-vous préciser ?

— La dépression et les tendances suicidaires du patient ne pouvaient se résoudre que dans une confrontation avec sa mère. Il voulait se confesser, révéler toute la vérité à sa mère. Et je pensais que cette confrontation devait avoir lieu pendant son hospitalisation afin de profiter d'un environnement thérapeutique.

— Et vous l'avez même expliqué à ses avocats.

— C'est exact.

— Et que vous ont-ils répondu ?

— Qu'ils préféraient éviter cette solution s'il y avait moyen de s'en dispenser.

— Vous ont-ils dit pourquoi ?

— Oui.

— C'est-à-dire ?

— Parce que, s'il faisait des aveux à sa mère, elle les répéterait au cours du procès. J'ai compris que votre souci était d'éviter qu'elle ne nuise malgré elle à son fils. C'était une manière de protéger Chris et, de la sorte, vous ne faisiez au fond qu'honorer le contrat vous liant à elle.

Le Dr Royal livra alors son opinion professionnelle sur le cas de Chris en termes aussi simples que possible :

— Il souffre d'anxiété chronique depuis sa jeunesse. Il n'a jamais été en paix avec lui-même. Pour reprendre l'image de Satchel Paige, il regardait constamment derrière lui pour voir si un danger le menaçait. Le fait d'avoir été abandonné par son père y est pour beaucoup.

Osteen désira avoir son avis sur l'influence que Donjons & Dragons avait pu exercer sur sa personnalité.

– C'est un jeu qui attire souvent les jeunes gens blasés ou désœuvrés. Un jeu qui demande du savoir-faire, de l'audace et permet toutes sortes d'aventures mentales. La presse s'est longuement fait l'écho, ces dernières années, des faits divers tragiques qu'il a entraînés, avec parfois mort d'homme. Dans le cas de Chris, ce n'est pas le jeu à lui seul qui est en cause, mais sa combinaison avec l'alcool et la drogue. Dans une certaine mesure, ses partenaires sont devenus pour lui une nouvelle famille, si bien que, la drogue aidant, il a perdu le contact avec la réalité. Il s'est réfugié dans le monde de ses fantasmes. Selon moi, les projets d'assassinat de son beau-père et de sa mère en sont le résultat direct.

» Chris essayait de trouver une solution à son sentiment d'abandon. Il a donc cherché à créer un univers dans lequel il pourrait vivre sans dépendre de quelqu'un d'autre, dans lequel il était invulnérable.

– Mais enfin, docteur Royal, dit Bill Osteen, il y a quantité de jeunes gens dont l'environnement familial est aussi critique que celui de Chris. Nombre de ces jeunes gens s'adonnent à la drogue, et quelques-uns aussi se passionnent pour Donjons & Dragons. Mais ils ne deviennent pas pour autant des assassins. Voyez-vous une raison qui explique pourquoi cette combinaison de facteurs a affecté Chris en particulier ? En d'autres termes, pourquoi lui ?

Pour Bonnie, qui écoutait attentivement, c'était la question la plus importante qu'elle eût entendue depuis un an. Plus encore que de savoir si son agresseur était Neal Henderson ou James Upchurch, c'était cette question-là qui l'obsédait. Une question qu'elle avait été incapable de poser, ni à elle-même ni à Chris. Pourquoi lui ? Pourquoi mon fils ?

– Vous touchez là le fond du problème, répondit le Dr Royal. Je pense que cela tient à tous les conflits intérieurs que Chris n'a jamais résolus. Il a construit toute son existence sur le refoulement, sans jamais négocier ses problèmes.

Autrement dit, tout cela était la conséquence d'un refoulement.

« Et c'est ainsi, songea Bonnie, qu'un beau jour votre pauvre fils, abandonné et désemparé, découvre qu'il souhaite votre mort. »

40

Angela était présente à l'audience de Chris. Tout au long de la procédure, son apparente indifférence frappa tous ceux qui l'observèrent.

Bill Osteen avait remarqué une même déconcertante absence de réaction le 27 décembre, lorsque Chris lui avait avoué qu'il avait projeté de la faire tuer dans son sommeil.

« C'était comme si on lui avait lu un article du *Wall Street Journal*, racontera-t-il. Aucune réaction. Comme si rien ne s'était passé. Je me serais presque attendu à la voir se lever en disant : ''Bon, eh bien, je vous laisse, je vais aller faire un tour au *McDo* du coin pendant que vous discutez de tout ça.'' »

Il en fut de même lors de ses brèves apparitions à Elizabeth City. Le soir, au lieu d'aller retrouver sa mère et son frère, elle préférait bavarder avec John Taylor et les autres au *Holiday Inn*.

Au tribunal, elle sembla se désintéresser complètement de ce qui se passait. Wayland Sermons, qui avait trouvé Bonnie un peu trop « froide » pendant le procès, dira en parlant d'Angela : « Avec elle, cette impression de froideur était multipliée par trois. Angela regardait autour d'elle, jouait avec ses ongles, ajustait ses vêtements. Elle avait l'air blasée, complètement indifférente à ce qui se passait. »

Peu après 4 heures de l'après-midi, toutefois, on observa chez elle un radical changement d'attitude, au moment où le bruit courut que le jury avait fini de délibérer sur le sort de James Upchurch. L'audience de Chris fut interrompue et on fit entrer les jurés.

Verdict : « Le jury, à l'unanimité, se prononce pour la condamnation à mort de James Bartlett Upchurch. »

Alors, à la stupéfaction de tous ceux qui la virent, Angela se mit à pleurer.

Après le verdict, le juge Watts, selon l'usage, donna la parole à James Upchurch. Quand elle le vit se lever, Bonnie fut à nouveau frappée par l'inadéquation de sa silhouette : il était maigre, avec un cou long et mince. Considérant qu'il n'avait pas jugé utile de dire un mot durant tout le procès, Upchurch choisit d'être bref cette fois-ci.

— D'abord, fit-il, je veux remercier mes avocats. Ils ont fait un travail remarquable et ils ont toute mon estime. Et je veux vous remercier, vous aussi, Votre Honneur. Vous êtes parvenu à conserver une certaine dignité à ce procès, qui menaçait de tourner au cirque. Et je respecte aussi les efforts du jury, qui s'est donné beaucoup de mal pour délibérer.

A l'entendre, on aurait pu croire qu'il venait de recevoir un oscar et non un aller simple pour la chambre à gaz. Mais il s'empressa d'ajouter qu'il avait été « atterré et choqué par le verdict ».

— Je suis sidéré de voir que le témoignage de deux assassins avérés suffit à condamner quelqu'un à mort. Je suis forcé de constater que j'ai été condamné uniquement pour association de malfaiteurs sur la base d'une présomption de culpabilité. Je suis un innocent.

Ou un coupable qui avait mal calculé ses chances. Un homme qui avait pensé comme Bonnie, que, en l'absence de preuve matérielle, personne – *a fortiori* un étudiant blanc – ne pouvait être convaincu de meurtre avec préméditation. Surtout par un jury qui, conformément à la loi, n'avait pas été informé de son casier judiciaire.

Le Maître du Donjon, trop habitué à voir les autres se déterminer en fonction des scénarios qu'il avait lui-même créés, n'avait pas compris que, au jeu de la vie, l'issue de la partie ne dépendait pas de lui.

Le lendemain, quand Angela fut appelée à témoigner pour la seule et unique fois, l'émotion qu'avait fait naître chez elle la condamnation d'Upchurch était oubliée. Elle avait retrouvé son indifférence coutumière, teintée cependant d'une pointe de nervosité. Elle se comportait un peu comme si Bill Osteen était un instituteur qui venait de l'envoyer au piquet.

– Angela, dit l'avocat, vous avez cru longtemps, vous et votre mère, que Chris n'était pour rien dans cette tragédie, n'est-ce pas ?

– Oui, monsieur.

– Puis, finalement, Chris s'est décidé à vous parler.

– Oui, monsieur.

– Vous a-t-il dit tout ce qu'il a révélé ici devant la cour ?

– Oui, monsieur.

– Depuis ce moment, vous avez eu le temps de réfléchir à vos rapports avec Chris. Et vous savez qu'il va être emprisonné. Dites à la cour comment vous envisagez vos relations à venir avec votre frère.

– J'espère que nous resterons aussi proches que nous l'avons toujours été. Nous nous écrirons pour garder le contact. Et j'espère être là pour l'accueillir quand il sortira.

– Angela, considérant ce qui s'est passé, avez-vous peur de Chris aujourd'hui ?

– Pas du tout.

Ensuite, en présence de Bill Osteen et de Jim Vosburgh, Bonnie prit la parole pour le compte de Chris.

– Quand je me suis séparée de mon premier mari, mes

enfants n'ont pas eu la vie belle tous les jours, je dois le reconnaître. Non seulement ils ont été déracinés, mais nous avons tous souffert de diverses manières, surtout sur le plan financier. Ils n'ont pas toujours eu des repas équilibrés.

» J'ai fait de mon mieux pour essayer de leur assurer une existence décente. J'avais un emploi, des horaires de travail à respecter et c'étaient souvent mes sœurs ou mes parents qui s'occupaient des enfants.

A nouveau, elle essaya de dissiper l'impression de discorde perpétuelle que Mitchell Norton avait tenté de créer :

– Nous formions une famille très unie. Lieth était très fier de Chris. Il m'a souvent répété que, même si Chris ne travaillait pas aussi bien qu'il l'aurait souhaité, il se débrouillait encore mieux qu'il ne l'avait fait lui-même à son âge, lorsqu'il était lui aussi étudiant à N.C. State. D'accord, il leur arrivait de se disputer. Mais c'étaient toujours des brouilles passagères. Ils finissaient par se réconcilier et tout redevenait normal, tout était oublié.

Quand elle évoqua l'hospitalisation de Chris, au mois d'août, elle parut presque optimiste :

– Il s'était fait beaucoup d'amis à l'hôpital. Il avait l'air plus heureux que les mois précédents, soulagé, comme si un fardeau venait de lui être retiré.

– Savez-vous, demanda Osteen, si Chris voulait vous parler du drame après son admission à l'hôpital ?

– Oh, oui. Le Dr Royal me disait que Chris voulait me parler. Mais vous m'aviez expressément recommandé de ne jamais discuter avec lui de la journée du 25 juillet. Chris m'a dit que vous lui aviez demandé la même chose. Alors, nous nous sommes efforcés d'éviter cette question.

– Mais, en réalité, durant toute cette période, Chris désirait intimement se confier à vous ?

– Oui, absolument. Et je voyais qu'il était très ennuyé de ne pas pouvoir le faire.

– Avez-vous remarqué un changement chez lui après qu'il vous eut avoué la vérité ?

– Bien sûr. Il était soulagé. Le fait de n'avoir plus rien à cacher l'a complètement métamorphosé.

– Madame Von Stein, vous êtes à la fois une mère et une victime. Pouvez-vous faire part à la cour de vos sentiments sur l'état actuel de Chris, sur l'état d'esprit dans lequel il envisage son incarcération ?

Bonnie inspira profondément. Elle aurait désespérément voulu ne pas pleurer en public, mais elle ne put s'en empêcher.

– Je crois sincèrement, dit-elle en séchant ses larmes, que Chris est prêt à endurer sa peine. Il veut payer sa dette et assumer ses actes... des actes qu'il ne peut pas vraiment m'expliquer. Je crois que, s'il n'y avait pas eu la drogue, Chris aurait été incapable de faire une chose pareille. Je ne l'ai pas élevé comme ça. Il n'est pas comme ça. Quoi qu'il en soit, je serai toujours à ses côtés, je continuerai à l'aimer comme je l'ai toujours aimé. Ce qui est fait est fait, on ne peut pas revenir sur le passé. Mais, au fond de mon cœur, je suis convaincue que, sans la drogue, rien de tout cela ne se serait jamais produit. Et, si je suis encore en vie quand il sortira de prison, je ferai l'impossible pour l'aider à se redresser et à prendre un nouveau départ dans la vie.

Après une pause, elle ajouta :

– Je vais d'ailleurs prendre des dispositions pour rendre ces choses possibles même si je ne suis plus de ce monde le jour de sa libération.

Quand elle retourna s'asseoir au premier rang, Lewis Young vint prendre place à côté d'elle et lui dit :

– Je tiens à vous présenter mes excuses pour les tourments que j'ai pu vous causer au cours de l'enquête. J'ai parfois été obligé d'entreprendre certaines démarches qu'il m'était impossible d'expliquer sur le moment.

Elle le remercia et lui assura qu'elle comprenait parfaitement. Il n'avait fait que son devoir.

– Je voudrais faire une observation, dit le juge Watts pour conclure le témoignage de Bonnie. Soyez certain, monsieur Osteen, que je mesure la difficulté de la situation dans laquelle tout ceci vous a placés, vous et M. Vosburgh, ainsi que M. Pritchard et Mme Von Stein. Je dois dire que vous avez négocié ce problème avec un sens aigu de vos responsabilités et en totale conformité avec le Code de déontologie.

Mais Mitchell Norton monta au créneau en affirmant que, des trois personnes impliquées dans ce meurtre, « Chris Pritchard était le plus coupable d'un point de vue moral ». Rappelant qu'il s'agissait d'une « tuerie sauvage et brutale », il trahit sa promesse faite à Osteen et réclama la peine maximale : la réclusion à perpétuité.

Jim Vosburgh fut outré. Nom de Dieu, pensa-t-il, si Chris était moralement le plus coupable des trois, alors Norton aurait dû avoir assez de couilles pour affronter un jury d'assises, Osteen ou pas Osteen, comme il l'a fait pour Upchurch.

Il se leva et dit avec une certaine indignation :

– N'importe lequel de ces trois jeunes gens aurait pu reculer à n'importe quel moment. Personne n'a forcé M. Henderson à conduire la voiture. Personne n'a forcé M. Upchurch à faire ce qu'il a fait. De même que personne n'a forcé M. Pritchard à dessiner un plan. Le district attorney estime qu'il est plus coupable. Pourquoi ces degrés, pourquoi ces différences ? Cet argument ne tient pas la route si vous prenez en considération le rôle joué par les trois complices.

Au lieu de prétendre que Chris avait « incité » les deux autres à commettre le crime, il fallait savoir reconnaître que la véritable incitation avait été Donjons & Dragons.

– Ou plutôt, rectifia-t-il, Donjons & Dragons *et* la drogue. Les trois D. Voilà les trois incitations. L'idée a pu germer dans l'esprit de ces jeunes gens comme une mauvaise blague mais, à cause de l'engrenage du jeu et de la drogue, le projet a quitté la sphère du fantasme pour entrer dans celle de la réalité.

Alors, pour la première fois depuis le début de l'audience, Bill Osteen prit véritablement la défense de son client, qu'il détestait depuis le début, dont il avait appris à se méfier au fil des mois et qui était à l'origine de l'affaire la plus désastreuse et la moins gratifiante de sa carrière.

Personnellement, Osteen était enclin à donner raison à Norton. Ainsi qu'il le dirait plus tard : « Le pire des trois était de loin le fils. Celui qui avait tenu l'arme n'était pas plus fautif que lui et, si j'avais été procureur à ce moment-là, je n'aurais pas été fier de comparer le sort d'Upchurch à celui de Chris. »

Evidemment, il se garda d'exprimer cette opinion devant la cour. Ce n'était pas le moment. Jusqu'au prononcé de la sentence, il devait se comporter en avocat de Chris.

– Il y a deux ou trois choses, Votre Honneur, sur lesquelles j'aimerais attirer votre attention.

» Chris Pritchard a laissé le souvenir d'une personne honorable dans le quartier où il a grandi. Et il est pratiquement inconcevable que les choses en soient arrivées à de telles extrémités. Toutefois, ce n'est pas un cas unique si l'on songe à ce qu'a dit hier le Dr Royal au sujet des conditions psychiques nées de son environnement et de son enfance difficile.

» Mais j'irai plus loin. C'est le groupe social dans lequel il évoluait qui l'a profondément influencé. Je ne parle pas seulement de N.C. State, mais de n'importe quelle université, de n'importe quelle école. Car j'ai découvert, à ma grande surprise, que la mentalité de Chris s'accordait avec l'air du temps. Je lisais cette semaine un livre intitulé *Comprendre le New Age*. Je ne sais pas ce qu'il faisait chez moi, je crois que c'est ma femme qui se l'était procuré. Toujours est-il que je me suis mis à le feuilleter.

» Il y a dans ce pays, Votre Honneur, un ''New Age'', un

"Nouvel Age" qui permet aux gens, paraît-il, d'optimiser leurs actes. Ce nouvel âge – popularisé notamment par l'actrice Shirley MacLaine – semble fondé sur une théorie disant : "Je suis un être et, en tant que tel, je suis capable de transposer mes propres pouvoirs sur une plus grande échelle, je suis donc Dieu." C'est l'idée générale.

» Dans le *L.A. Times*, l'écrivain Russel Chandler a décidé de se pencher de plus près sur le New Age. Si vous le permettez, je vais me référer à ses propos, parce qu'ils apportent un éclairage intéressant sur l'affaire qui nous occupe. "Nous sommes tous conscients, écrit-il, du danger qui s'attache aux drogues psychédéliques. Pour des dizaines de milliers de gens, les drogues psychédéliques ne ramènent pas vers quelque antique Xanadu, mais conduisent tout droit à l'asile psychiatrique. Or, l'attrait du New Age pour l'univers hallucinatoire va au-delà de la drogue, il englobe la pratique concertée du fantasme et exalte les jeux de rôles et d'imagination tels que Donjons & Dragons, qui a envoûté la jeunesse il y a quelques années. Donjons & Dragons est une porte ouverte vers l'occultisme." Selon Russel Chandler, les drogues hallucinogènes – dont l'ecstasy, qui a été évoquée devant ce tribunal – et les jeux comme Donjons & Dragons sont une entreprise de déstabilisation de toute une frange de la société qui n'a jamais eu beaucoup de religion, visant à en créer une nouvelle pour l'enchaîner.

Dans cette diatribe de Bill Osteen, c'était moins l'avocat que l'ancien élu républicain qui parlait, mais en s'adressant à un juge qui, bien que démocrate, partageait les mêmes valeurs.

– L'autohypnose, poursuivit-il, est un instrument puissant et complètement incompris. « C'est de la manipulation », dit Chandler. Votre Honneur, c'est exactement ce que nous constatons dans le cas de Chris Pritchard. Je suis sûr qu'il y a des gens capables de jouer à Donjons & Dragons sans en subir les effets néfastes. Il y a aussi des gens qui peuvent se droguer sans devenir des criminels. Et il y a des gens qui grandissent dans des conditions difficiles et réussissent très bien dans la vie. Mais, une fois de temps en temps, toutes ces conditions réunies produisent ce qui s'est passé ici.

» Je soutiens que Chris Pritchard, au moment des faits, n'était plus lui-même. Il a été déformé – non seulement sur le plan de la personnalité, mais même sur le plan pathologique, comme l'a montré le Dr Royal – au point de croire qu'il avait le pouvoir de contrôler sa propre destinée. Et, tout au long de ce drame, Votre Honneur, il y a eu une mère. Une mère qui a vécu l'enfer, qui est passée de la conviction que son fils était innocent au doute, à l'incompréhension. Une mère, Votre Honneur, qui est venue ici même nous dire : ''Je veux l'aider, je veux lui donner tout mon amour, je veux être à ses côtés.'' J'espère, non, je suis sûr, que la cour acceptera de prendre toutes ces choses en considération.

Alors, le juge Watts donna la parole à Chris.

Chris se leva. Dans son petit veston, qu'il allait bientôt troquer contre un survêtement de prisonnier, il avait l'air anxieux, apeuré et très adolescent. On lui aurait donné seize ans à peine. Tout à coup, il semblait lui aussi une victime.

– Je sais que je suis coupable et que je mérite d'être condamné. Je remercie M. Norton de s'être entendu avec mes avocats. Mais c'est à ma famille que je voudrais m'adresser maintenant...

Il semblait avoir du mal à tenir debout et commençait à pleurer.

– Comme l'a dit le Dr Royal, j'ai toujours refoulé mes sentiments. Je ne sais pas pourquoi, mais c'est un fait. Et ils ont monté en moi comme la pression dans une cocotte-minute...

Il éclata en sanglots.

– ... et ils ont débordé... comme en ce moment.

Il tourna le dos au juge pour regarder les travées bondées où étaient assis sa mère, sa sœur, sa grand-mère, son oncle, ses tantes et de nombreux anciens amis de classe, parfois accompagnés de leurs parents. Beaucoup d'entre eux pleuraient aussi.

– Je veux juste que vous sachiez que je vous aime tous. Je vous remercie d'être venus pour me soutenir. Sincèrement, je crois que je ne mérite pas ce soutien. Mais le Seigneur m'a donné la force de venir ici aujourd'hui et de faire ce que je sais être bien. Et je prie pour qu'Il vous apporte, à vous aussi, Son soutien dans les années à venir, parce que je ne serai pas là pour le faire.

Puis, essayant de retrouver une contenance, il se tourna vers le juge.

– Je ne peux pas en vouloir à James Upchurch ou à Neal Henderson pour ce qu'ils ont fait. Le Seigneur m'a demandé de leur pardonner et je l'ai fait. Comme Il m'a demandé de me pardonner à moi-même, ce que je ne suis pas encore capable de faire.

» C'est tout ce que j'ai à dire. Merci.

La séance fut levée pour dix minutes.

A la reprise, le juge livra ses conclusions.

– Au cours de ma carrière, j'ai eu affaire à des crimes sordides, terribles, tragiques, mais je dois dire que celui-ci est particulier, tant par l'étrangeté occulte de son développement, comme vous l'avez très justement souligné, monsieur Osteen, que par l'atrocité de ses conséquences pour tous.

» Pour tous mais singulièrement pour Lieth Von Stein qui, sans procès, sans jury, sans défense, s'est vu infliger le châtiment suprême à la suite d'une conspiration née dans l'esprit de son propre beau-fils, qu'il aimait et nourrissait.

» Quand Upchurch a été appréhendé, il possédait un sac à dos contenant plusieurs livres. Parmi ceux-ci se trouvait un recueil d'œuvres choisies de William Shakespeare. *Le*

Roi Lear, acte I, scène 4 : "Combien plus déchirante que la morsure d'un serpent est l'ingratitude d'un enfant." Plus déchirante que la morsure d'un serpent...

Il regarda Chris dans les yeux.

– Monsieur Pritchard, je crois à vos remords. J'y crois sincèrement. Je suis convaincu que, si vous pouviez revenir en arrière, vous déferiez ce que vous avez fait. Mais vous ne le pouvez pas. Et vous devez payer les conséquences des actes qui vous ont amené ici.

» Car le père du projet était Christopher Pritchard. La sage-femme était peut-être le triptyque Donjons-Dragons-Drogue – je ne reviendrai pas là-dessus – mais l'initiateur était Christopher Pritchard... "Combien plus déchirante que la morsure d'un serpent". »

Sur ces mots, Thomas Watts prononça la sentence maximale : réclusion criminelle à perpétuité, avec une peine incompressible de vingt ans.

Chris fut autorisé à se rendre dans les rangs du public pour embrasser sa famille et ses amis. Puis, Osteen demanda au juge d'accorder à Chris un dernier moment en tête à tête avec sa mère et sa sœur.

Chris, Bonnie et Bill Osteen furent conduits dans une petite pièce adjacente aux appartements du juge pour un adieu intime. Angela ne les accompagna pas. « Je n'ai pas compris pourquoi, dira plus tard Osteen. Tout cela n'était destiné qu'à lui permettre de dire un dernier au revoir à son frère. »

Mais il est vrai que même Bonnie fut brève. Elle savait que la sentence de Henderson allait être maintenant prononcée et elle, qui avait suivi toute la procédure judiciaire depuis le début, ne voulait pas manquer ce moment.

Elle quitta donc la pièce, laissant Chris en compagnie de l'avocat qui l'avait détesté dès le premier jour. Quand la porte se referma derrière elle, Bill Osteen éprouva pour la première fois un sentiment voisin de la sympathie, et même de l'affection, pour Chris.

– On savait que ça devait arriver, lui dit-il. Mais aujourd'hui, vois-tu, il s'est passé quelque chose d'important. J'ai perçu un élan de spontanéité, d'authenticité de ta part. J'ai senti que tu pensais : « J'aime ma famille et je sais que ce que j'ai fait est mal. » Je crois que tu as franchi un grand pas, Chris. Si tu continues dans cette voie, je pense que tu t'en sortiras.

– Oui, monsieur. C'était trop long à venir. Je leur ai vraiment fait du mal. Mais je vais m'efforcer de réparer, dans la mesure de mon possible, le tort que je leur ai causé.

De retour dans la salle d'audience, le juge Watts qualifia Henderson de « jeune homme brillant », loua ses notes universitaires et le félicita pour son honnêteté et sa coopération, sans lesquelles le crime n'aurait peut-être jamais été élucidé. En conséquence, il le condamna à une peine d'emprisonnement avec « permission d'études » qui lui laissait espérer une libération conditionnelle avant cinq ans.

Aux yeux de Bonnie – qui croyait toujours fermement que Henderson était l'homme qui avait essayé de la tuer –, la clémence de cette sentence était un comble. Elle en fut tellement retournée que, dès la fin de l'audience, elle se précipita vers la table de l'accusation pour s'en plaindre vertement à la première personne qu'elle trouva, en l'occurrence le jeune et affable assistant du district attorney, Keith Mason.

– Ça veut dire que je vais devoir dormir avec un pistolet chargé sous mon oreiller jusqu'à la fin de mon existence, protesta-t-elle. J'espère qu'un jour vous finirez par me dire ce qui s'est *vraiment* passé.

– Pardon ?

– J'espère que vous finirez par me dire ce qui s'est vraiment passé.

Keith Mason ne se mettait pas facilement en colère, surtout contre une femme qui avait souffert autant que Bonnie, mais il venait de vivre une longue journée, une longue semaine, un long mois, une longue année.

– Bonnie, répondit-il, si vous me disiez franchement ce que vous avez sur le cœur ?

– Savez-vous que le Dr Hudson pense qu'il y a eu deux agresseurs ? Une seule personne n'aurait pas pu se servir d'une batte *et* d'un couteau en même temps.

– Oui, je connais l'opinion du Dr Hudson.

– Eh bien, qu'est-ce que vous en pensez ?

– Les opinions sont les opinions. Chacun a la sienne, surtout quand on n'est pas obligé de la donner sous serment. Je vous assure que nous n'essayons pas de couvrir Neal, ni qui que ce soit.

Puis, d'un ton plus tranché, il ajouta :

– Bonnie, je ne sais pas qui d'autre qu'Upchurch était dans votre chambre. Je ne le sais pas parce que je n'y étais pas. Mais permettez-moi de vous dire qu'un grand nombre de personnes sont persuadées que c'est vous qui avez tué votre mari. Je ne suis pas de celles-là, parce que je n'ai aucun indice à ce sujet. Vous l'avez peut-être tué, mais il n'y a pas d'indices. Et je peux vous assurer que nous avons mené notre enquête en fonction des indices, exclusivement des indices, et non d'une quelconque présomption.

Et ainsi Bonnie se retrouvait à la case départ : elle était à la fois une victime, une suspecte et une mère qui avait placé en son fils une confiance indue.

Au sortir du tribunal, elle entra dans un petit parc de l'autre côté de la rue, s'assit sur un banc et, sous un soleil étonnamment chaud pour un mois de janvier, fit son seul et unique commentaire public sur l'affaire.

Lisant le compte rendu qu'elle avait préparé avec Wade Smith, elle dit :

– Les événements de ces dix-huit derniers mois ont été tragiques pour moi comme pour ma famille. Nous avons traversé des épreuves pires que ce que j'aurais pu imaginer.

J'aimais mon mari, Lieth, et j'aimais la vie tranquille que nous menions. La nuit de sa mort, j'ai failli moi-même succomber à mes blessures. Je ne comprends pas pourquoi j'ai survécu.

» A présent mon fils, Chris, et deux de ses compagnons ont été condamnés pour leur participation dans ce drame. J'aime Chris, comme les parents de Neal et de James doivent les aimer de leur côté. J'espère que ces trois jeunes gens trouveront un jour le repos de leur âme. Nous sommes maintenant confrontés à la tâche difficile de reconstruire nos vies et de repartir de l'avant. Grâce au soutien constant de notre famille et de nos amis, nous y parviendrons.

Puis, après avoir réglé sa note au *Goodnite Inn*, elle retourna dans sa petite maison vide de Winston-Salem.

A peine arrivée, elle alla voir ses chats dans l'abri derrière la maison. Elle ouvrit la porte, entra et s'assit à même le sol, appuyée contre le mur, les yeux fermés.

« Et je suis restée là une heure, racontera-t-elle, au milieu de ces pauvres, douces et innocentes créatures qui grimpaient, ronronnaient et se frottaient contre moi. »

CINQUIÈME PARTIE

ÉTRANGÈRE À JAMAIS

FÉVRIER 1990-JUILLET 1991

41

A peine trois jours plus tard, je rencontrai Bonnie dans la petite salle de conférences sans fenêtres de Tharrington, Smith & Hargrove. Le lendemain, elle me conduisit à Little Washington et nous déambulâmes ensemble dans la maison de Lawson Road.

Elle m'assura qu'il n'y aurait pas de secret entre nous, pas de rideau de fumée. Elle demanderait à tous ceux qui avaient été en contact avec elle dans cette affaire de répondre à toutes les questions que je pourrais leur poser.

Durant l'hiver dernier et au cours du printemps et de l'été 1990, j'ai passé de longues heures dans le living-room mal éclairé de la petite maison de Bonnie, où je m'entretenais avec elle de sujets sombres et pénibles.

Je séjournais dans un hôtel voisin. J'arrivais généralement vers 9 heures du matin et nous parlions toute la journée. Elle me préparait du thé glacé, me servait des sandwiches pour le déjeuner et répondait franchement à toutes mes questions, les anticipant parfois.

D'habitude, après ces séances, nous allions dîner dans l'un des nombreux restaurants des environs et nous nous efforcions d'aborder d'autres sujets de conversation, plus réjouissants. Mais il n'y en avait pas beaucoup. Bonnie était comme séquestrée dans une grotte obscure et solitaire qui ne lui offrait aucune possibilité d'évasion.

Nous étions physiquement proches mais, émotionnellement, elle était très loin de moi. En de rares occasions seulement, tard dans l'après-midi et uniquement si nous parlions de son père ou de Lieth, j'ai pu voir ses yeux s'éclairer et son visage s'animer.

– Je n'aime guère les gens qui s'épanchent trop facilement, disait-elle. Je n'élude pas les situations difficiles, mais j'évite de m'appesantir dessus. Pourquoi accablerais-je les autres de mes propres fardeaux ?

Au fil du temps, en l'espace d'un an, je me suis rendu compte que cette propension de Bonnie à dissimuler ses émotions n'était pas simplement un mécanisme protecteur qu'elle eût adopté pour survivre à la tragédie qui l'avait frappée, mais un trait dominant de la famille Bates, particulièrement sensible chez elle depuis l'enfance.

J'ai rencontré Chris pour la première fois en 1990, le jour de la fête des Mères, dans une prison de Goldsboro, au sud-est de Raleigh, où il suivait une cure de désintoxication. Nous avons parlé deux heures dans une pièce embrumée par la fumée de cigarettes, meublée de tables métalliques vissées au sol à deux mètres l'une de l'autre.

Terriblement nerveux, il fumait comme un pompier. Ses mains tremblaient et il ne cessait de bouger les genoux. Il essayait de se laisser pousser la barbe et avait adopté une coupe de cheveux très stricte, qui le rendait méconnaissable.

Il me dit qu'il se sentait mieux en prison qu'à N.C. State dans les semaines qui avaient précédé le meurtre.

– Je ne pouvais pas rester vingt-quatre heures sans picoler, fumer du shit ou me faire un trip. C'était comme ça du matin au soir. Je sentais qu'il fallait que je m'échappe de tout ça.

– Que tu t'échappes de quoi ?

– De moi-même, je suppose. Mais, à l'époque, je ne distinguais pas la réalité de la fiction. Nos personnages de jeu étaient plus importants que la vie réelle.

Lorsqu'ils allaient boire des pots à la *Wildflour Pizza*, Moog criait tout à coup :

– Cinq mille points d'expérience à celui qui tapera sur la table avec sa chope en gueulant : « Soubrette, de la cervoise ! »

Moog leur donnait des points d'expérience pour toutes sortes de choses, des vols par exemple. Plus les objets volés étaient chers, plus le Maître du Donjon leur accordait de points.

– Le principe était simple : quand on faisait un truc un peu gonflé dans la vie réelle, on recevait des points pour son personnage. Avec ses points, le personnage accumulait des richesses et des pouvoirs. Et il faisait des choses qu'une personne réelle ne ferait jamais. Le jeu était une manière de donner libre cours à ses pulsions sans avoir à le regretter après. Du moins, c'est ce qu'on croyait. Le hic, c'est que, avec toute cette drogue, on finissait par ne plus faire le distinguo. Je me rappelle que, quand on préparait les meurtres, je ne pensais pas vraiment à l'argent mais aux points d'expérience que ça me rapporterait.

Ce n'est que longtemps après qu'il avait compris à quel point son personnage, Dimson la Vagabonde, lui ressemblait.

– Elle était solitaire, sa famille était morte, elle était coupée d'elle-même, comme moi. Et elle s'efforçait toujours de se dissimuler. Vous savez, je me méfie de tout le monde, tout le temps, alors je ne veux pas que les gens puissent me voir tel que je suis. J'ai construit un mur invisible autour de moi, brique par brique. Je me sens toujours seul à cent pour cent. Même si j'étais dans une pièce avec mille personnes, je serais tout seul. Et je sais que c'est définitif.

Dans des visites ultérieures – il avait finalement été transféré dans une prison appelée Craggy, au nord d'Asheville –, nous avons parlé plus longuement de ses sentiments d'aliénation par rapport à sa famille.

– Je n'ai jamais eu un vrai foyer. Avec Lieth, quand on était « sages », on était « ses gosses », comme il disait. Mais, dès qu'on faisait quelque chose de travers, il se mettait à gueuler après maman. Et ça, je n'aimais pas. Ça me foutait vraiment les boules. Ça ne se passait pas toujours bien entre eux, vous savez. Loin de là. Ceux qui vous diront le contraire sont des menteurs. Le torchon brûlait. Une fois, je me rappelle, j'ai vu maman en larmes téléphoner à Ramona pour lui dire qu'elle allait quitter Lieth et nous laisser tous tomber.

» Après, il s'est mis à boire. Vous avez entendu parler de la dispute qu'on a eue un jour à table, quand il m'a menacé du poing. Mais ça, c'était rien. La deuxième fois, il a failli me tuer. Il était complètement bourré, il essayait de me botter le cul en gueulant : ''Je te déteste ! Je te déteste ! Je te déteste !'' Il me donnait des coups de pied. J'ai tenté de me défendre en utilisant mes techniques de taï-kwan-do. Il a dit : ''Allons régler ça dehors !'' Maman et Angela criaient : ''Arrêtez ! Arrêtez !'' Alors, je me suis enfui, comme d'habitude. J'ai pris ma bagnole et j'ai roulé comme un fou pendant des heures.

Chris m'expliqua que les choses allaient très mal depuis qu'ils avaient emménagé à Little Washington.

– Je n'ai jamais aimé cette maison. Je n'ai jamais parlé de mes problèmes à ma mère. Je ne sais pas pourquoi. Mais je crois que c'est parce que je me suis toujours méfié d'elle, depuis que je suis tout petit. J'avais toujours peur qu'elle ne m'abandonne, comme Steve Pritchard. Vous savez pourquoi je suis allé à State au lieu de faire mes études à Greenville ? Ce n'était pas parce que c'était une meilleure université, c'était parce que je voulais être le plus loin possible de chez moi. Parce que « chez moi », ça n'a jamais été chez moi.

Un jour, je lui ai dit que sa description de la vie familiale me faisait penser à un puzzle que personne n'avait jamais pu finir.

– Non, répondit-il, c'était pire que ça. Dans un puzzle, au moins, toutes les pièces ont leur place. Elles sont conçues pour s'imbriquer. Tandis que là, aucune pièce ne s'adaptait, aucune ne correspondait au dessin : quatre personnes différentes vivant sous le même toit et essayant de rester chacune de son côté.

» L'atmosphère était toujours tendue. On savait tous que ça n'allait pas entre nous, mais on faisait semblant, on fermait les yeux. On a fini par prendre l'habitude de vivre ensemble sans en avoir envie. Tout le monde était toujours à cran. On allait au restaurant et Lieth se mettait à faire du scandale, en se plaignant de tout. Et, à la maison, c'était pareil, il n'arrêtait pas de râler.

» Après Chocowinity, c'est devenu l'enfer avec lui. Il remettait toujours cette histoire sur le tapis. Alors, à la moindre occasion, je foutais le camp. N'importe où. Et je buvais. Un jour, je suis rentré complètement beurré. Ma mère était là. Je l'ai traitée de salope, je suis allé à sa voiture et j'ai vomi dedans. Si j'ai souvent souhaité leur mort, c'était pas seulement à cause de la drogue. Ce serait trop facile. J'avais la haine depuis longtemps déjà. La drogue a seulement été le détonateur et le jeu m'a donné le moyen de passer à l'acte.

– Mais pourquoi souhaitais-tu leur mort ? lui ai-je demandé. Pour qu'ils ne puissent jamais te rejeter ?

Il réfléchit longuement, puis répondit :

– Non. Si j'ai voulu les tuer, c'était parce que, quand ils seraient morts, je ne pourrais plus les décevoir.

42

J'ai aussi enquêté à Little Washington. Comme Keith Mason l'avait dit à Bonnie à la fin du procès, beaucoup de gens dans cette ville croyaient encore que la mère et la fille étaient impliquées dans le meurtre de Lieth.

J'eus une longue conversation avec Mitchell Norton, au cours de laquelle, après avoir fumé d'innombrables Salem Light, il me fit part de ce qu'il appelait son plan B, qu'il aurait probablement mis en pratique si Chris avait plaidé non coupable.

Ce plan consistait essentiellement à accuser Bonnie du meurtre, en laissant entendre que, bien qu'elle ne fût pas inculpée, tout un faisceau de présomptions permettaient de penser qu'elle avait dirigé elle-même la conspiration afin de mettre la main sur la fortune de Lieth.

Norton reconnaissait qu'aucune preuve matérielle ne liait Bonnie aux faits, mais il en avait été de même pour Upchurch. Et Bonnie avait un bien meilleur mobile : un mobile de deux millions de dollars.

Son but, me dit-il, n'aurait pas été de la faire condamner – puisqu'elle n'était pas inculpée –, mais de jeter le discrédit sur elle, afin de mettre le jury en garde contre tout ce qu'elle pourrait dire en faveur de son fils.

Pour appuyer sa thèse, il aurait invoqué le riz non digéré,

les lettres adressées à Lieth par la mystérieuse femme de Californie et les pages ensanglantées d'*Une rose en hiver*. Il aurait aussi insisté sur le comportement de Bonnie et sa curieuse absence d'émotion en maintes occasions. Enfin, il aurait également impliqué Angela, comme les avocats d'Upchurch avaient timidement essayé de le faire.

Le riz demeurait une question non résolue. Plus d'un an après le procès, elle chiffonnait encore Page Hudson.

– Le riz est un aliment facile à digérer, dit-il. Le poulet cuit aussi. Or, ces deux aliments n'avaient subi pratiquement aucune transformation. S'ils m'avaient dit qu'il les avait absorbés dix ou quinze minutes avant sa mort, je n'aurais pas sourcillé. Mais quand ils m'ont parlé de quatre ou cinq heures...

» Dès avant minuit, il aurait dû avoir l'estomac vide et le bol alimentaire aurait dû être pratiquement impossible à identifier. Maintenant, la vie m'a enseigné que presque chaque règle avait une exception, alors je n'affirme pas catégoriquement que c'est impossible. Je dis simplement que je suis perplexe. Je ne vais pas aller crier sur les toits qu'il y a eu déni de justice parce que ce riz n'était pas digéré, mais je répète que je suis très surpris. Et je n'arrive toujours pas à admettre les conclusions de l'enquête. Vous savez, j'ai souvent rêvé de pouvoir visionner le film de ce qui s'était réellement passé dans les affaires que j'ai eu à examiner. Si on me disait : ''Tenez, choisissez-en une demi-douzaine et vous pourrez en voir le replay'', celle-ci ferait sûrement partie de ces six-là. Il y a quelque chose qui ne tourne pas rond dans cette affaire. Un chaînon manquant. Une carte qui n'a pas été distribuée.

Le sentiment du Dr Hudson était partagé par les deux avocats de James Upchurch.

– Si toute la vérité avait été dite, me confia Frank Johnston, il y aurait eu d'autres personnes impliquées. Je pense que certaines complicités sont restées dans l'ombre.

Son opinion se fondait sur deux facteurs : le riz non digéré et l'attitude de Bonnie et de ses enfants pendant le procès.

– La froideur de Bonnie, Chris et Angela m'a choqué. Bonnie n'a jamais paru sincèrement émue quand elle parlait de son fils ou de son mari. Ce n'est peut-être pas une personne émotive mais, tout de même, un tel degré de self-control a de quoi surprendre.

Comme je lui demandais s'il mettait en doute le récit de Bonnie, il me répondit :

– Absolument. Quand vous prenez en compte le facteur temps et la question du riz, vous vous retrouvez en plein brouillard. L'expertise médicale contredit catégoriquement l'accusation. Alors, de deux choses l'une : soit le Dr Hudson se trompe, soit Bonnie cache quelque chose.

Wayland Sermons n'allait pas aussi loin, mais il reconnaissait que « Bonnie avait une personnalité très inhabituelle » et que les conclusions du Dr Hudson « semblaient mener dans une direction toute différente de celle indiquée par Bonnie, Neal Henderson et Chris ».

– Je crois que, un jour ou l'autre, on finira par découvrir qu'il y avait quelqu'un d'autre dans la pièce.

Pour Sermons, le fait de dire « quelqu'un d'autre » était une manière implicite d'admettre que son client avait été présent aussi, mais ce n'était pas là qu'il voulait en venir.

– Je pense que ce quelqu'un était probablement Henderson. Ou alors Henderson et quelqu'un d'autre. Il s'est passé trop de choses et trop vite pour qu'elles soient le fait d'une seule personne.

Ce point de vue était partagé à la fois par Page Hudson et par Tom Brereton, sans parler de Bonnie.

– Henderson a eu un an pour concocter son histoire. Et je ne crois pas un instant que ce qu'il a dit au tribunal soit la vérité, toute la vérité.

Au sujet de Chris, il dit :

– Je pense que tout le monde est sorti de la salle d'audience avec le sentiment que ce pauvre Chris ne connaissait pas la vérité. Ou qu'alors, s'il la connaissait, il ne savait pas comment la dire.

– Et Bonnie ? demandai-je.

– Je n'ai cessé de me poser la question. Etait-elle impliquée ? Je réserve mon opinion pour moi. Mais savez-vous ce que pense Frank Johnston ? Selon lui, elle n'aurait jamais pu survivre à une agression réellement meurtrière, c'est-à-dire avec des blessures moins superficielles.

Lewis Young aussi reconnut qu'il avait eu des doutes au sujet de Bonnie, même après son succès au test polygraphique.

– Je ne pensais pas vraiment qu'elle ait pu jouer un rôle déterminant dans le complot, mais je n'arrivais pas à oublier qu'il y avait énormément d'argent à la clé et qu'elle en était la principale bénéficiaire. Cela dit, j'avais du mal à croire que quelqu'un soit capable de s'infliger de telles blessures uniquement pour donner le change. Même si ces blessures se sont finalement révélées moins graves qu'on ne l'avait d'abord pensé, c'eût été un jeu trop dangereux : la batte risquait de frapper au mauvais endroit, le couteau pouvait s'enfoncer un peu plus profondément que prévu... C'était trop aléatoire, trop difficile à contrôler.

Bill Osteen lui-même, pendant un temps, avait eu des soupçons. Pour lui, le problème ne venait pas de la froideur de Bonnie, mais d'un fait plus concret.

– Il y a quelque chose dont je n'ai jamais voulu parler, me dit-il. Si vous remontez au début de l'enquête, vous découvrirez qu'on a retrouvé deux lettres dans un tiroir du bureau de Lieth. Le contenu de ces lettres permet de supposer que Lieth avait une liaison avec une dame de Californie. Et je me suis toujours demandé si nous n'étions pas là en présence d'une affaire qui nous dépassait tous. J'ai abandonné cette idée. Complètement. Mais quand j'ai eu ces lettres sous les yeux, je me suis dit : « Est-ce que quelque chose m'échappe ? Est-ce que toute cette affaire n'est pas plus compliquée qu'elle ne le paraît déjà ? » Cependant, quand je pense à toutes les souffrances de Bonnie, je crois que je n'aurais jamais eu le cran de lui dire en face : « Eh bien, oui, à un certain moment, je vous ai considérée comme suspecte. »

Au total, les derniers articles restant dans la corbeille de linge sale de Mitchell Norton étaient les quatre pages tachées de sang d'*Une rose en hiver*. Dans le chaos du lieu du crime, personne ne se rappelait quand le livre lui-même avait été trouvé. John Taylor se souvenait de l'avoir eu entre les mains, mais il ne savait plus à quel moment.

En revanche, la localisation des quatre pages était certaine. Elles étaient posées en liasse sur la table de la machine à écrire. Et elles étaient tachées de sang. Un tee-shirt de Bonnie, pendu sur la chaise juste derrière, était également taché. Pour Young, cela indiquait que les pages se trouvaient sur la machine à écrire avant que le sang ne soit versé.

– Quand je suis allée me coucher, avait dit Bonnie au procès, il n'y avait aucun livre démantelé ou perdant ses pages dans la chambre.

A la question : « Avez-vous lu ce livre ? » elle avait répondu :

– Oui, il y a plusieurs années. Mais je ne me rappelle pas l'histoire.

Et les choses semblaient devoir en rester là, jusqu'au jour où Angela déclara dans une interview, le 14 juin de cette année (1991), qu'elle connaissait très bien ce roman.

– Oui, je l'ai lu deux ou trois fois, dit-elle.

Une révélation étonnante si l'on considère que, d'une part, Angela n'avait pas la réputation d'être une lectrice acharnée et que, d'autre part, elle avait affirmé aux enquê-teurs du S.B.I., Newell et Sturgess, en mars 89, qu'elle ne se souvenait pas de ce livre. Et voilà maintenant qu'elle avouait être parfaitement au courant de l'intrigue qui s'y déroulait.

D'après elle, si le livre était à côté du lit, c'est que sa mère devait être en train de le lire à l'époque.

Au cours du même mois de juin 91, l'ancien camarade de chambre de Chris, Vince Hamrick, fit à son tour quel-ques observations troublantes.

Premièrement, outre sa batte de base-ball, James Up-church conservait dans sa chambre une arme d'arts mar-tiaux japonais. C'était un objet fait de deux morceaux de bambou liés ensemble et renforcés qui, contrairement aux apparences, constituait une arme redoutable, sans doute moins efficace qu'une batte de base-ball pour fracturer un crâne mais capable d'infliger de sérieux dommages à un front, surtout celui d'une femme étendue sur le sol. Détail important : lorsqu'on s'en servait pour frapper un coup sec, dit Vince, il produisait une sorte de sifflement.

– Un bruit comme « ziouf » ?

– Exactement.

Deuxièmement, après le meurtre de Lieth, Moog avait dormi pendant deux semaines dans le lit de Chris, qui n'était pas revenu au campus, devenant ainsi provisoire-ment le cothurne de Vince. Moog n'avait jamais parlé du crime, mais Vince avait remarqué qu'il était « très peu athlétique », incapable de soulever des haltères qui sem-blaient légers à tous les autres.

Henderson, beaucoup plus costaud, était aussi « très per-vers ».

– Dans nos parties de D & D, il était le magicien. Il dé-couvrait des objets magiques, disait aux autres qu'ils ne va-laient rien et revenait ensuite les récupérer pour se les gar-der.

Selon Vince, Upchurch était trop gringalet pour avoir perpétré l'agression tout seul. Vince était convaincu que Henderson y avait participé. C'était probablement Upchurch qui avait donné les coups de couteau, mais la batte avait été maniée par Henderson.

– Il ne peut pas avoir été seulement un chauffeur de dernière minute, dit-il. C'était tout ou rien. Pourquoi lui auraient-ils demandé ça ? Il ne faisait même pas vraiment partie de notre bande.

Hamrick se rappelait aussi très clairement le dernier scénario de Donjons & Dragons imaginé par Moog, quelques jours avant le meurtre.

Moog l'avait intitulé : *Le Sauvetage de lady Carlyle*. Les personnages avaient pour mission de sauver lady Carlyle, une séduisante jeune femme qu'un méchant baron retenait prisonnière dans son château.

Une fois sauvée, lady Carlyle devait récompenser ses bienfaiteurs en leur léguant une part de la fortune de son père et en leur accordant ses faveurs sexuelles.

Moog, le Maître du Donjon, avait mis au point une stratégie qui consistait à entrer par effraction dans le château au milieu de la nuit pendant que lady Carlyle était endormie dans sa chambre.

Ce que j'appris de la bouche de Neal Henderson fut tout aussi troublant. Neal était incarcéré dans le comté de Harnett, non loin de Fayetteville et Fort Bragg.

Au cours du printemps 1990, j'ai pu avoir avec Neal Henderson deux entretiens de deux heures, interrompus par le personnel de la prison. M'a-t-il dit la vérité ou m'a-t-il mené en bateau ? Je l'ignore. Son regard semblait franc, mais j'ai pu me tromper. Qui sait si je n'étais pas pour lui un simple pion dans une gigantesque partie de Donjons & Dragons ?

Quoi qu'il en soit, je peux rapporter ceci : il avait un torse très musculeux et un cou épais et très court donnant l'impression que sa tête était posée directement sur ses épaules. Tout en lui – ses gestes, son élocution, sa personnalité – était prudent, lent, réservé et maîtrisé.

Je lui ai demandé une fois de plus pourquoi il avait déplacé la voiture.

– Moog mettait trop de temps, dit-il. J'ai pris peur et j'ai voulu aller voir.

Pendant qu'il stationnait sur Airport Road, il avait entendu « quelqu'un courir ». Comme je m'étonnais qu'Upchurch ait pu le repérer en pleine nuit, il a dit :

– Je devais avoir le pied sur la pédale de frein, parce que, quand il s'est assis dans la voiture, la première chose qu'il m'ait dite, c'est : « Tes feux sont allumés. »

Ici, Henderson ajouta un élément de dialogue absent du procès :

– Il m'a dit : « Quelqu'un a fait un boucan du diable. J'ai dû cogner le mec pour qu'il reste tranquille. J'étais sûr que tout le quartier allait se réveiller. »

Malgré la confiance que Norton, Mason, Crone, Taylor et Young plaçaient en lui – tous des gens honnêtes et compétents mais qui, reconnaissons-le, avaient toutes les raisons de vouloir croire Henderson (qu'ils n'ont d'ailleurs jamais soumis au test polygraphique) –, je n'étais pas convaincu que son rôle dans l'histoire fût aussi limité qu'il le prétendait.

D'abord, il y avait l'impression visuelle de Bonnie. Ensuite et surtout, il était très improbable – ainsi que le soulignaient Page Hudson et Tom Brereton – qu'une seule personne, avec une batte de base-ball et un couteau pour tout armement, entre dans une maison qu'il savait occupée par trois adultes, avec l'intention de les tuer tous.

Le Dr Hudson avait dit : « Compte tenu des blessures de M. et Mme Von Stein, il me paraît beaucoup plus vraisemblable d'imaginer deux agresseurs. Je vois mal comment une seule personne aurait pu s'occuper des deux victimes à la fois. »

Quant à Brereton, avec ses vingt années d'expérience au F.B.I. – dont quelques-unes passées dans des réserves indiennes où les meurtres au poignard étaient fréquents –, il fut encore plus catégorique :

– On ne confie jamais trois victimes à un tueur unique, m'expliqua-t-il. Comment voulez-vous tuer la seconde, et à plus forte raison la première, sans réveiller la troisième ?

Chris disait avoir dessiné un plan de la maison, en plus du plan du quartier, pour indiquer à Upchurch où se trouvait la chambre d'Angela. Mais, pour autant que je sache, il n'avait jamais parlé de son téléphone. Car elle en avait un dans sa chambre. En cas d'alerte, il lui aurait été très facile d'appeler à l'aide. Par sécurité, Upchurch avait débranché le téléphone du rez-de-chaussée. S'il avait su qu'Angela en avait un autre, il n'aurait jamais sous-estimé ce risque.

A moins... à moins, bien sûr, qu'Angela n'ait été déjà réveillée ou ne soit allée se coucher en sachant d'avance qu'il ne lui serait fait aucun mal.

Autre possibilité : elle n'est au courant de rien, mais les cris de Lieth et les bruits de lutte la réveillent. Elle surprend un inconnu – Neal Henderson – en train d'assassiner sa mère et son beau-père, mais cet inconnu est accompagné de James Upchurch, un jeune homme qu'elle connaît très bien, qui ne lui déplaît pas et à qui elle plaît beaucoup.

Nous touchons ici un point qui a été bizarrement passé sous silence au procès. Chris a déclaré, dans sa première déposition, qu'il ignorait si Upchurch avait déjà eu l'occasion de rencontrer sa sœur. Mais Mitchell Norton m'a avoué que Henderson lui avait dit : « Angela a eu plusieurs fois des rapports avec Upchurch. »

A présent, sous un chaud soleil de juin, devant une table en ciment dans la cour de la centrale pénitentiaire du comté de Harnett, avec des gardes armés de carabines postés sur des miradors autour de nous, Henderson commençait à me raconter plus en détail ce qu'il savait des relations entre Angela et Upchurch.

– Angela plaisait énormément à Moog. Il m'avait même dit un jour : « Je viens enfin de rencontrer une fille que j'ai envie d'épouser. » C'était la première fois que je l'entendais parler comme ça d'une fille. Il était vraiment accroché. Il disait qu'elle était jolie, intelligente et, bien sûr, que ses parents possédaient des millions. C'étaient des confidences tellement inhabituelles de la part de Moog que je m'en souviens très bien. Je n'en revenais pas. Et ça, c'était bien avant les projets de meurtre. Comme je vous dis, je n'en revenais pas et, en même temps, j'étais flatté qu'il se confie à moi. Ce n'était pas son genre.

Tandis que je me préparais à partir, Henderson ajouta que le scénario de base de Donjons & Dragons consistait à tuer le roi et la reine pour épouser la princesse et ainsi recevoir les clés du royaume et la fortune de la famille régnante.

Et Angela, qui n'exprimait jamais aucune émotion, qui n'avait pas été réveillée par la tuerie, qui n'avait pas décroché son téléphone pour appeler la police et qui avait lu trois fois *Une rose en hiver*, avait pleuré quand Moog avait été condamné à mort.

43

Un jour du printemps 1990, Jean Spaulding, la psychiatre de Bonnie, me dit :

– Bonnie a encore besoin d'avoir une conversation sans concession avec Chris. Il faudrait qu'elle puisse lui dire en face : « Tu as essayé de me tuer, j'exige une explication. » Alors seulement, elle pourra assumer réellement ce qui s'est passé et progresser.

– Vous pensez donc qu'elle n'a pas encore pleinement accepté l'idée qu'il ait tenté de la faire tuer ? lui demandai-je. Evidemment, c'est dur à avaler.

– Très dur. Et ce sera encore plus dur, je pense, si Angela est impliquée.

C'était un problème. Il n'y avait aucune pièce à conviction, mais dans tous les camps, depuis les procureurs jusqu'aux avocats de la défense en passant par la famille et le Dr Spaulding elle-même, on doutait de l'innocence d'Angela.

Au procès, Frank Johnston avait insinué qu'Angela avait pu jouer un rôle.

– Un rôle actif ? lui ai-je demandé.

– Je pense qu'elle a mis la main à la pâte, si vous me passez l'expression. Je ne crois pas que quelqu'un puisse dormir pendant un crime aussi sanglant. Même une personne ayant le sommeil très lourd serait réveillée par des cris dans sa propre maison. Et je vous rappelle qu'elle avait énormément à gagner dans l'affaire, financièrement parlant.

A l'appui de ces soupçons, il y avait l'étonnante indifférence qui l'avait caractérisée à l'issue du drame. Sur le moment, on avait pu mettre cela sur le compte d'un état de choc. Mais, un an et demi après les faits, cette attitude avait de quoi déconcerter. Certes, elle avait la réputation (confirmée dans son entourage) d'avoir un sommeil de plomb et de pouvoir dormir à poings fermés au milieu d'un tremblement de terre ou d'une tornade, mais parmi les amis de Chris, beaucoup murmuraient qu'elle « en savait bien plus long qu'elle ne voulait le dire ».

Au sein de la famille de Bonnie, les soupçons s'exprimaient à des degrés divers.

Sa sœur Kitty ne disait rien.

Sa sœur Sylvia se rappelait vaguement que quelqu'un – elle ne savait plus qui – avait demandé : « Vous ne croyez pas que les gosses sont dans le coup ? »

Sa tante Bib reconnaissait que « cette question était dans l'air ».

Sa sœur Ramona affirmait, elle, que « si Chris savait, Angela savait ».

Quant à son frère George, celui qui était allé trouver Lewis Young en secret au début de l'enquête, il disait : « Il est possible qu'elle ait su ce qui se tramait et ne l'ait pas dit. » Sa femme Peggy ajoutait : « J'ai tout de suite eu des doutes au sujet d'Angela et j'en ai toujours. »

Plus récemment, en juin de cette année, ils abordèrent ouvertement la question devant moi :

– Je peux admettre à la rigueur qu'Angela n'ait pas été réveillée par le meurtre, me dit Peggy, mais qu'elle ait continué à dormir pendant que la police et les ambulanciers investissaient les lieux, alors là je ne marche plus. Et comment interpréter son absence de réaction *après* ? Au début, on a parlé d'« état de choc ». Je veux bien, mais, pas plus tard que le lendemain, on la retrouve avec ses copines. On ne va pas faire la fête quand on est en état de choc.

– Ce qui me semble incompréhensible, renchérit George, c'est que ces enfants n'aient pas pleuré. Pourquoi n'étaient-ils pas au chevet de leur mère à l'hôpital ? A leur place, j'y serais resté jour et nuit.

Par une ironie du sort, celui qui fit le plus pour accréditer l'innocence d'Angela fut justement celui qui inspirait le plus de méfiance à Bonnie : Henderson.

Ainsi que Lewis Young me l'a fait remarquer :

– Etant donné tout ce que nous a dit Neal Henderson, je ne vois pas pourquoi il aurait omis de dénoncer Angela s'il avait su quelque chose sur elle. Après avoir balancé Chris et son ami Moog, il n'avait aucune raison de la protéger. Peut-être qu'ils ne l'avaient pas mise au courant – tout est tellement confus dans cette histoire –, mais j'ai du mal à croire que, si Angela était de mèche avec Moog, Henderson ne l'ait pas découvert un jour ou l'autre.

Jean Spaulding souleva d'autres questions :

– Un policier entre dans sa chambre en pleine nuit en disant : « Excusez-moi, mademoiselle » et elle ne pousse même pas un cri de surprise ? Elle ne tire pas le drap, n'a aucun réflexe de pudeur ? Elle a dix-sept ans à ce moment-là. Vous connaissez beaucoup de filles de dix-sept ans qui, dans la même situation, s'assiéraient calmement dans leur lit sans manifester d'étonnement ?

» Pis : on lui apprend que son père vient d'être assassiné et sa mère agressée dans la chambre d'à côté et elle ne s'y précipite pas ? Au contraire, elle se lève tranquillement et prend le temps de s'habiller *sous les yeux* d'un agent de police qu'elle reconnaît et que, paraît-il, elle ne porte pas dans son cœur. Déconcertant, non ? Elle a dix-sept ans, elle n'est vêtue que d'une petite culotte et d'un tee-shirt et elle enfile tout simplement son blue-jean devant lui. Aucune adolescente normalement constituée n'aurait agi ainsi. Mais peut-être qu'Angela n'est pas tout à fait normale...

Apprenant que la seule fois où Angela eût pleuré en public était lorsqu'elle avait entendu la condamnation à mort de James Upchurch, le Dr Spaulding se déclara stupéfaite :

– Si, pour expliquer l'indifférence antérieure d'Angela, nous postulons que la non-émotivité est un trait de caractère de la famille Bates, alors pourquoi a-t-elle pleuré pour un homme qu'elle était censée à peine connaître ? Cet homme était accusé non seulement d'avoir tué son beau-père – ce qui est une chose –, mais aussi d'avoir attenté à la vie de sa mère, qui en porte encore les séquelles sur le visage. Alors comment, lorsqu'on est une Bates, peut-on pleurer en l'entendant condamner ? Ça ne colle pas.

J'ai rencontré Angela pour la première fois au printemps 1990, dans le même petit living-room où j'avais passé de si longues heures avec sa mère. Elle avait les cheveux châtains, avec des reflets auburn, la peau claire, sans maquillage, et portait juste un tee-shirt et un short. Ce n'était pas une beauté de magazine, mais je dois reconnaître qu'elle était plutôt jolie.

Ce qui me surprit toutefois – moi qui m'attendais à me trouver devant un glaçon –, ce fut sa cordialité. Elle était chaleureuse, volubile et parfaitement spontanée. Elle avait au moins deux points communs avec sa mère : elle n'était pas poseuse et aucune de mes questions ne semblait la contrarier.

Avant tout, elle tenait à dire qu'il n'y avait jamais eu de problèmes familiaux chez les Von Stein. Elle avait toujours aimé Lieth, il avait toujours été bon avec elle et elle n'avait jamais parlé de lui en mal à qui que ce fût. Bonnie s'entendait également très bien avec lui. Chris aussi.

– Je suis bien placée pour le savoir, dit-elle, parce que j'ai vécu tout ça de l'intérieur.

Quand je l'interrogeai sur Moog, elle eut un petit sourire

de collégienne, détourna furtivement les yeux et ne fut pas loin de rougir. Elle admit l'avoir croisé une ou deux fois, à la plage ou peut-être dans la chambre d'étudiant de Chris, mais ses souvenirs étaient vagues.

Au fil de la conversation, je parvins à gagner sa confiance et la mémoire lui revint peu à peu. A la fin de la journée, elle se souvenait parfaitement de lui :

— On ne peut pas oublier quelqu'un comme Moog. La première fois où je l'ai vu, il était soûl. A l'époque, le cothurne de Chris était encore Will Lang. Ça doit donc remonter à sa première année à N.C. State. Je me rappelle, on était allés à un concert de Def Leppard.

Le concert en question avait été donné dans la dernière semaine de janvier, c'est-à-dire presque cinq mois avant la date à laquelle Chris prétendait avoir fait la connaissance d'Upchurch.

— Il faisait du skateboard dans la chambre de Chris, je le revois encore, poursuivit Angela. Il avait une coiffure pas possible. Il était vraiment trop. Il avait l'air complètement déclaveté.

— Comment le trouviez-vous ?

— Pas mal. Disons qu'il était mignon.

Elle avoua l'avoir vu « très souvent », environ deux ou trois fois par mois, c'est-à-dire chaque fois qu'elle allait rendre visite à Chris sur le campus. Mais, en dépit de ses sourires pudiques, elle nia avoir eu une attirance particulière pour lui. Elle avait appris bien plus tard seulement, de la bouche de John Taylor qui le lui avait dit pendant le procès, que Moog avait des idées de mariage à son sujet.

Est-elle crédible sur ce point ? Donna Brady, sa meilleure amie, avait la mémoire moins rétive : « Moog avait dit à Chris qu'il voulait se marier avec sa sœur. Même qu'Angela s'était fait chambrer à ce sujet. Je me souviens que quelqu'un l'avait taquinée là-dessus, je ne sais plus si c'était Chris ou sa mère. C'était peut-être Chris. »

— J'ai été sidérée quand il a été arrêté, continua Angela.

Ce n'était pas un garçon violent. Et je sais de quoi je parle : je l'ai vu fumer du shit, je l'ai vu se défoncer à l'acide et prendre des cuites. Ça ne le rendait jamais violent. Pour Henderson, je ne peux rien dire, mais Moog, je ne le vois pas faire une chose pareille. Non, vraiment, ça ne lui ressemble pas. Aujourd'hui encore, je refuse de croire que c'est lui.

Mais, en ce qui concernait leurs rapports, elle fut formelle : non seulement elle n'avait jamais couché avec lui, mais elle ne l'avait même jamais embrassé.

– En fait, je n'ai jamais été seule avec lui. Il y avait toujours toute une bande autour de nous.

Quant à Chris, me dit-elle d'un ton neutre, elle lui reprochait presque moins d'avoir essayé de les tuer que de leur avoir caché la vérité.

– Il nous a menti trop longtemps, c'est surtout pour ça que je lui en veux. Il savait qu'il était coupable et il a quand même laissé maman payer un avocat pour sa défense. A quoi bon ? Il aurait pu trouver un arrangement tout de suite au lieu de faire traîner tout ça en longueur.

Comme je cherchais à savoir pourquoi elle avait manifesté si peu d'émotion quand Chris leur avait avoué son rôle dans le bureau de Vosburgh, elle m'expliqua :

– C'est parce que, la veille au soir, Chris m'avait dit : « Demain, je vais vous apprendre quelque chose qui va te choquer ; mais, par pitié, ne me hais pas. » Je lui ai répondu : « Quoi que tu nous apprennes, je ne pourrai pas te haïr. Tu es mon frère. » A ce moment-là, j'avais compris qu'il était coupable et que c'était ce qu'il allait nous révéler le lendemain.

» Jusqu'à ce soir-là, j'aurais pu jurer sur la Bible qu'il n'était pas impliqué. Dans le bureau de Vosburgh, pendant qu'il parlait, je me répétais intérieurement : "Non, c'est pas vrai, je refuse de le croire. Pas mon frère. Pas le frère que je connais depuis toujours." Quand je regardais ma mère, je me demandais ce qu'elle pensait. Mais nous n'en avons jamais reparlé ensemble. Jamais. Qu'est-ce qu'on aurait pu se dire ? Je n'en ai jamais reparlé à Chris non plus.

Le seul moment où elle avait désiré en savoir plus, c'était lorsque Chris avait été arrêté et hospitalisé.

– Je me sentais tenue à l'écart. J'aurais voulu des éclaircissements, mais ses avocats me traitaient comme quantité négligeable et je ne voulais pas embêter Chris ou maman. J'ai appris à maîtriser mes sentiments. Comme maman. Quand j'ai du chagrin, je vais à l'écurie et je pleure devant mon poney. J'ai pleuré, vous savez, mais personne ne l'a vu.

Si les gens étaient troublés par son absence de réaction, c'était leur problème, pas le sien, dit-elle sans ressentiment apparent.

– Ma première pensée quand Edwards a ouvert ma porte et m'a réveillée a été : « Ça alors ! qu'est-ce que Danny Tête-de-nœud fait chez moi ? » J'étais furieuse, mais pas effrayée.

Il y avait des glaçons non fondus dans son verre ? Et après ? C'était fort possible. Premièrement, la maison était froide. Lieth aimait qu'il fasse frais. Deuxièmement, elle avait son ventilateur. Comme je lui faisais observer que John Taylor avait trouvé au contraire qu'il faisait très chaud, elle me répondit que c'était peut-être à cause de toutes les allées et venues qui perturbaient la climatisation.

– Après ça, les gens disent que je n'ai pas eu de réaction. Mais je suis allée jusqu'à la porte, j'ai regardé dans la chambre et j'ai vu Lieth sur le lit. Ça m'a clouée sur place. Je savais qu'il était mort. Dans ces cas-là, on ne dit pas : « Qu'est-ce qu'il a ? Il va bien ? » On se dit : « Ô mon Dieu, il est mort ! » J'étais sous le choc. Au fond, on me reproche de ne pas avoir fait une crise de nerfs.

– Pourquoi n'êtes-vous pas montée dans l'ambulance pour accompagner votre mère à l'hôpital ?

– Il me semblait que je devais garder la maison. Je ne pouvais pas partir en laissant dix millions de personnes à l'intérieur. Mes parents nous ont élevés comme ça. Ils disaient toujours : « On ne veut personne à la maison quand nous ne sommes pas là. »

Ce sont probablement des réponses comme celles-là qui ont éveillé les soupçons de tant de gens sur son compte. Mais Angela estimait qu'elle n'avait pas à justifier sa conduite.

– Mes émotions ne regardent personne, à part peut-être mes amis intimes. Je suis assez grande pour m'occuper de moi. C'est pour ça que je ne veux pas parler à un psy. Parce que je n'ai pas envie de me confier à quelqu'un que je ne connais pas.

Revenant une fois de plus sur sa conduite le matin du meurtre et les jours qui suivirent, elle dit :

– J'avais dix-sept ans. Je ne savais pas comment gérer cette situation. Ma seule issue était d'aller retrouver des gens que je connaissais, de m'entourer d'amis. Parce que, ma mère mise à part, je ne suis pas très liée avec ma famille. Ma vraie famille, c'étaient mes amis. Je n'avais pas envie d'entendre Ramona et Kitty jaser dans le dos de Peggy sous prétexte que c'est une « pièce rapportée ». Je ne voulais pas de cet environnement-là et je me moquais pas mal de ce qu'ils pouvaient penser ou de ce qu'ils auraient voulu me voir faire.

En la quittant ce jour-là, et les autres jours où je l'ai vue, d'ailleurs, je me suis surpris à la trouver attachante. Elle ne m'avait pas du tout paru froide ni distante. Mais je n'étais pas sûr qu'elle était vraiment bien dans sa peau. Glissant sur la surface des choses, elle semblait passive, désenchantée et perdue.

Cela dit, elle avait lu trois fois *Une rose en hiver*.

Et il y avait eu du sang sur quatre pages soigneusement rassemblées à côté du lit. Des pages émaillées d'allusions à des poignards ensanglantés, à un méchant seigneur, à un valeureux héros nommé Christopher et à une héroïne qui pleurait de soulagement.

Tom Brereton avait été frappé par le mouvement d'humeur d'Angela, qui s'était plainte devant lui de la « radinerie » de sa mère. Pour une fille qui prétendait ne pas vouloir manifester ses émotions devant un inconnu, c'était surprenant.

Chris avait dit : « Je ne sais pas si James connaissait Angela. »

Mais Angela disait l'avoir rencontré justement dans la chambre de Chris, à une époque où Chris était censé ignorer l'existence de Moog.

Et Moog était le meilleur ami de Chris, son mentor, son pourvoyeur de L.S.D., le Maître du Donjon. Et il était informé de la fortune de ses parents. Et, d'après Henderson, il voulait épouser sa sœur.

Enfin, elle avait pleuré quand Moog avait été condamné à mort.

44

Bonnie avait dit qu'elle voulait la vérité. Quelle qu'elle fût. Et Wade avait dit que, quoi que je découvre, je ne pourrais plus la blesser, parce qu'elle n'avait plus rien à perdre.

Mais il y avait des problèmes.

Chris avait déclaré qu'il était rentré le vendredi soir précédant le meurtre pour voler la clé de derrière, afin de permettre à Moog, et Moog seul, de pénétrer silencieusement dans la maison. L'ennui, c'est que, comme cela a déjà été signalé, il y avait *deux* portes de derrière depuis qu'une véranda avait été ajoutée à la maison.

Et Chris avait volé la mauvaise clé. La clé marquée « porte de derrière » correspondait à la vieille porte, qui n'était plus désormais qu'une porte de communication intérieure, que Bonnie ne fermait même plus. Il n'y avait que deux exemplaires de la clé qui ouvrait la nouvelle porte extérieure. Bonnie en conservait une en permanence dans son trousseau et on l'avait retrouvée à l'intérieur de la maison après le meurtre. L'autre avait été confiée à une femme qui venait soigner les animaux en l'absence de Bonnie et Lieth – et elle était toujours en sa possession.

Autrement dit, la clé que Chris prétendait avoir volée n'était d'aucune utilité. Comment croire qu'il ait commis

357

une pareille bévue, lui qui connaissait la maison comme sa poche ?

Stephanie Mercer, l'amie d'Angela, qui était aussi sa voisine, se rappelle qu'Angela est venue dormir chez elle ce vendredi soir. Elle se rappelle aussi que Chris a eu une conversation en privé avec Angela le samedi matin. Puis, il est retourné à Raleigh pour aller chercher Upchurch et le déposer dans la sécherie de tabac en attendant l'heure H.

Comme on le sait, le projet d'incendie a capoté et il ne s'est rien passé ce samedi. Mais on a un peu trop vite oublié une faille dans le témoignage de Chris, que personne n'a signalée au procès. Lors de sa déposition du 1er août 1988, il avait dit à Lewis Young que les hamburgers du dîner avaient été préparés par lui *et* Angela. Bonnie avait d'ailleurs dit la même chose. Ce n'est que lorsqu'on a appris que ces hamburgers faisaient partie d'un projet de meurtre avorté qu'il a affirmé avoir été le seul à s'occuper du repas.

Le dimanche soir, Angela annule un rendez-vous avec un petit ami pour sortir avec Donna Brady. Elle prétend ne plus se souvenir de l'endroit où elle est allée (« peut-être au bord de la rivière », dit-elle) mais on sait en tout cas qu'elle rentre plus tôt que prévu, ce qui est très inhabituel de sa part.

Lieth dort déjà. Angela monte pour lire et écouter de la musique. Bonnie regarde la série sur Ted Bundy* en compagnie de son coq, puis va se coucher à son tour.

Au même moment à peu près, Neal Henderson et Moog passent devant la maison pour repérer les lieux.

Moog a son couteau, sa batte, sa torche électrique – et peut-être son arme japonaise qui fait « ziouf » – mais pas de clé pour ouvrir la porte de derrière.

Cette porte est juste en dessous de la chambre de Lieth où, à 4 heures du matin, il dort déjà depuis sept heures.

_____

* Paru aux éditions J'ai lu : *Un tueur si proche* d'Ann Rule.

Moog, n'ayant pas la bonne clé, est en principe obligé d'entrer par effraction. Or, John Taylor et Lewis Young sont formels : cette effraction n'est qu'une mise en scène, un maquillage réalisé après coup. Comment aurait-il pu fracturer une vitre, fût-elle en plexiglas, avec une batte de base-ball (comme l'indique la mise en scène), sans réveiller Lieth ?

La question qui se pose est donc la suivante : puisque Moog n'avait pas de clé et puisqu'il n'y a pas eu effraction, comment est-il entré ?

Et on peut la poser autrement : comment le Maître du Donjon, qui désire épouser la princesse endormie, pénètre-t-il dans le château du méchant seigneur ?

Ne peut-on imaginer qu'une personne se trouvant déjà à l'intérieur soit descendue avant son arrivée pour déverrouiller la porte, puis remontée dans sa chambre avec un verre d'eau et des glaçons ?

Comme le suggère Jean Spaulding : « Tout n'a pas encore été dit dans cette histoire. »

– Si je devais choisir une métaphore pour Bonnie, me confia plus récemment le Dr Spaulding, je parlerais d'un arbre profondément enraciné dans l'humus familial et capable de résister à de nombreux orages. Elle est très forte, très sereine dans l'adversité, mais je n'aimerais pas la voir essuyer d'autres tempêtes.

» Le fait qu'elle ne soit pas démonstrative avec ses enfants ne signifie pas qu'elle ne les aime pas. Elle est très attachée à Chris, mais c'est surtout Angela qui va compter maintenant. Chris a x années de prison devant lui, tandis qu'Angela est encore dans le monde réel. Elle est désormais la vraie raison d'être de Bonnie. En dépit de tous les soupçons qu'on peut avoir, j'espère sincèrement qu'aucun fait nouveau ne permettra à quiconque de conclure à la culpabilité d'Angela.

» La réaction primaire de Bonnie a été le déni et elle n'en

démordra pas, surtout si le doute s'insinue en elle. Une personne qui doute est aux prises avec un conflit interne et s'accroche à ses mécanismes de défense. Si nous rabotons les défenses de Bonnie, je ne sais pas ce qui en résultera. Et je crois que j'aime mieux ne pas le savoir. C'est tout ce qui lui reste.

» Elle a déjà perdu beaucoup d'elle-même. Si Angela lui est retirée, non par une mort accidentelle mais par une condamnation par complicité, alors je pense que l'on aura dépassé les limites du supportable pour Bonnie. Ce serait le dernier petit domino. Qu'il tombe et nous nous retrouverions face à une situation très différente, j'en ai peur.

45

Le vendredi 14 juin 1991, à la centrale pénitentiaire de Craggy, au nord d'Asheville, on suggéra à Chris que sa sœur avait peut-être été avertie de la venue de Moog le dimanche soir. La chose avait pu lui être présentée comme une mauvaise blague : Moog devait se faufiler dans la maison au milieu de la nuit pour voler quelques objets, tels que le magnétoscope, la chaîne hi-fi, la télé. Lieth aurait été complètement hors de lui à son réveil et, à N.C. State, tout le monde en aurait fait des gorges chaudes.

Chris n'ayant pu se procurer la bonne clé, ils auraient demandé à Angela de redescendre, après que Bonnie se fut couchée, pour déverrouiller la porte de l'intérieur. Une simple farce innocente. Et Angela, trop heureuse de partager une aventure avec Moog, aurait accepté de jouer le jeu.

Ce n'est qu'ensuite, après avoir été réveillée par les cris de Lieth, qu'elle aurait découvert l'horreur de la machination. Paniquée et atterrée d'avoir trempé malgré elle dans une telle tragédie, elle avait gardé le secret et avait tâché tant bien que mal de s'innocenter en prétendant avoir dormi pendant le crime.

D'abord, Chris parut dérouté.

– Je ne sais pas comment ils sont entrés, dit-il. Si Angela

était au courant, ça ne venait pas de moi. Je peux fumer une cigarette ?

Quand on lui demanda de quoi il avait parlé à Angela le samedi matin, derrière la maison de Stephanie Mercer, il eut les larmes aux yeux.

– Je me rappelle plus... J'en sais rien... Je vous répète que je lui ai rien dit... Je me rappelle pas être allé chez Stephanie Mercer.

Interrogé à nouveau sur une possible liaison de Moog avec sa sœur, il changea son fusil d'épaule. Il reconnut que Moog avait le béguin pour sa sœur et lui avait dit un jour : « Elle est super, ta frangine. »

– Tout ce que vous me dites est plausible, poursuivit-il, mais c'est faux. Je n'y crois pas.

Plus tard, un peu plus calme, il reprit :

– Vous m'avez remué... Je ne veux pas le croire... Vous ne me raconteriez pas ça si vous ne saviez pas quelque chose... Peut-être qu'elle me parlera... Moi aussi, j'ai des questions à lui poser. Je veux savoir par moi-même. On en a tous assez bavé maintenant, mais je ne veux pas que les choses empirent encore.

Il persista à affirmer qu'il n'avait jamais rencontré Upchurch avant la session d'été.

– Moog n'était pas avec nous au concert de Def Leppard. Rien à faire.

Mais il reconnut avoir menti en prétendant qu'il n'avait pas revu Moog après le crime.

– On a continué à jouer à D & D jusqu'en 89. Mais, à part la nuit où j'ai fait ce mauvais trip à l'acide, on n'a jamais reparlé du meurtre.

Toujours le 14 juin, à deux heures d'intervalle, Angela répondit à d'autres questions, dans la maison qu'elle partageait avec des camarades d'études. La soirée était très chaude, un ventilateur ronronnait. Elle semblait plus détendue que lors des précédentes conversations et ses réponses furent plus précises. A trois reprises, elle pleura.

Elle dit que Stephanie Mercer était une bonne copine et qu'elle allait souvent dormir chez elle.

– Mais pas cette nuit-là, fit-elle. En tout cas, je ne m'en souviens pas. Je ne le jurerais pas, parce que je n'en suis pas sûre mais, franchement, je ne m'en souviens pas.

Elle ne se rappelait pas davantage avoir eu une conversation en privé avec Chris le samedi matin, derrière chez Stephanie.

– Oui, je l'ai vu samedi matin, mais je ne sais plus ni où ni quand. Il m'avait demandé d'être là pour le dîner, parce que c'était lui qui préparerait le repas.

En ce qui concernait la nuit de dimanche, elle fut plus affirmative :

– Je n'ai pas ouvert cette porte ! C'est tout ce que je peux vous dire. Je n'ai pas ouvert cette porte. Elle n'était probablement pas fermée. Si vous voulez savoir comment Moog est entré, demandez-le-lui ou demandez-le à Neal. Mais ce n'est pas moi qui ai ouvert, même « innocemment pour faire une farce », comme vous dites. Non, non et non.

Questionnée à nouveau sur la véritable nature de ses relations avec Moog, elle répondit :

– Je suis une fille très sociable et... disons que je flirte facilement. J'ai peut-être flirté avec lui, je ne m'en souviens pas.

Alors pourquoi avait-elle pleuré au prononcé de la sentence ?

– Parce qu'il avait été condamné à mort. Et, comme je vous l'ai déjà dit, je ne croyais pas à sa culpabilité. Je ne pouvais pas croire qu'il ait fait ça. Je le connais, il n'était pas violent. Et je ne comprenais pas qu'on ait pu le condamner à mort. Maman avait dit que son agresseur était costaud, alors que Moog est léger comme une plume. Tant

qu'il n'aura pas avoué, je refuserai de croire à sa culpabilité. Et il n'avouera pas.

En ce cas, quel rôle avait-il joué ?

– Il était peut-être là. Il est peut-être entré dans la maison, mais je ne le vois pas en train de commettre un meurtre.

Quand on lui demanda si le fait que certaines personnes
continuaient à la soupçonner l'ennuyait, elle eut pour la
première fois une pointe de colère dans la voix :

– Ah oui, alors ! Surtout quand c'est des gens qui me
connaissaient avant. Les autres, c'est moins grave. Sauf les
avocats. Alors là, ça me fout vraiment les boules. Ils étaient
les premiers à savoir. Qu'ils puissent encore me traiter
comme une suspecte alors qu'ils ont connu la vérité avant
nous et nous l'ont cachée, ça me met hors de moi. Je
croyais bêtement au vieux principe : « Tout accusé est présumé innocent tant qu'on n'a pas prouvé sa culpabilité. »
Tu parles ! Et ce qui m'énerve aussi, c'est que Moog continue à se taire.

– Pourquoi ?

– Parce qu'il est le seul à pouvoir expliquer pourquoi j'ai
été épargnée. Le seul avec Chris. Chris peut vous le dire,
lui, si j'étais dans le coup ou non. C'était son projet. C'était
son idée. Il sait que je n'y suis pour rien. J'aimais bien
Lieth, moi. Si j'avais été mise au courant de quoi que ce
soit à l'avance, j'aurais tout fait pour empêcher ça. Je l'aurais prévenu. Jamais je n'aurais fait de mal à Lieth ou à
maman. Il était le seul père que j'aie connu.

Comme la conversation s'orientait vers Bonnie, Angela
changea de ton. Elle devint plus douce, plus triste et parla
d'une voix plus calme.

– S'il y a une personne au monde pour qui je suis prête à
faire n'importe quoi, c'est maman. Elle est toute ma vie et
je ne sais pas ce que je deviendrais sans elle. Si elle était
morte, je serais dans un hôpital psychiatrique à l'heure qu'il
est. Je n'ai rien fait et, elle au moins, elle me croit.

Revenant à Chris, elle eut les larmes aux yeux.

– Si je n'ai pas reparlé de tout ça avec lui, c'est parce que je ne le voulais pas. De peur de me mettre à le haïr. Il a tué mon père. Il a failli tuer maman. C'est mon frère et je voudrais l'aimer, mais je ne peux pas. C'est pour ça que je préfère ne pas lui parler… Je l'aime parce qu'il a eu le courage d'avouer, mais je le déteste pour ce qu'il a fait. C'est pour ça aussi que je ne suis jamais allée le voir seule dans sa prison, depuis un an et demi. Si on se retrouve seuls ensemble, il va forcément me reparler de tout ça et je ne veux pas.

La route qui mène à Asheville franchit les montagnes Bleues. C'est une jolie route, propice à la réflexion. En quittant la petite ville où vivait Angela pour regagner la Caroline du Nord, je me pris à méditer sur le sort de ces deux enfants, naguère si unis, qu'on voyait toujours enlacés sur les photos de famille, et qui étaient maintenant séparés non seulement par ces montagnes mais par le souvenir indélébile des horreurs du 25 juillet 1988.

A moins que, de façon souterraine, celles-ci ne les aient rapprochés.

Chris m'écrivit, le 21 juin 1991, en réponse à mes questions sur Angela :

« Vos questions sont légitimes et méritent des réponses. Mais vos suppositions sur une éventuelle complicité de ma sœur sont erronées. Elles sont concevables, mais erronées. Je n'étais pas dans la maison au moment du meurtre, mais je connais ma sœur. Quand elle était au lycée, il fallait lui jeter de l'eau ou la secouer pour la réveiller. Il ne me semble donc pas du tout invraisemblable qu'elle ait dormi pendant les faits. Elle n'a pas été informée à l'avance de ce qui allait se passer. »

Plus loin, il ajoutait :

« J'en ai eu tellement marre de mentir pendant la période qui a suivi le meurtre de mon père que je me suis juré de ne plus le faire. Plus jamais vous ne m'entendrez prononcer un mensonge délibérément, même si ma vie devait en dépendre. Je peux vous l'assurer. »

Paradoxalement, il terminait pourtant par ces mots :

« En toute sincérité, si je savais que ma sœur était impliquée, je ne vous le dirais pas. »

46

Trois mois plutôt, Chris m'avait envoyé une autre lettre. Je lui avais demandé s'il lui arrivait de repenser, dans sa prison, aux événements qui avaient présidé à sa condamnation.

Voici ce qu'il écrivait :

« Si je repense à ce qui m'a conduit ici ? Oui et non. Je m'explique. Au début, je pensais surtout aux deux années précédentes. Ce qui me revenait en mémoire me déprimait et me dégoûtait. Pendant mes premières semaines de prison, je n'ai rien pu avaler. Je continuais à envisager le suicide. Pendant cette période, ils me donnaient du Sérentil. Je faisais semblant de le prendre et je l'emmagasinais dans ma cellule à l'insu de ma gardienne. Avant mon emprisonnement, je m'étais renseigné sur la dose mortelle. D'après le livre que j'avais lu, une overdose devait me plonger dans le coma jusqu'à la mort. Comme vous pouvez le constater, j'ai abandonné ce projet.

» La faute que j'ai cachée pendant un an et demi a été largement étalée en public. Ma famille et mes amis savaient tout, et pourtant ils ont continué à m'aimer et à me soutenir. Au cours des deux premiers mois, j'ai reçu plus de cent cinquante lettres. Sept par jour en moyenne pendant les trois premières semaines. Ça m'a énormément remué. C'était inconcevable pour moi que quelqu'un puisse encore m'aimer. Mon amour-propre, qui avait été si haut, était tombé au plus bas. Ma faute m'était insupportable.

» Mes pensées étaient les suivantes : *j'ai tué* mon père, saccagé ma famille et empoisonné l'existence de mes amis. La vie m'avait été offerte sur un plateau d'argent et j'avais craché sur ce qu'on me présentait. Chaque fois que ma mère venait me rendre visite, je la revoyais à l'hôpital en salle de soins intensifs. Mon seul soulagement était que, là où j'étais, au moins, je pouvais plus blesser ceux que j'aimais. J'avais l'impression de n'avoir apporté que du malheur à ceux qui avaient essayé de m'aimer.

» Peu importait l'amour que me témoignait ma famille, j'étais incapable de me pardonner à moi-même. Je trouvais que je méritais de mourir. Chaque fois que je repense au mal que j'ai fait, je suis abattu. Mais, puisque Dieu, ma famille et mes amis m'ont pardonné, je me dis qu'il faudra bien que je finisse par me pardonner aussi.

» Je me débats encore avec mon passé. Mais j'ai ouvert les yeux sur lui. Je vois les choses différemment maintenant. Au lieu de me lamenter, je réfléchis. Je suis moins replié sur moi-même, je me sens libre de montrer mes émotions, bien que je n'en aie pas souvent l'occasion ici.

» Je mérite d'être puni et j'accepte mon châtiment mais, sérieusement, à qui peut profiter mon emprisonnement ? Si c'est pour servir d'exemple, c'est raté : là où je suis, je ne peux mettre personne en garde. Mais je ne pleure pas sur mon sort. Il y a seulement des tas de choses qui me manquent, surtout mes amis et ma famille.

» Il y a un côté positif dans cette incarcération. Sans la prison, je n'aurais pas appris à connaître ma famille et mes amis. Leur amour était déjà présent – comme celui de Dieu –, mais j'ai dû venir ici pour le découvrir. En un sens, je suis plus libre maintenant que quand j'étais de l'autre côté des barreaux. J'ai du temps pour fouiller mon âme. Je découvre celui que je suis vraiment, en profondeur, sous la surface. J'aime ce que je découvre. En fait, la prison m'a libéré. »

Wade Smith, qui m'a entraîné dans cette affaire, a tenu à me faire un dernier commentaire concernant Bonnie.

– Si le malheur avait une couleur, dit-il, celui de Bonnie serait rouge sang d'abord, puis de plus en plus noir. Il commence par la mort violente d'un être aimé et ne cesse de s'assombrir jusqu'à la nuit finale : la révélation que sa propre chair a tué son mari.

» Dès lors, toute retraite lui est barrée. Elle ne sait plus où se tourner. Que faire ? Mourir ou tenter de survivre ? Elle choisit de survivre. Et c'est là que je l'admire. C'est là que j'ai pris conscience de sa valeur, de ses énormes qualités humaines, de son incroyable force de caractère.

» Elle ne s'est pas lamentée. Elle ne s'est pas apitoyée sur son sort. Elle l'a assumé avec une réelle dignité et elle a toute ma compassion. Car cette femme a souffert tout ce qu'un être humain est capable de souffrir.

» Peut-on lui en vouloir d'avoir si longtemps nié l'évidence ? Elle a appris la vérité peu à peu. Les choses auraient peut-être été plus simples pour elle si elle avait tout appris d'un coup. Mais nous l'avons informée petit à petit, au compte-gouttes. Peut-être que, au fond de son cœur, elle avait déjà deviné. Mais jamais je ne pourrai lui tenir rigueur d'avoir défendu bec et ongles l'innocence de son fils. C'était sa dernière planche de salut. Elle avait le droit moral de résister le plus longtemps possible avant de se rendre à l'évidence.

» Quand je pense à Bonnie, je me représente un colloque entre les dieux qui, pour leur divertissement, ont conçu ce redoutable scénario afin de la mettre à l'épreuve, de tester les limites de l'endurance humaine. Je suppose que les dieux s'ennuient parfois, et c'est quand ils s'ennuient qu'ils

369

sont le plus dangereux. Parce que, alors, ils inventent des jeux pour s'amuser de nous.

» Ils ont joué avec Bonnie comme avec une marionnette. Je les imagine en train d'élaborer cette situation inextricable pour le simple plaisir de la voir chanceler et perdre pied.

» Finalement, au moment où elle semblait retrouver son équilibre, ils se disent : "Non, ça ne suffit pas." Et ils lui inventent un nouveau supplice. Ils lui retirent son père et, pour pimenter la chose, au lieu de le faire mourir tranquillement dans son lit, ils le tuent avec un tronc d'arbre. Pour la torturer un peu plus.

» Je me représenterai toujours Bonnie comme une petite goutte d'eau tournoyant dans un poêlon chauffé à blanc par les dieux. Et je verrai les dieux danser.

47

Jusqu'à ce qu'elle fasse changer son numéro de téléphone en juin 1991, Bonnie conserva la voix de Chris sur le répondeur. Ainsi, près de trois ans après qu'il eut tenté de la faire tuer et dix-huit mois après son entrée en prison, on pouvait toujours entendre Chris appelant Bonnie.

– Je ne suis pas encore au bout du tunnel, me confiat-elle en juin, mais je commence à en voir la fin. Je sais que j'ai encore beaucoup de colère en moi. De la colère envers Chris. Et je sais qu'un jour, il faudra que je m'en accommode. Mais je ne suis pas encore prête. C'est beaucoup plus difficile que de poser un nouveau linoléum ou de rester debout jusqu'à 3 heures du matin pour repeindre la cuisine. Un jour pourtant, je le sais, je devrai m'y résoudre.

» Je m'y prépare. Comme avec Angela. J'aimerais qu'elle aille voir le Dr Spaulding. Je pense qu'elle serait capable de sortir Angela d'elle-même et je suis sûre que ça lui ferait beaucoup de bien. Il ne faut pas qu'elle garde ce fardeau trop longtemps sur les épaules.

Bonnie savait parfaitement que de nombreuses personnes, y compris au sein de sa famille, continuaient à entretenir des soupçons sur Angela. Mais Bonnie ne doutait pas. Comme l'avait senti Angela, Bonnie croyait en elle, lui faisait confiance et ne cherchait qu'un moyen de lui venir en aide.

Au cours d'une de nos conversations, tard dans la soirée, Bonnie me demanda soudain :

– Pourquoi Lieth a-t-il été poignardé dans le dos ? Il était assis, face à son agresseur, et se défendait. Pourquoi a-t-il été poignardé dans le dos ?

Elle réfléchit et poussa un profond soupir. J'ai bien cru que, pour la première fois, elle allait pleurer devant moi.

– Je sais pourquoi, reprit-elle. C'était pour me protéger, pour me faire un bouclier de son corps et tenter de me sauver la vie. Lieth est mort pour que je survive. S'il a été capable d'un tel acte, le moins que je puisse faire pour lui est de ne pas baisser les bras et d'essayer de trouver encore une raison de vivre. Il y a longtemps que je n'avais pas eu de pensées positives, mais je crois qu'il est temps de m'y efforcer.

Cela réveilla chez moi le souvenir d'une chaude matinée de printemps, un samedi de l'année précédente, où je l'avais accompagnée à Welcome, son véritable chez-elle.

C'était de loin le moment le plus agréable que j'aie partagé avec elle. Elle m'avait fait visiter la ville et la maison de son enfance, avec ses broderies, ses orchidées et la chambre mansardée où elle avait grandi.

Puis, nous étions allés à Lexington et elle m'avait montré le *drive-in* où elle avait rencontré Steve Pritchard. Ensuite, elle m'avait emmené à Finch Park, où elle allait de temps en temps flâner avec Lieth et ses deux petits enfants.

Ce jour-là, Bonnie avait le pas plus alerte et le cœur léger. Son visage avait une expression presque joyeuse, que je ne lui connaissais pas. Sans doute était-ce parce que, l'espace d'un instant, elle retrouvait un lieu où elle avait jadis entrevu l'espoir d'une vie meilleure.

Il y avait des cygnes sur un étang, un kiosque à musique, des arbres, des pelouses, un sentier, des jeux pour les enfants.

L'espoir... C'était ici qu'elle l'avait vu pour la première fois. C'était ici que, pour la première fois, elle s'était dit que l'avenir lui réservait peut-être une petite parcelle de bonheur : avec cet homme, dont elle berçait la tête sur ses genoux, tandis qu'ensemble ils regardaient ses deux jeunes enfants jouer sur les balançoires.

Crimes & Enquêtes

La première collection de littérature criminelle

Crimes & Enquêtes

L'affaire Charles Manson

LA TUERIE D'HOLLYWOOD

■

Sous prétexte de préparer l'avènement de l'Homme nouveau, Charles Manson, le petit homme aux yeux fous qui se disait Jésus-Christ, entraîne un groupe de jeunes hippies, ses "élus", à perpétrer des crimes abominables.

■

Le plus célèbre reste l'assassinat dans sa villa d'Hollywood, de l'actrice Sharon Tate, alors enceinte, et de quatre de ses amis, tués à coups de couteau.

■

Ni drogués ni fous, ces tueurs au sourire d'enfant ont commis au moins trente-cinq meurtres dont la sauvagerie aveugle obéissait aux ordres de leur "gourou" : Charles Manson.

VINCENT BUGLIOSI

Vincent Bugliosi, célèbre district attorney (à la fois juge d'instruction et avocat général), en charge de l'affaire, reconstitue avec minutie l'incroyable puzzle de ces meurtres fanatiques. Son enquête est basée sur les interrogatoires des témoins, les rapports de police et les minutes de ce procès. Cet ouvrage a reçu le prix Edgar pour le "meilleur document criminel" de l'année.

Sept affaires célèbres

LES SANGUINAIRES

■

Ne pas se demander qui a tué mais comment et surtout pourquoi on a tué. Voilà la question que pose Jacques Vergès au travers de sept histoires vraies et terrifiantes.

■

Jack l'Eventreur, le Vampire de Düsseldorf, le Boucher de Hanovre, le Nettoyeur au Bain d'Acide, l'Etrangleur de Boston, le Monstre de Seattle et le Cannibale de Milwaukee...

■

Autant de "Messieurs-Tout-le-Monde" qui pour des raisons différentes, ont tous basculé dans l'horreur. Un détail infime, un fétu de paille, les ont fait passer à l'acte.

■

Chaque cas est analysé, disséqué, pour essayer de mieux comprendre ces assassins qui, un jour, franchissent la fragile barrière qui mène au crime.

JACQUES VERGÈS

Jacques Vergès, célèbre avocat inscrit au barreau de Paris, a acquis sa notoriété en défendant des causes qualifiées d'"indéfendables".

J'ai lu 7032   Catégorie 3

Crimes & Enquêtes

L'affaire Jeffrey Dahmer

LE MONSTRE DE MILWAUKEE

■

Sous ses apparences de jeune homme tranquille, Jeffrey Dahmer se révèle être un assassin abominable.
En douze ans, il tue et mutile dix-sept victimes, sans être jamais inquiété… jusqu'en juillet 91.

■

Son effroyable parcours débute à dix-huit ans par le meurtre d'un jeune auto-stoppeur. Lors de son service militaire en Allemagne, cinq crimes non élucidés sont commis dans la région. De retour dans le Wisconsin, il est arrêté pour exhibitionnisme. Dans les années 85-88, il change de tactique. Après avoir choisi ses victimes dans les bars homosexuels, il les drogue et les étrangle avant de les démembrer. Emprisonné pour attentat à la pudeur, il est relâché sans être soupçonné des crimes qu'il a déjà commis.

■

Lorsqu'en juillet 91 un jeune homme qui a réussi à s'échapper, les menottes aux poignets, prévient la police, celle-ci découvre l'horrible carnage tranquillement perpétré dans un appartement de la ville : des restes de onze cadavres sont retrouvés au réfrigérateur.
En août 91, Dahmer comparaît devant un tribunal.
Il est finalement condamné à 957 ans de prison !

■

Le récit authentique de cette histoire hallucinante, permet d'analyser le phénomène des tueurs psychotiques.

DON DAVIS

Don Davis retrace un à un les éléments de cette tuerie inimaginable. A l'aide de flash-backs saisissants, le passé tumultueux de Dahmer apparaît dans toute son horreur.

J'ai lu 7033   Catégorie 3

L'affaire Richard Minns

LA MAÎTRESSE DU DIABLE

∎

Après avoir été victime d'un viol qui l'a fait sombrer dans la drogue, Barbara Piotrowski décide de s'en sortir. Elle reprend ses études et le sport. C'est à Aspen, célèbre station de sports d'hiver, qu'elle rencontre Richard Minns, un milliardaire texan avec lequel elle vit une liaison passionnée. Elle apprend alors qu'il est déjà marié et père de famille.

∎

Décidant de rompre à la suite d'une fausse couche, elle découvre alors la vraie nature de Minns. Violent, il la frappe et lui fracture le nez. Il l'accuse en outre d'avoir volé les meubles et les bijoux qu'il lui a offerts quand il l'a installée au Texas. En dernier recours, il n'hésite pas à engager des tueurs qui tirent quatre balles dans le dos de Barbara. Réfugié en Suisse, Minns se défend de connaître les meurtriers et n'est pas inquiété.

∎

Paralysée à vie et se consacrant désormais aux handicapés moteurs, Barbara Piotrowski devenue Jennifer Smith pour échapper à son passé, devra attendre début 91 pour voir Minns enfin condamné à lui verser soixante millions de dollars de dommages et intérêts.

SUZANNE FINSTAD

Suzanne Finstad, avocat d'assises, vit à Los Angeles. Elle nous raconte ici l'histoire vraie d'une passion dangereuse qui a mené à la plus grande violence.

J'ai lu 7034   Catégorie 5

L'affaire Ted Bundy

UN TUEUR SI PROCHE

∎

Physique de jeune premier, études de droit, diplôme de psychologie... Ted Bundy semble promis à un bel avenir. On lui prédit même une brillante carrière au sein du parti républicain. C'est pourtant lui que l'on soupçonne du meurtre de plusieurs jeunes filles et que l'on finit par arrêter, en 1978, à la grande surprise de l'auteur de ce livre, son amie Ann Rule.

∎

Pendant quatre ans, Bundy a violé et tué impunément, provoquant la police, puis s'échappant de prison pour tuer encore. Condamné à la peine maximale, il utilise tous les artifices légaux pour retarder l'exécution de la sentence. Il n'avoue ses crimes qu'en 1989, au moment de passer sur la chaise électrique.

∎

Ann Rule, devenue journaliste, tente de comprendre cet homme qu'elle a bien connu. Dans ce récit authentique, qui aborde le problème du psychopathe sous un angle nouveau, la question n'est plus de savoir qui a tué, mais pourquoi...

ANN RULE

Officier de police à Seattle dans les années 50, passionnée de psychopathologie et de criminalistique, elle devient, en 1968, correspondante de revues spécialisées dans les histoires policières véridiques. Elle est aujourd'hui journaliste indépendante et auteur de Les enfants sacrifiés *à paraître prochainement chez J'ai lu.*

L'affaire du tueur de San Francisco

LES CRIMES DU ZODIAQUE

■

A la fin des années 60, la région de San Francisco subit une série de meurtres brutaux à l'arme à feu ou à l'arme blanche, placés sous le signe énigmatique du Zodiaque.

■

En dix ans, trente à cinquante crimes restent impunis. Le coupable, jamais découvert malgré les investigations du FBI, établit un véritable jeu de piste avec la presse et la police. Il leur envoie des messages codés, pour revendiquer ses crimes et défier les autorités, allant jusqu'à menacer de poser des bombes dans les bus scolaires.

■

Aucune hypothèse n'est écartée : patient interné et libéré à intervalles réguliers, soldat ou marin en permission, policier dément ou journaliste pervers, chaque interprétation est minutieusement analysée. Deux mille cinq cents suspects sont interrogés mais le criminel passe au travers des mailles du gigantesque filet que la police lui tend.

■

Depuis la fin des années 70, le Zodiaque a disparu… Suicide ou accident, le mystère sanglant demeure entier. Toutefois, l'auteur de ce livre propose une solution originale.

ROBERT GRAYSMITH

Robert Graysmith, reporter au San Francisco Chronicle, retrace, à l'aide d'une importante documentation, l'itinéraire de ce tueur invisible qui, jusqu'au bout, reste une énigme pour la justice.

J'ai lu 7037   Catégorie 4

L'affaire Jennifer Jenkins

MEURTRE SUR UNE ÎLE DÉSERTE

■

Dans le cadre idyllique d'un atoll perdu dans l'océan Pacifique, deux couples débarquent au printemps 1974. A bord du "Iola", Buck Walker, un marginal recherché pour trafic de drogue et sa compagne Jennifer Jenkins, une jeune hippie un peu naïve. Descendent du magnifique voilier le "Sea Wind", Mac et Muff Graham, un couple aisé.

■

Seul le hasard réuni ces quatre personnages. L'indifférence, la méfiance, la jalousie puis une haine féroce vont les mener jusqu'au drame fatal.

En septembre 1974, les Graham ne donnent plus signe de vie. Un avion survole Palmyre, désespérément déserte. Le "Iola" dérive, vide de tout occupant. Le "Sea Wind", maladroitement maquillé est retrouvé dans le port d'Honolulu. Jennifer est arrêtée et déclare que les Graham ont disparu en mer. A la fin de l'interrogatoire, elle reconnaît le vol mais nie farouchement l'assassinat du couple. Buck Walker est retrouvé et condamné à cinq ans de prison pour vol et trafic de drogue.

■

En novembre 1980, Sharon et Robert Jordan accostent à Palmyre. Ils découvrent un container métallique contenant des ossements, rapidement identifiés comme ceux de Muff Graham. Jennifer et Buck sont alors accusés de meurtre...

VINCENT BUGLIOSI

Vincent Bugliosi, alors avocat de la défense, relate dans ce livre les faits qui l'ont amené à défendre Jennifer Jenkins, dont il était convaincu de l'innocence.

J'ai lu 7038   Catégorie 7

Composé par PCA à Bouguenais (Loire-Atlantique)
Achevé d'imprimer en Europe par Elsner à Berlin
le 1ᵉʳ février 1993.
Dépôt légal février 1993. ISBN 2-277-07035-1

Éditions J'ai lu
27, rue Cassette, 75006 Paris
Diffusion France et étranger : Flammarion

7035